BRITTA
HEIDEMANN

ERFOLG
IST EINE FRAGE
DER
HALTUNG

Was Sie vom Fechten
für das Leben
lernen können

Verlagsgruppe Random House FSC-DEU-0100
Das für dieses Buch verwendete FSC®-zertifizierte Papier
EOS liefert Salzer Papier, St. Pölten, Austria.

Bibliografische Information der Deutschen Bibliothek

Die Deutsche Bibliothek verzeichnet diese Publikation
in der Deutschen Nationalbibliografie; detaillierte bibliografische Daten
sind im Internet unter http://dnb.ddb.de abrufbar.

© 2011 Ariston Verlag in der Verlagsgruppe Random House GmbH
Alle Rechte vorbehalten

Unter Mitarbeit von Lothar Linz und Manfred Kaspar
Umschlaggestaltung: Nele Schütz Design,
unter Verwendung eines Fotos von Kay Blaschke
Satz: EDV-Fotosatz Huber/Verlagsservice G. Pfeifer, Germering
Druck und Bindung: GGP Media GmbH, Pößneck
Printed in Germany 2011

ISBN 978-3-424-20061-4

Meinen Eltern

INHALT

Vorwort 9

1 Der Gang auf die »Planche« –
  die Fechtbahn wartet 13
  Einführung ins fechterische Denken 15
  Die Planche des Lebens 17

2 »En garde« – die richtige Ausgangsposition
  entscheidet 21
  Alles eine Frage der Einstellung 23
  Die körperliche Basis 44
  Das innere Gleichgewicht 54

3 »Allez« – los geht's: das Gefecht beginnt 63
  Die Strategien des Fechtens und die ersten Treffer .. 65
  Angriff, Verteidigung und Gegenoffensive 74
  Tempo und Mensur: das richtige Maß entscheidet .. 97

Inhalt

4 Wertvolle Auszeit: die Minutenpause 111
Durchatmen und Kraft tanken 114
Fehleranalyse und Taktikbesprechung 122
Erfolgsfaktor Zeiteinteilung 131

5 Die Abschlusstreffer – mentale Stärke zeigen 143
Selbstsicher in die letzte Phase des Gefechts 146
Der Umgang mit Druck 161
Sonderfall »Sudden Death« 176
Die letzten Sekunden 180

6 »Touche« – das Gefecht endet 191
Der Siegtreffer 196
Der Moment der Niederlage 197

7 Der Gang von der Fechtbahn 201
Sieg und Niederlage richtig verarbeiten 204
Die Balance wiederfinden 223
Auf zu neuen Taten 243

Nachwort 246

Glossar 249

Danksagung 255

VORWORT – VOR DEM GEFECHT

»14:10 ... *Einer fehlt noch zum Olympiasieg – und DAS IST ER! Mit einem Doppeltreffer gewinnt Britta Heidemann dieses Gefecht mit 15:11! Sie hat gesagt: Das sind meine Olympischen Spiele, und es SIND ihre Olympischen Spiele. Gold für Britta Heidemann!*«

Diese Sätze habe ich seit meinem Olympiasieg in Peking mittlerweile hunderte Male bei Videoeinspielungen gehört. Es sind die Aufnahmen vom olympischen Finale im Damendegen in Peking am 13. August 2008 um 16 Uhr mitteleuropäischer Zeit. Ich habe gerade gegen die Rumänin Ana Maria Branza die Goldmedaille gewonnen und der Fernsehmoderator der ARD, Michael Drevenstedt, schreit diese Sätze euphorisch in sein Mikrofon.

Wenn ich diese Filmsequenz sehe, ist es mir immer wieder unbegreiflich, dass wirklich ich es bin, die dort oben auf der Fechtbahn steht, die sich, so scheint es zumindest, kaum richtig freuen kann, die die Arme in die Höhe streckt und dabei ziemlich kaputt aussieht. Die ganze lange Zeit der Vorbereitung hat an diesem Tag ihren Höhepunkt gefunden und – wie Sie sich sicher vorstellen können – ich war einfach nur noch platt! Aber ich war auch unsagbar zufrieden mit mir. Und irgendwie fühlte ich, dass dieser Sieg die fantastische Konsequenz aus all der Anstrengung, Disziplin und Willensstärke war, die ich an den Tag gelegt hatte. Dieser Weg zum Erfolg war aber nicht geprägt von Verbissenheit und großem Leiden, sondern er hatte vor allem mit Freude und mit dem Spaß am Vorwärtskommen zu tun. Während der Vorbereitung auf die Olympischen Spiele habe ich meine eigenen Vorstellungen und Ideen mit eingebaut und immer wieder Richtig und Falsch abgewogen.

Um ans Ziel zu gelangen, sind harte Arbeit und eine gewisse, teils intuitive, aber zum großen Teil auch bewusst gesteuerte Fähigkeit zum effizienten Einsatz aller zur Verfügung stehenden Kräfte sicherlich erforderlich. Schon früh habe ich gelernt: »Von nichts kommt nichts!« Aber der Weg zum Ziel kann auch viel Spaß machen und ich finde, dass das Streben nach Leistung und Willensstärke nicht im Widerspruch zu einem zufriedenen und glücklichen Leben steht, sondern dass sich beides im Gegenteil wunderbar ergänzt. Deshalb ist es mir ein Anliegen, diese Erkenntnis mit Ihnen zu teilen.

Seit meinem Olympiasieg in Peking 2008 werde ich oft gefragt, wie ich es schaffe, so erfolgreich zu sein, dabei glücklich und ausgeglichen zu wirken und zudem noch so viele Dinge neben dem Sport zu bewerkstelligen. Ich glaube, dass es ein paar einfache, grundsätzliche »Stellschrauben« gibt, die, richtig eingestellt, schnell zu einem zufriedeneren Leben führen können. Ich bin zudem davon überzeugt, dass die meisten Menschen zwar ahnen, warum sie sich in ihrer aktuellen Situation nicht erfüllt fühlen, aber einfach nicht wissen, wie sie das ändern können.

Das Fechten vereint bereits in seiner Grundstruktur viele der Komponenten, die man braucht, um das Leben zu meistern, und bietet durch seine Vielfältigkeit ein breites Spektrum an Möglichkeiten, zum Erfolg zu gelangen. In meinem Sport gibt es kleine und große, kräftigere und schlankere Athleten, die jeweils mit unterschiedlichen Mitteln ihre Ziele erreichen. In diesem Buch möchte ich Ihnen unter anderem anhand der Beschreibung eines fiktiven Gefechtes nahebringen, was für mich persönlich der Schlüssel zum Erfolg war und noch immer ist. Mein Sport, die chinesische Kultur, meine Erziehung und die duale Karriere – also das parallele Vorantreiben von Sport und Schule bzw. Studium – sind dabei die Pfeiler, die mich und mein Leben geprägt haben und weiterhin viel zu meiner Stabilität beitragen. Beim Fechten sind zum einen wohlüberlegte Entscheidungen vor allem im taktischen und strategischen Bereich von zentraler Bedeutung, zum anderen aber auch gefühlsgeleitete Reaktionen, wie sie im »wahren Leben« ebenfalls wichtig und richtig sind. Intuition, das Bauchgefühl, spielt auch im Fechtsport eine große Rolle.

In meinem bisherigen Leben gab es natürlich zahlreiche »Gefechte«, die nichts mit dem Sport zu tun hatten, zum Beispiel das Durchsetzen als Jüngste in der Schule, der Kampf gegen manchen uneinsichtigen Dozenten an der Uni, das Aufrechterhalten von Freundschaften trotz zeitlicher Einschränkungen, das Aushalten von Auseinandersetzungen und der Umgang mit Neid. Auch das Meistern dieser Herausforderungen lässt sich für mich am besten anhand meiner Erfahrungen aus dem Fechten beschreiben. Ich sehe das Leben als Kampf füreinander, miteinander und gegeneinander – und als ein immer wiederkehrendes Duell mit sich selbst. Es ist auch ein Kampf um Entscheidungen – man muss sich oft durchringen und durchkämpfen, um seine Vorhaben zu erreichen.

Dabei erlebe ich beim Fechten immer wieder, dass die Erfüllung nicht im Gesamtsieg liegen muss, sondern dass sich jeder andere Ziele steckt. Man kann auch Zufriedenheit darin finden, bei einem Gefecht gegen den gleichen Gegner einen Treffer mehr zu setzen als beim letzten Mal.

Ich möchte Sie daher mitnehmen auf eine Reise in die faszinierende Welt des Fechtens, in der Sie sicherlich viele Lebenssituationen wiedererkennen werden. Begleiten Sie mich also auf die »Planche«, die Fechtbahn des Lebens. Denn durchs Leben fechten müssen wir uns alle.

1 DER GANG AUF DIE »PLANCHE« – DIE FECHTBAHN WARTET

Wir befinden uns jetzt kurz vor dem Gefecht, also sozusagen auf dem Weg zur Planche – und so langsam müssen wir uns auf uns selbst konzentrieren, denn der richtige Fokus ist extrem wichtig. Bevor wir uns ins Gefecht stürzen, werde ich Sie noch einmal ausführlicher mit dem Fechten an sich vertraut machen, speziell mit den Regeln und Grundprinzipien des Degenfechtens.

Ich spaziere durch das Olympische Dorf und kann es kaum glauben, dass jetzt tatsächlich Olympische Spiele anstehen. Dass ich mich als Weltranglisten-Erste für dieses Ereignis qualifiziert habe. Dass ich überhaupt dabei bin. Jeden Tag ergreift mich hier das Erlebnis Olympia von Neuem und es nimmt mich gefangen.

Ich setze mich in einen der vielen Pavillons und sinniere über meine Chancen am Finaltag. Es gefällt mir überhaupt nicht, dass trotz meiner guten Vorleistungen gar nichts klar ist und mir keiner eine Garantie dafür geben kann, dass ich zumindest ins Halbfinale oder sogar ins Finale kommen werde. Ich möchte gerade zum Telefon greifen und dieses Dilemma mit einer Teamkollegin, die alles von zu Hause aus verfolgt, besprechen, als eine frühere Mannschaftskollegin vorbeigefahren kommt, die jetzt als Offizielle mit dabei ist. Sie sitzt auf einem der vielen Fahrräder, die das Deutsche

Team angeschafft hat, um die langen Wegezeiten zu verkürzen, und fragt mich, ob ich auf den morgigen Wettkampf gut eingestimmt sei. »Ja, das bin ich«, sage ich ihr. Daraufhin antwortet sie, dass ihr das bisher alle gesagt hätten. Super!, denke ich. Aber sie hat Recht: Es ist wirklich alles offen. Ich traue mich kaum, wieder aufzustehen und weiterzugehen. Die Tage bis zum Wettkampf sind irgendwie verflogen, morgen ist es so weit. Ich weiß, dass diese Konfrontation unausweichlich ist. Trotzdem belastet mich das – zum Glück begegnet mir Sylvia Henn, die Physiotherapeutin unseres Fechtteams, und fragt mich, ob wir zur Mensa schlendern und uns einen Kaffee holen sollen. Gut, dass sie da ist und mich noch einmal ablenkt.

Ich sitze auf meinem Bett. Es ist jetzt schon nach 22 Uhr, aber ich kann noch nicht schlafen – zum Glück fängt der Wettkampf morgen erst um 15 Uhr nachmittags an. Ich beschließe, noch einige Telefonate zu führen, mit meinem Freund, meiner Teamkollegin, meiner besten Freundin, meinem Bruder Gerrit. Alle leisten ihren Beitrag dazu, dass ich mich in einem mental guten Status halte. Da es so warm ist und es im Apartment ziemlich hallt, gehe ich nach draußen vor das Gebäude der Deutschen Mannschaft. Dabei treffe ich meinen Turnfreund Fabi Hambüchen, der mir viel Glück für den Wettkampf wünscht, mich umarmt und sagt: »Hau rein, Große, mach se platt!« Der Bundestrainer der Florettfechter, die morgen parallel mit uns ihren Wettkampf haben, sitzt vor dem Eingang auf einer Bank und zwinkert mir zu: »Das machste morgen, Britta!«

Während ich telefoniere, nicke ich immer wieder vorbeilaufenden deutschen Teamkollegen zu, die auch langsam zu Bett gehen. Viele schieben den guten Wünschen für den Wettkampf und einem Schulterklopfen kleine Bemerkungen hinterher, die auf meinen Telefonmarathon abzielen. Offensichtlich sieht man mich hier ständig mit dem Handy in der Hand herumlaufen. Egal, ich gehe aufs Zimmer

1 Der Gang auf die »Planche« – die Fechtbahn wartet

und fange an zu lesen. Ken Folletts Buch »Die Säulen der Erde« gehören die letzten Stunden meiner Wettkampfvorbereitung. Gegen ein Uhr schalte ich das Licht aus und träume von Tom Builder, der Hauptfigur des Romans, von mittelalterlichen Märkten, meiner ersten Gegnerin und klirrenden Degen.

Fechten ist eine traditionelle Form der Auseinandersetzung mit einem Gegner. Ob mit Säbeln, Degen oder Schwertern – seit der Antike ziehen Menschen auf diese Weise in den Kampf, um sich mit ihren Kontrahenten zu messen. Neben dem Ringen und dem Boxen gehört das Fechten zu den Sportarten, die auch Teil der ersten Olympischen Spiele der Neuzeit 1896 in Athen waren. Was ist für uns aber so anziehend an der Kunst des Fechtens? Lassen Sie mich Ihnen kurz das Wesen des Fechtens aufzeigen, in das Sie im weiteren Verlauf des Buches immer tiefer eintauchen werden.

EINFÜHRUNG INS FECHTERISCHE DENKEN

Das Fechten hat mich schon immer fasziniert. Nachdem ich mit dem reinen Schwimmsport aufgehört hatte, wechselte ich zum Modernen Fünfkampf, einer historischen Kombination aus Reiten, Fechten, Schießen, Schwimmen und Laufen. Schon nach kurzer Zeit entschied ich mich dazu, mich vollständig dem Fechtsport zu widmen. Vor allem die psychischen Herausforderungen und die große Bedeutung von strategischem Geschick und technischen Fertigkeiten zogen mich schnell in ihren Bann. Beim Fechten spricht man zur gleichen Zeit von Kampfsport und Fechtkunst – die Vereinbarkeit dieser Elemente hatte mich sofort fasziniert.

Während ich es aus meinen Erfahrungen mit dem Laufen und Schwimmen gewohnt war, gegen die körperlichen Grenzen anzulaufen beziehungsweise anzuschwimmen, habe ich beim Fechten zum ersten Mal den Kampf gegen den Kopf kennengelernt. Für mich bedeutet das, ein Gefecht gewinnen zu können, ohne an rein körperliche Grenzen gestoßen zu sein. Es heißt, dass man sich während eines Gefechtes gedanklich zurückziehen und aufgeben kann, ohne dass es nach außen sofort sichtbar ist.

Bleibe ich beim Laufen auf der Zielgeraden stehen, um mir die Schnürsenkel zu binden, weil ich kurz durchschnaufen möchte, dann sieht das jeder – und es macht sich vor allem auf der Stoppuhr bemerkbar. Beim Fechtsport liegt die Verantwortung der eigenen Anstrengung noch mehr bei mir selbst, weil eben keiner von außen ganz genau beurteilen kann, ob ich bei dem einen oder anderen Treffer nur etwas Pech hatte oder ob ich unkonzentriert und mit meinen Gedanken ganz woanders war. Wie im richtigen Leben hängt es ausschließlich von einem selbst ab, wie man sich verhält und was man aus seinen Chancen macht. Es geht um die Momente im Leben, in denen man beispielsweise seinen Freunden erzählt, dass man einen Job wollte, sich sehr darum bemühte – und ihn trotzdem nicht bekam: Wenn Sie von Ihrer Bewerbung erzählen würden, wer könnte dann schon überprüfen, wie groß Ihr Einsatz tatsächlich war? Ob Sie wirklich alles gegeben haben? Ob Sie überdurchschnittlich viele Bewerbungen geschrieben, sich vor dem Vorstellungsgespräch ausführlich vorbereitet und sich eingehend über das Unternehmen informiert haben? Außer in sehr jungen Jahren, wenn die Eltern einem noch über die Schulter schauen, gibt es bei solchen Dingen in der Regel keine Kontrolle.

Keine Frage, natürlich scheitert man auch ab und zu trotz größter Anstrengung. Ich meine hier aber die grundsätzliche und umfassende Selbstverantwortlichkeit für das eigene Leben, die man übernehmen muss. Auch und gerade als Fechter muss man sich immer wieder vor sich selbst rechtfertigen und die eigene Leistung hinterfragen. Es sind genau diese Fragen, die man zu stellen – und möglichst ehrlich zu beantworten hat, wenn man erreichen möchte, was man sich vorgenommen hat. Genau das ist die eigentliche Kunst beim Fechten: Sich mental mit dem inneren Selbst auseinanderzusetzen, gegen die eigenen Gedanken zu kämpfen, sich im inneren Dialog zu überwinden, sich selbst einzugestehen, dass man noch mehr geben kann, dass man sich nicht ablenken lassen darf. Denn all das muss man zu steuern und zu kontrollieren versuchen.

Absolute Konzentration, der Fokus auf das Wesentliche und Disziplin im richtigen Moment – das sind die zentralen Dinge, die ich speziell durch das Fechten gelernt habe und die mir auch bei den Auseinandersetzungen auf der Fechtbahn des Lebens äußerst nützlich sind.

DIE PLANCHE DES LEBENS

Das Degenfechten kennen die meisten von Ihnen sicher vor allem in der traditionellen Form des Duells, beispielsweise aus historischen Filmen wie den »Drei Musketieren« nach Alexandre Dumas' Roman. Die Zuschauer sind noch heute beeindruckt von den geschickten Paraden und Ausweichmanövern, mit denen sich die Helden mit ihren Degen am Ende immer gegen ihre Widersacher durchsetzen. Legenden wie D'Artagnan, deren Finesse und Cleverness bis heute nichts an Faszination verloren haben, scheinen uns magisch anzuziehen. Auch wenn für mich ein Gefecht im Hollywood-Film natürlich kein »echtes« Fechten ist, wird die Kernbotschaft dahinter durchaus transportiert: Wer im Duell den Gegner als Erster traf, hatte ihn verletzt oder entscheidend geschwächt – er hatte den Punkt gemacht. Auch im heutigen Degenfecht-Sport gilt der komplette Körper von Kopf bis Fuß als Trefferfläche.

Diese Form des Fechtens erfordert den höchsten Grad an Konzentration. Die vermeintlich simple Regel »Wer trifft, der trifft« spiegelt zwar die reale Duellsituation am besten wider, ermöglicht aber auch »Zufallstreffer« des schwächeren Gegners, sobald der stärkere Fechter einen Fehler begeht. Genauso kann es ein sogenanntes »Double«, also einen Doppeltreffer geben, wenn beide Kontrahenten gleichzeitig punkten.

Dieser Umstand lässt das Fechten mit dem Degen zu einer spannenden Nervenprobe werden, bei der ich mich als Fechterin gegen jeden noch so schwachen Gegner aufs Höchste motivieren und extrem konzentriert ans Werk gehen muss, um den nächsten Treffer zu setzen und zu gewinnen. Auch ich habe schon manches Gefecht an schwächere Gegner verloren, weil ich nicht ganz bei der Sache war und sich insgesamt beim Fechten schnell eine Situation entwickelt, in der David gegen Goliath gewinnen kann.

Das macht das Fechten für mich so lebensnah und deshalb finde ich es auch so interessant, Ihnen darüber zu erzählen und Sie mit zu meinem olympischen Finalgefecht zu nehmen. Es werden sich zwar wohl nur die Wenigsten von Ihnen auf die reale Fechtbahn begeben, aber sie ähnelt der Planche des Lebens sehr. Viele Gesetzmäßigkeiten und Regeln gelten für beide Welten. Und die Planche des Lebens müssen wir alle betreten, ob wir wollen oder nicht. Es gibt immer wieder neue

1 Der Gang auf die »Planche« – die Fechtbahn wartet

Aufgaben und Auseinandersetzungen, Erfolge und Niederlagen, Freudentaumel und Frust. Das Leben ist voll von Winkelzügen, Zwickmühlen und Gewissensbissen, von Paraden, Finten und taktischen Angriffen. Es ist durchsetzt mit Situationen, in denen wir uns für Angriff oder Verteidigung entscheiden müssen.

Wir müssen uns den Herausforderungen stellen, die das Leben für uns bereithält. Wir können dabei den Mut zeigen, die Dinge, die wir ändern möchten, anzugehen und mit Entschlossenheit für unser Glück zu kämpfen. Wir können die Weichen so stellen, dass wir ein zufriedenes Leben führen. Antrieb und Wille sind die Voraussetzungen für das Erreichen unserer Ziele und Träume.

Gehen Sie selbstbewusst durchs Leben – wenn Sie sich den unvermeidlichen Duellen stellen und sie ausfechten, ist schon ein großer Schritt zu mehr Zufriedenheit getan.

Um auf der manchmal unwegsamen Fechtbahn des Lebens zu bestehen, gilt es zunächst einmal, die richtige Haltung anzunehmen.

2 »EN GARDE« – DIE RICHTIGE AUSGANGSPOSITION ENTSCHEIDET

Die internationale Sprache des Fechtens ist Französisch. Deshalb ist das französische Kommando »En garde«, also der Appell »in Stellung zu gehen«, für den Fechter der Moment, in dem er beginnt, sich auf den bevorstehenden Kampf zu fokussieren und sich dafür in die Position zur Aufnahme des Gefechtes zu begeben. Vor dem Startkommando gibt es außerdem noch die Frage »Êtes-vous prêtes?«, also: »Seid ihr bereit?«. Denn darauf kommt es an: Bin ich gut vorbereitet?

Diese Frage stelle ich mir, während ich in dem Bus sitze, der mich und einige meiner Mitstreiterinnen zur olympischen Fechthalle bringt. Bevor es für mich dort auf die Planche geht, atme ich noch einmal tief durch und überlege ein letztes Mal, ob ich in der Vorbereitung auch alles richtig gemacht habe. Bin ich mental und körperlich in der richtigen Verfassung? In den letzten Tagen habe ich eine Achterbahnfahrt der Gefühle durchlebt. Ich war hysterisch, ängstlich, gut gelaunt, gereizt, aufgedreht und nervös.

Ich finde es nicht leicht zu beurteilen, ob ich gut oder schlecht abschneiden werde. Ich merke nur, dass ich irgendwie etwas neben mir stehe. Das ist in der Regel ein gutes Zeichen. Oder? Es ist ge-

rade sehr schwierig, mich selbst und meinen Zustand einzuschätzen. Ich schaue starr aus dem Fenster und traue mich eigentlich gar nicht, weiter nachzudenken. Ich rufe mir lieber ins Bewusstsein, dass ich das, worum es heute geht, kann – dass ich es will und dass es sich bald herausstellen wird, ob ich auch wirklich all das umsetzen kann, was ich mir vorgenommen habe.

Der Bus hält vor der olympischen Fechthalle. Ich muss Tränen der Nervosität unterdrücken. Am liebsten würde ich mich der Situation nicht stellen. Ich ahne, dass es alles andere als ein einfacher Weg wird. Ich ziehe meine leichte, viel zu dünne Deutschlandjacke fester um den Körper. Es ist kalt im Bus. Die Tür öffnet sich und ich steige aus. Ich zeige meine Olympia-Akkreditierung vor und nähere mich dem Eingang des olympischen Gebäudekomplexes, aus dem die unterkühlte Luft der Halle strömt. Ich gebe mir einen Ruck, möchte mir nicht anmerken lassen, dass auch ich angespannt bin. Ich beruhige mich damit, dass ich mich hier in Peking pudelwohl fühle, wir bislang eine fröhliche und harmonische Wohngemeinschaft in unserem Apartment hatten und ich glücklich bin mit den vielen Sportfreunden um mich herum. Ich bin »fit wie ein Turnschuh« und ausgeschlafen. Ab jetzt liegt es an mir, diese gute Grundlage zu nutzen. Dann schreite ich ohne Zögern in das Dunkel des Eingangsbereichs.

Ob wir für die anstehenden Aufgaben und Gefechte des Lebens die richtige Einstellung mitbringen, ob wir unseren Körper so trainieren und pflegen, dass er belastbar ist, und ob wir zumindest versuchen, ein inneres Gleichgewicht herzustellen, ist allein unsere Entscheidung. Ich halte diese Dinge allerdings für die Basis jedes Erfolgs.

Ein Gefecht wird nicht erst im Moment des konkreten Schlagabtauschs gewonnen. Der Sieg beginnt mit einer lan-

gen Vorlaufzeit, auch wenn wir häufig nicht bemerken, was alles bereits von uns in den Momenten vor der tatsächlichen Konfrontation, also vor dem Gespräch mit dem Vorgesetzten, vor der Wettkampfsituation im Sport oder vor sonstigen anstrengenden Aufgaben, unterbewusst gedanklich gesteuert wird.

Wir Menschen beschäftigen uns ständig mit dem, was vor uns liegt. Als Sportlerin nehme ich das sehr bewusst wahr – und leite daraus die Sicherheit ab, dass die genannten Faktoren ausschlaggebend für den jeweiligen persönlichen Umgang mit den verschiedenen Lebenssituationen sind.

ALLES EINE FRAGE DER EINSTELLUNG

Wann immer ich zu meinem Leben, meinen Siegen und dem Weg dahin befragt werde, bringe ich als Erstes eine meiner Grundüberzeugungen ins Gespräch: Meiner Meinung nach ist die grundsätzliche Einstellung zum Leben und zu dem, was im eigenen Leben passiert, die Basis für alles Weitere. Bevor man in das Thema des »Wie?« einsteigt, ist es noch viel wichtiger, dass man für sich das »Was?« und, noch wichtiger, das »Dass!« geklärt hat.

Man kann viel über das Erreichen von Zielen und über Motivation und die verschiedenen Methoden des effizienten Arbeitens philosophieren – solange man für sich selbst nicht entdeckt hat, dass es darauf ankommt, Chancen nutzen zu wollen, offen für Neues zu sein und etwas erreichen zu wollen, ist es für weiterführende Überlegungen noch zu früh. Auch die grundsätzliche Bereitschaft, das Leben positiv zu betrachten, ist wichtig, um etwas Konstruktives für sich selbst aus einer Situation mitzunehmen. Der Wille und das »innere Feuer«, das uns dazu antreibt, voranzukommen und uns den verschiedenen Schwierigkeiten des Lebens zu stellen, sind faszinierende Faktoren für mehr Zufriedenheit. Und ich bin überzeugt davon, dass man diese innere Einstellung steuern kann.

Ich gehe durch den im trüben Licht liegenden Gang und sehe rechts vor mir eine behelfsmäßige Pinnwand mit dem Tableau, also der Setzliste des heutigen Finaltags. Bislang habe ich noch nicht nachgesehen, ob ich bei der Auslosung zur Setzung auf Startplatz eins oder zwei gelost worden bin. Ich hätte mich bereits früher informieren können, aber ich schaue lieber erst jetzt nach. Meine Vorbereitungszeit zusätzlich damit zu verplempern, mir über einen Gegner Sorgen zu machen und ihn mir womöglich noch starkzureden – das war noch nie meine Art und das hätte ich in den letzten Tagen auch nicht brauchen können. Ich hatte durch die äußeren Einflüsse schon genug damit zu kämpfen, mich auf den Wettkampf einzustimmen.

»Ich nehme, was kommt und wie es kommt«, rede ich mir also ein und suche meinen Namen auf der Liste. Mein Puls steigt an, er schießt nach oben wie in den Momenten, in denen man in der Uni seine Matrikelnummer auf den Klausurergebnissen sucht. Ich fürchte mich vor dem, was da stehen könnte. Noch zwei Stunden bis Wettkampfbeginn und schon jetzt Adrenalin pur. Es ist die Koreanerin, der ich mich in der Runde der letzten 16 werde stellen müssen. Auch gut. Ich atme aus und gehe weiter in Richtung Rolltreppe, die mich zur Warm-up-Halle führen wird. Doch es ist eigentlich sowieso egal, gegen wen ich ranmuss. »Da muss ich jetzt einfach durch. Ich kann es eh nicht ändern«, sage ich mir.

2 »En garde« – die richtige Ausgangsposition entscheidet

Die innere Haltung gegenüber den Dingen, die auf uns zukommen, können wir selbst bestimmen. Wir allein entscheiden, wie wir an die Aufgaben des Lebens herangehen. Wie ich das meine, zeigt vielleicht ein kleiner Trick meiner Eltern, mit dem es ihnen gelang, mich positiv auf die Schule einzustimmen: In dem Sommer, bevor ich in die Grundschule kommen sollte, hatte ich mich mal wieder lautstark mit meinem Bruder gestritten – wir waren uns über die Verteilung der Spielsachen nicht einig. Daraufhin nahmen unsere Eltern mich beiseite und meinten, dass so ein zankendes Mädchen ja noch gar nicht reif genug für die Schule sei. Ich dürfe nur dann zu den »Großen« gehören, wenn ich ab jetzt zeigen würde, dass ich mich auch dementsprechend verhalten könne. Wie sehr habe ich mich den Rest der Ferien zusammengenommen, um zu beweisen, dass ich natürlich schon ein großes Mädchen war! Statt mich über ein möglicherweise weiteres Jahr zu Hause zu freuen, wollte ich unbedingt in die Schule, wo man den Aussagen meiner Eltern zufolge viel Spaß haben, basteln und mit anderen großen Kindern zusammen sein konnte – und wo man nicht zuletzt viele tolle neue Schreibutensilien, Bücher und Hefte bekommen würde.

Meine Eltern haben einfach nie damit angefangen, uns der Schule gegenüber ein schlechtes Gefühl zu vermitteln. Es hieß immer »Du darfst in die Schule«, nie »Du armes Kind musst in die Schule«. Sie glauben gar nicht, was das bezüglich unserer Grundeinstellung zur Schule und zum Lernen für einen Unterschied gemacht hat! Es fällt mir noch ein weiteres Beispiel aus Kindheitstagen ein: Mein Bruder war erkältet und meine Mutter hatte eine Thaisuppe zubereitet, die in unserer Familie seit jeher als Erkältungsbekämpfer gilt. Meine Mutter war sicher, dass sich mein kleiner Bruder querstellen würde, wenn sie ihn dazu zwingen würde, das recht scharfe Gericht zu essen. Also setzte sich meine Mutter demonstrativ an den Tisch und löffelte die Suppe selbst. Mein neugieriger Bruder kam an den Tisch gestapft und wollte wissen, was ihr denn da gerade so gut schmeckte. Da antwortete ihm meine Mutter, dass es eine Thaisuppe sei, die er aber leider noch nicht essen könne, weil er noch so klein und die Suppe so scharf sei. Daraufhin fing mein Bruder an zu quengeln, er bekräftigte, dass er auch etwas essen wolle und überhaupt nicht zu klein für die Suppe sei. Obwohl das Gericht tatsächlich scharf war, hat mein Bruder es dann tapfer gegessen, um zu zeigen, was er schon alles kann.

So bekam meine Mutter ihren Sohn dazu, freiwillig etwas zu tun, was sonst viel Kampf und Ärger gekostet hätte. Kein einziger Imperativ, kein »Du musst« waren notwendig. Darüber hinaus bzw. stattdessen war mein Bruder auch noch »stolz wie Oskar« und wurde dazu noch schnell wieder gesund. Er hatte also anstelle des negativen Eindrucks, etwas gegen seinen Willen tun zu müssen, ein gutes Gefühl mitgenommen, weil meine Mutter ihm gar nicht erst den Eindruck vermittelt hatte, dass das Essen der Suppe unangenehm sein könnte.

Wenn man nicht beigebracht bekommt, dass man leiden muss, wenn man etwas leistet oder sich anstrengt, sondern dass es ganz im Gegenteil sogar erfüllend ist, wenn man etwas Neues dazulernen kann, erleichtert das vieles. Eine positive Grundeinstellung, das Positive Denken, hat psychologisch sicherlich eine große Bedeutung. Ich habe mir jedenfalls vorgenommen, aus den unterschiedlichen Situationen des Lebens möglichst immer etwas Konstruktives mitzunehmen.

Aus meiner Sicht sollte man die eigene Einstellung, die Haltung gegenüber dem eigenen Leben, dem, was man erreichen möchte und kann, tatsächlich als Grundsatzfrage begreifen. Ich glaube, dass Zufriedenheit im Leben eng damit verbunden ist, dass man mit sich selbst im Reinen ist. Das wiederum ist der Fall, wenn man seine Ziele erreicht. Wenn man überhaupt Ziele hat – die man sich wiederum nur steckt und die man nur dann mit Freude, Elan und Konsequenz verfolgt, wenn man für sich entdeckt hat, dass Fleiß, Disziplin und Durchhaltevermögen keine ungesunden, zwanghaften oder übertrieben ehrgeizigen Charaktereigenschaften sind, für die man sich schämen muss, sondern wunderbare Werte, die uns beim Umsetzen unserer Vorhaben unterstützen und uns ein zufriedenes Selbstgefühl schenken. Diese Eigenschaften sind die Vehikel, die uns das Gefühl des Stolzes vermitteln – und das ist ganz unabhängig von der Ebene des Erfolges: Es ist egal, ob es sich um kleine, alltägliche Vorhaben handelt, wie den Frühjahrsputz, oder ob man große, übergeordnete Ziele anstrebt wie zum Beispiel den Abschluss einer Ausbildung. Glück und Zielstrebigkeit widersprechen sich also nicht, sondern sie bedingen sich sogar häufig gegenseitig.

Ziele kann man nur mit einer optimistischen und positiven Grundhaltung angehen, wenn man also nicht die Einstellung mitbringt, dass schon die Zielsetzung an sich und damit »Leistung« in jeder Form etwas Negatives sind. So fand ich es schon immer spannend, neue Dinge zu entdecken, andere Kulturen kennenzulernen, meinen Horizont in alle Richtungen zu erweitern. Da gibt es ein inneres Feuer, das mich immer weiter antreibt, Neues erkunden zu wollen. Einen neuen Weg zu beschreiten, die Herausforderung zu genießen. Dabei ist es egal, worin diese Herausforderung besteht und auf welcher Ebene sie zu bewältigen ist. Die Freude daran, meinen eigenen Weg einzuschlagen, hat mich schon immer angetrieben. Selbst wenn man diesen Drang nicht so stark empfindet, glaube ich doch, dass wir alle es genießen, einen persönlichen Erfolg zu feiern, gelobt zu werden und stolz auf uns zu sein.

Insgesamt ist die Freude am Erleben, die grundsätzliche Begeisterungsfähigkeit für eine Sache eine Frage der Einstellung – eine offene, unvoreingenommene Grundhaltung ist die beste und sicherlich gesündeste Voraussetzung für jegliche Art der Motivation und damit die Grundlage dafür, seine Ziele zu verfolgen.

Die eigene Messlatte finden

Das Erleben eines Erfolgsmomentes hängt in der Regel von vielen Faktoren ab. Ein Sieg ist nicht unbedingt nur dann erzielt, wenn man ganz oben auf dem Treppchen steht. Wie erwähnt, geht es bei der Zielsetzung um die eigenen, individuellen Maßstäbe. Bereits im Vorfeld sollte man realistisch überprüfen, ob das, was man sich vorgenommen hat, wirklich passt oder ob man das Ziel den jeweiligen Gegebenheiten anpassen sollte.

Sich fordern, aber nicht überfordern, lautet dabei für mich die Devise. Ich habe die Erfahrung gemacht, dass es neben denjenigen, die es ganz nach oben schaffen, auch eine Vielzahl ebenso Engagierter gibt, die zum Beispiel genauso häufig trainieren wie ich und dabei genau wissen, dass sie es wahrscheinlich nie so weit schaffen werden. Leiden diese Athleten darunter? Was hält sie beim Sport? Diese Frage kann ich aus meiner Situation heraus schwer beantworten, aber in den vielen Gesprächen mit meinen Kolleginnen und Kollegen ist immer eine Begeisterung herauszuhören für den Sport an sich und für die individuellen Ziele, die sie erreichen wollen. Sie fordern sich bis an ihre persönlichen Grenzen, und das erfüllt sie. So war es zum Beispiel für meinen Bruder Gerrit, der früher auch gefochten hat, sportlich das Größte, unter die Top 10 der Deutschen Juniorenrangliste zu kommen und damit in den von der Deutschen Sporthilfe geförderten Kader. Dafür hat er genauso viel geschwitzt wie ich für meine Ziele und er war nachher genauso stolz auf seine Erfolge wie ich auf meinen Weltmeistertitel. Auf der beruflichen Ebene hat mein Bruder sich wiederum andere, seinem Können entsprechend viel höhere Ziele gesteckt.

Ich möchte damit sagen, dass »Leistung bringen« an sich nichts zu tun hat mit dem verbissenen Streben nach dem Unerreichbaren. Die Leistungsgrenze ist bei jedem Menschen anders – man sollte zwar versuchen, an sie heranzugehen, und sich auch herausfordern, aber man sollte sich nicht übermäßig strapazieren. Denn immer wieder das Gefühl zu bekommen, zu verlieren, nur weil man mit dem Erreichten nicht zufrieden ist, obwohl man an seine Grenzen gegangen ist und sein Bestes geleistet hat, kann niemanden glücklich machen.

Ich bin überzeugt, dass Leistung und Erfolgserlebnisse, dass das Glücksgefühl des Schaffens jeden Menschen erfüllt. Auch wenn bei uns häufig betont wird, dass es nicht immer auf Leistung ankommen solle, gehe ich davon aus, dass trotzdem im Umkehrschluss niemand sonderlich zufrieden ist, wenn er durch das Abitur fällt, die Führerscheinprüfung nicht besteht, eine schlechte Arbeitsleistung abliefert, nur zu Hause sitzt und mit seiner Zeit nichts anzufangen weiß. Wenn er ein Jahr nach dem Umzug noch immer unausgepackte Kartons gestapelt hat oder das latent ungute Gefühl hat, sein Potenzial in irgendeinem Feld nicht ausreichend genutzt zu haben. Jeder möchte in seinem Rahmen eine Leistung bringen, die ihn zufrieden stellt – Sie, ich, wir alle.

Fördern und fordern war in unserer Erziehung ein Leitmotto meiner Eltern. Eine gewisse Richtungsweisung, ein für uns Kinder klares Gerüst an Werten mit dehnbaren Grenzen war dafür die Basis. Meine Eltern beschreiben das immer als eine Welt mit einigen starren Säulen, die durch Gummiseile miteinander verbunden sind. Für uns bedeutete das, dass wir wussten, in welchen Grundmustern wir uns bewegten, dass wir uns allerdings auch durchaus mal etwas über die Grenzen hinauswagen konnten. Alles in allem eine Erziehung, in der wir ohne Bestrafung oder Drohungen zu Fleiß, Durchhaltewillen und Eigenverantwortung angehalten wurden. Ohne Hausarrest, Taschengeldentzug oder sonstige »harte Erziehungsbandagen«. Sondern mit dem Grundgedanken, uns Kindern eine Begeisterung für Herausforderungen, für Neues zu vermitteln, unsere Neugierde anzustacheln.

Es ging darum, den Blick für das Schöne an den Dingen zu öffnen, uns zu fordern, uns auch viele Möglichkeiten zu bieten, damit wir uns nicht langweilten. Ein Ziel bestand darin, uns bei der Ausübung unserer Interessen zu fördern – mit einer Konsequenz, für die ich meinen Eltern heute dankbar bin. Wenn wir uns einmal für einen Weg, also zum Beispiel für ein bestimmtes Musikinstrument, entschieden hatten, dann forderten sie auch eine gewisse Durchhaltekraft. Dann ging es eigentlich weniger um die Frage, ob wir es machten, sondern wie wir es anstellten. Bestimmt haben auch Sie schon Sätze wie die folgenden gehört oder auch selbst formuliert: »Zum Glück habe ich das damals durchgezogen!« Oder: »Das hat sich voll gelohnt, dass ich mich da durchgebissen habe.« Es kann sich also auszahlen, sich ab und zu durch unangenehme Dinge durchzukämpfen.

Etwas zu beginnen und dann mit einem guten Gefühl nach Hause zu gehen, ist für jeden von uns befriedigend.

Fordern Sie sich also ruhig, setzen Sie sich Ihre Ziele so hoch, dass Sie dabei Ihr persönliches Potenzial voll ausschöpfen können. Versuchen Sie aber gleichzeitig, realistisch zu bleiben, und überfordern Sie sich nicht. Gelingt es Ihnen, diese Balance zu halten, können Sie sich am meisten über Ihre Leistungen freuen.

Ein guter Gradmesser kann dabei der persönliche Erfahrungsschatz sein – eine gute Analyse eines Ereignisses ist dabei unabdingbar, wozu ich später komme. Auch der Rat vom engsten Umfeld kann dabei helfen, das eigene Leistungsvermögen realistisch einzuschätzen und seine Zielvorstellungen dementsprechend zu gestalten.

Ziele setzen

Die grundsätzlichen Fragen lauten also immer »Was ist mein Ziel?« bzw. »Was kann mein Ziel sein?«. Denn nur mit diesem Wissen kann man den Weg dorthin gestalten und sich an Fortschritten freuen. Dafür muss man die Zielsetzung jedes Mal neu definieren. Dabei muss noch nichts kategorisiert und konkret formuliert werden. Auch der Weg kann das Ziel sein. Ich habe aber gemerkt, dass es schwierig ist, gänzlich ungeplant, ohne Vorabüberlegungen und den geringsten Ansatz etwas zu leisten. Es ist deutlich einfacher, sich erst Gedanken über den möglichen Ausgang des Einsatzes von Geist, Körper und Energie zu machen, als einfach drauflos zuarbeiten. Es ist auch wichtig zu wissen, wie ehrgeizig das Vorhaben ist. Es sollte immer realistisch bleiben, darf aber durchaus an die Grenzen gehen. Wenn man sich ein hohes Ziel setzt, konzentriert man sich dadurch auf das Optimum und erreicht in der Regel auf jeden Fall ohne Stress ein etwas niedrigeres Ziel, weil man es als selbstverständlich ansieht, die Zwischenetappen zu erreichen.

Im Sport erlebe ich immer wieder, dass sich Athleten selbst den Erfolg versperren, indem sie sich ihre Ziele zu niedrig stecken, schon vor den Vorkämpfen Angst haben und es sich als höchstes Ziel setzen, diese Phase zu überstehen. Ein genauso guter Athlet mit einem zwar ambitionierten, aber immer noch realistischen Wunschergebnis wird die Vorausscheidungen in der Regel ohne Probleme überwinden, weil er das auf dem Weg zu seinem Ziel als Selbstverständlichkeit betrachtet und sich mental nicht so sehr mit dem Vorkampf belastet. Wer sich seine Ziele hochsteckt, erreicht Zwischenetappen leichter. Das ist gleichzeitig ein wunderbares Mittel für den Umgang mit Druck, ein Thema, auf das ich später noch eingehen werde.

Es lohnt sich auf jeden Fall, auf dem Weg zu einem übergeordneten Ziel Teilziele zu definieren: Auf dem Weg zum Olympiasieg gab es für mich mehrere Stationen, die ich nacheinander absolvieren musste, um überhaupt an den Olympischen Spielen teilnehmen zu können. Zunächst war die Qualifikationsphase zu überstehen, dann die Positionierung auf der Weltrangliste für die Setzung bei den Olympischen Spielen, danach die Vorbereitung auf die Spiele und schließlich kam der Tag des Wettkampfes. Ganz nach dem Motto »Der Weg ist das Ziel« ist mir in den letzten Jahren bewusst geworden, dass es extrem wichtig ist, sich dieser Teiletappen bewusst zu sein und im Moment zu leben. Diejenigen Athleten, die sich bereits vor Ende der Qualifikation gedanklich mit dem Siegesjubel auf dem olympischen Podest beschäftigt hatten, waren am Ende gar nicht beim Kampf um die olympischen Medaillen dabei.

Eine schwierige Gratwanderung: Man muss das Endziel, das große Ganze, im Auge behalten und dabei gleichzeitig Etappenziele einbauen und nacheinander abarbeiten. Aber dies ist auch der Schlüssel zum Erfolg. Das Erreichen eines Teilzieles verfolge ich deshalb stets bewusst, und ihm folgt immer eine Form der Belohnung. Allerdings sollte man sich nicht dazu hinreißen lassen, sich auf den Lorbeeren der Teilziele auszuruhen, dafür ist es noch zu früh. Das Endziel darf man dabei nie aus dem Blick verlieren – denn nur so entsteht Motivation und man kann die notwendige konstruktive Spannung aufrechterhalten. Jede Trainingseinheit, jede Entbehrung lohnt sich für die Aussicht und die Hoffnung, etwas Großartiges erreichen zu können.

Etappenziele sind wichtig auf dem Weg zum Erfolg. Ich habe es mir zur Regel gemacht, nach jedem erreichten Teilziel einen »gedanklichen Haken« an diese Phase zu machen, indem ich mir etwas gönne. Es ist einfach nicht gesund, sich in einer Dauerstressphase zu halten – um den Weg zum Ziel weiterzuverfolgen, muss man zwischendurch neue Energie tanken.

Ich bin auch davon überzeugt, dass der Stolz darauf, Fortschritte gemacht zu haben, die damit verbundene Belohnung und das bewusste Auskosten eines Teil- oder Zwischenerfolgs die Grundlage dafür bietet, weiterhin motiviert zu bleiben.

Motivation finden

Motivation ist die treibende Kraft auf dem Weg zum Ziel! Motivation gewinne ich immer aus der Zielsetzung, der neuen Herausforderung. Für mich ist das eine Frage der Einstellung. Wenn es mir durch die Kombination aus Studium, Beruf und Sport manchmal zu viel zu werden drohte, habe ich in solchen Situationen versucht, einfach meine Sichtweise anzupassen: Dann habe ich die schier unmöglich erscheinende Herausforderung, drei Klausuren zu schreiben und trotzdem die Qualifikation für die Weltmeisterschaften zu schaffen, als mentale Vorbereitung für Wettkämpfe definiert.

Jeder kennt wahrscheinlich folgendes Phänomen: Man hat den ganzen Tag Urlaub und muss eigentlich nur kurz Staub wischen und staubsaugen, und auf einmal kann eine dieser beiden Aktivitäten den ganzen Tag kosten. Wenn man am nächsten Tag zehn Aufgaben zu erledigen hat, bekommt man das locker koordiniert und ist am Ende in der Regel zufrieden und stolz auf sich. Sich aufzuraffen ist also unser größtes Problem. Einmal am Werk, haben wir häufig Spaß an den Dingen, die wir tun. Genau nach diesem Prinzip stelle ich mir in stressigen Zeiten vor, dass es sich sicherlich positiv ergänzt, wenn ich viel auf einmal erledigen muss – dann bin ich nämlich konzentrierter und effizienter, was sich wiederum positiv auf den Erfolg auswirkt. Aus meiner Sicht sind wir motivierter, wenn wir uns herausgefordert fühlen.

Wer sich fragt, wie man sich für öde Arbeiten am Arbeitsplatz motivieren kann, dem kann ich sagen: Wir kämpfen im Spitzensport häufig nur für die Ehre und fast immer ohne Siegprämie, für uns gibt es also noch nicht einmal die Motivation durch Geld. Wir arbeiten uns nur mit dem Ziel eines großen Sieges vor Augen durch unangenehme Trainingseinheiten. Auch ich muss mich häufig durch Trainingsstunden »durchbeißen«, sehe die schöne Sonne draußen und muss verzichten. Man hat nicht immer Lust, aber man muss sich überwinden. Es lohnt sich nämlich, nachher den Stolz zu empfinden, durchgehalten zu haben! Und damit den Aufstieg in der Hierarchie, den Bonus oder den sportlichen Erfolg erreicht zu haben. Mit den richtigen Zielen und kleinen Erfolgserlebnissen auf dem Weg dahin kann man sich immer wieder einen Motivationsgrund schaffen. Auch bei eher stumpfsinnigen Arbeiten gilt: Der Wille zählt! Bei langweiligen Aufgaben ziehe ich die Motivation aus dem Gedanken an den Stolz und die Freude, die mich bei einem Erfolg erwarten. Denn wenn ich schon durch die Anstrengung einer eher unspannenden Etappe muss, dann möchte ich wenigstens nachher das Gefühl haben, es geschafft zu haben. Eine langweilige Arbeit auch noch schlecht zu erledigen und dafür Kritik einzustecken finde ich noch weniger erfüllend – und das ist eine fortwährende Motivation für mich, mich anzustrengen, denn ich weiß, dass es sich in jedem Fall auszahlt.

Auch in Phasen des Stillstands und bei Niederlagen kann man sich motivieren, indem man sich fragt: »Will ich, dass der Zustand so bleibt? Will ich noch einmal verlieren?« Wahrscheinlich nicht! Das gibt einem den Antrieb, dafür zu arbeiten, dass es besser wird – und dadurch endlich wieder zufriedener zu werden und Fortschritte zu erzielen.

Noch einmal zurück zur Grundmotivation, die ja von innen heraus geboren oder durch äußere Faktoren bestimmt sein kann: Ich diskutiere häufig mit meinem Umfeld die Frage, ob der Ansporn eines Menschen, ein Ziel zu erreichen, in der

Befriedigung des Siegens, des Erfolgs liegt oder vielmehr in der Frustration, die man ertragen müsste, wenn man etwas nicht schafft. Ich weiß für mich, dass es mir noch nie gefallen hat, etwas nur teilweise erreicht zu haben. Auf jeden Fall bin ich unzufrieden, wenn ich genau weiß, dass ich eigentlich noch mehr hätte leisten können. Wenn ich mir etwas vornehme und dann an dem Punkt stehe, den ich mindestens erreichen wollte, sage ich mir, dass jetzt auch noch ein Schritt mehr möglich ist usw. Dieses Sich-Schritt-für-Schritt-nach-vorne-arbeiten ist mir schon immer dienlich gewesen. Wenn Sie am Wettkampftag von Gefecht zu Gefecht denken, können Sie sich nach jedem Kampf anspornen, nun doch noch eine Runde weiterzukommen. Aber ob es die Freude am Sieg ist oder die Abneigung gegen das Verlieren: Wenn man für die Seele bekommt, was man braucht, und zwar die Zufriedenheit, ein gutes Gefühl, vielleicht die Bestätigung oder auch das Lob von den richtigen Leuten – dann ist die Quelle der Motivation, die Ursache des Antriebs eigentlich völlig gleichgültig. Denn das Ziel ist für alle am Ende gleich: Mit einem glücklichen Gefühl aus einer Sache herauszugehen.

Ich finde auch immer wieder die Frage spannend, ob wir Sportler unbedingt in unserem Bereich Erfolg haben wollen oder ob die Sportart eigentlich egal wäre, solange wir es nach oben schaffen bzw. von einem Ziel erfüllt sind. Die Motivation muss nicht unbedingt im Kern der Sache liegen. Für mich war es schon in der Schule eine Motivation, mit einer guten Note nach Hause zu kommen, weil ich dann meinem Vater zuschauen konnte, wie er vor Freude durch die ganze Wohnung hüpfte und über das ganze Gesicht strahlte wie ein Honigkuchenpferd. Ich bekomme bis heute ein gigantisches

Feedback von meinen Eltern, und das macht mich jedes Mal wieder glücklich und stolz.

Wenn ich von meinen Erfahrungen berichte, werde ich häufig darauf hingewiesen, dass ich wohl mit einem Talent gesegnet sei, das kaum der Maßstab der Dinge sein könne, und dass es nicht jeder so einfach habe wie ich. Aber ich weiß, dass gute Voraussetzungen, Begabung oder Talent nicht bedeuten, dass man automatisch tatsächlich alles spielend schafft, was man mit diesem Potenzial erreichen könnte. Durchhaltevermögen und Disziplin gehören immer dazu – auch für die, denen scheinbar alles einfach zufliegt. Im Sport sehe ich sogar häufig, dass Athleten aus ärmeren Ländern viel motivierter erscheinen, im Wettkampf erfolgreich abzuschneiden, um ihren sozialen und finanziellen Status zu verbessern. Obwohl wir deutschen Athleten sicher die besseren, moderneren Trainingsstätten und einen höheren Lebensstandard haben, also prinzipiell gute Voraussetzungen für die Verbesserung des sportlichen Niveaus mitbringen, ist dies nicht notwendigerweise ein Vorteil im Wettkampf.

Alles in allem sind es häufig eben nicht die Supertalente, die ganz an die Spitze kommen, gerade weil es für den letzten notwendigen Anstoß zum echten Erfolg immer einer großen Motivation und eines besonderen Einsatzes bedarf. Menschen mit außergewöhnlichen Begabungen sind dies oft nicht gewohnt und geben sich häufig mit dem guten Mittelmaß zufrieden, das sie ohne Anstrengung erreichen können. Wenn es darum geht, sich wirklich anzustrengen, verlieren viele Talente die Lust.

Ich habe oftmals den Eindruck, dass besonders bei denjenigen, die eben keine optimalen Ausgangsbedingungen mitbringen, eine ganz spezielle Motivation entsteht, eine Urmotivation »aus dem Bauch heraus«, die ihnen hilft, aus ihrer Situation herauszukommen, sich nach oben zu arbeiten, es sich selbst oder auch den anderen zu beweisen. Ich bin überzeugt, dass sich hier eine gute Motivationsgrundlage finden lässt und sich auch viele Jugendliche für ein Ziel begeistern könnten, wenn man ihnen klarmachen würde, dass sie dieses Vorhaben sehr wohl erreichen können, wenn sie alles geben. Einmal in Gang gesetzt, ist die angestaute Energie für jeden nutzbar. Die Kernfrage für uns lautet aber: Warum sollten wir uns in unserer Gesellschaft für etwas anstrengen, wieso etwas leisten? Wir haben doch eigentlich alles, uns geht es gut. Meine Antwort ist: Weil es Spaß macht und man stolz ist, wenn man ein Ziel erreicht. Weil es sich gut anfühlt, wenn man sein eigenes Geld verdient, weil man etwas geleistet hat. Weil es für jeden von uns erfüllend ist, wenn wir Grenzen und Rahmen haben, die wir überschreiten und sprengen können. Weil es viel mehr Freude macht, sich aus eigener Leistung heraus nach oben zu arbeiten, als schon für das Nichtstun belohnt zu werden. Ich denke, dass das genauso für Kinder und Jugendliche gilt wie für Erwachsene.

Ich selbst habe im Sport mittlerweile alles erreicht, ich habe eine liebenswerte Familie und ein wunderbares Leben. Aber auch ich habe mich hochgearbeitet und eine teilweise harte Schule durchlaufen. Nicht von Seiten meiner Eltern oder der Trainer, die mich, wie man fälschlicherweise annehmen könnte, »getriezt« hätten, sondern durch das übrige soziale Umfeld, zum Beispiel in der Schule. Zunächst hatte ich durch meine sportlichen Aktivitäten weniger Zeit für Treffen mit meinen Klassenkameraden. Dazu war ich die Jüngste meiner Stufe und hatte sehr gute Noten. Ich trug keine Markenklamotten, habe nie geraucht oder Drogen genommen. Ich habe keine

Boygroup verehrt, sondern Beatles gehört, die damals überhaupt nicht angesagt waren. Ich habe versucht, zu meinen Überzeugungen zu stehen, und das war nicht immer einfach. Ich war wohl aus der Sicht meiner Mitschüler alles in allem eher »uncool«. Aber ich wollte mich nicht verbiegen oder von anderen zu etwas überreden lassen, hinter dem ich nicht stehe. Ich möchte dabei betonen, dass ich nicht der Meinung bin, dass der eigene Weg immer im Widerstand mit allem und allen anderen liegen muss – man sollte nur authentisch bleiben.

Insgesamt habe auch ich mich also trotz guter Voraussetzungen durchkämpfen und immer wieder beweisen müssen. Sicherlich fällt es in einem gewissen Alter schwer, Motivation zu finden und dazu zu stehen, doch es zahlt sich am Ende aus, seinen eigenen Weg zu gehen. Dabei habe ich viel Kraft und Motivation aus dem Widerstand, meinem eigenen und dem der anderen, schöpfen können. Widrige Umstände, unfair verteilte Grundvoraussetzungen oder ungerechte Behandlung – auch hierin kann man einen Ansporn finden, die damit verbundenen Gefühle in positive Energie umzuwandeln und für sich zu nutzen.

Ein weiterer wichtiger Punkt, den ich in meinem Umfeld in diesem Zusammenhang immer wieder beobachte, lässt sich wie folgt zusammenfassen: »Übung macht den Meister.« Ein sehr altes Sprichwort – aber es hat noch immer seine Gültigkeit. Wie kann man es wettmachen, wenn man zunächst nicht die ideale Ausgangsposition für ein bestimmtes Ziel hat? Durch Konsequenz und eine gute Arbeitsmoral, gepaart mit dem Willen weiterzukommen, habe ich schon viele Freunde und Bekannte um mich herum Dinge erreichen sehen, die sie selber nie für möglich gehalten hätten. Im Sport kann man zum Beispiel mangelndes Körpergefühl und Talent durch viel Training ausgleichen, in der Schule lässt sich ein fehlendes Grundverständnis durch Fleiß kompensieren und im Beruf hilft Engagement, um einen Ablauf im Arbeitsumfeld zu optimieren.

Besonders während meines Chinesischstudiums wurde mir deutlich, was konsequentes, kontinuierliches Lernen bewirken kann: Ich hatte einen Kommilitonen, dem es große Probleme bereitete, die komplizierten chinesischen Schriftzeichen im Gedächtnis zu behalten, von denen wir tausende lernen mussten. Da aber die Prüfungen in Chinesisch verpflichtend für das Bestehen des Studiengangs sind, stand er vor der Entscheidung, sich entweder nach einem anderen Fach umzusehen oder extrem viel Zeit ins Lernen zu investieren. Er war sich nicht sicher, ob er es schaffen würde, beschloss aber, es zu versuchen, und begann, konsequent täglich stundenlang Zeichen zu üben. Tag für Tag, Stunde um Stunde. Ich sah ihn fortan monatelang mit Lernkärtchen, die er überallhin mitnahm. Dadurch hat er es tatsächlich geschafft, seine »Lernschwäche« zu kompensieren und alle Prüfungen zu bestehen. Manchmal entdeckt man sogar ein verstecktes Talent, nachdem man die Anfangsschwierigkeiten überwunden hat.

Tipp von Psychologe Lothar Linz: Eigenmotivation

Motivation ist die Energie, die uns auf ein Ziel hinführt, und somit die Grundlage unseres Handelns. Sie ist aber nicht einfach vorhanden, sondern muss gestärkt und gefördert werden:

a Werden Sie sich Ihrer Ziele bewusst und formulieren Sie sie schriftlich. Schaffen Sie Symbole für diese Ziele, welche Ihre Emotionen und Ihr Unterbewusstsein ansprechen.

b Damit Ziele wirksam sind, sollten sie nach der SMART-Regel gewählt sein:

Spezifisch = klare Definition des Ziels

Messbar = ob man »gut« war, ist Ansichtssache. Aber wie weit man gesprungen ist, ist eindeutig

Akzeptiert = das Ziel muss als sinnvoll und bedeutend angesehen werden

Realistisch = man muss das Ziel erreichen können

Terminiert = wann genau soll was erreicht bzw. realisiert worden sein?

c Stellen Sie sich vor, wie es sein wird, Ihr Ziel zu erreichen. Dieses Vorstellungsbild sollte möglichst mit allen Sinnen angereichert werden. Was fühlen, hören oder riechen Sie?

d Listen Sie in zwei Spalten auf, was Sie selber antreibt und was andere von Ihnen wollen. Die Spalte Ihrer eigenen Antriebe ist dabei die wichtige. Nur diese Antriebe helfen Ihnen, auch in schwierigen Situationen durchzuhalten und so ans Ziel zu gelangen.

> e Suchen Sie nach stärkenden Sätzen wie z. B. »Ich werde das schaffen« oder »Ich bin voller Kraft und Zuversicht«. Sprechen Sie diese Sätze laut aus oder nur für sich, wenn Sie merken, dass Ihnen gerade die Motivation fehlt.
>
> Wenn während des Handelns die Motivation nachlässt:
> f Warum haben Sie sich bis jetzt so angestrengt? Wollen Sie sich für die unternommenen Anstrengungen belohnen oder jetzt aufgeben? Wie werden Sie sich in Zukunft fühlen, wenn Sie jetzt aufgeben?
> g Lenken Sie die Aufmerksamkeit weg vom Ziel und hin zum aktuellen Augenblick.
> h Setzen Sie sich kleine Zwischenziele.
>
> Der besondere Tipp:
> Haben Sie es schon mal mit »Jokern« versucht? Einmal im Monat dürfen Sie z. B. das Training ausfallen lassen, egal aus welchem Grund(!). Aber den Joker dürfen Sie wirklich nur einmal im Monat einsetzen. Sie werden merken, die Möglichkeit der Ausnahme macht die Regel einfacher.

Es ist egal, wie begabt jemand ist – unten anfangen muss jeder, wenn er etwas Neues beginnt: Auch ich habe meine fechterische Laufbahn nicht direkt mit einem Titel begonnen, sondern meine Fechtkarriere mit einem vorletzten Platz bei den Deutschen Jugendmeisterschaften gestartet. Ich werde es nie vergessen: Ich wurde seinerzeit 95. von 96 Teilnehmerinnen und erinnere mich genau daran, dass ich während der Gefechte der Vorausscheidung in der Fechthalle stand und auf die Tribüne schielte, wo sich die »Guten« langsam einfanden, um bei der späteren Finalrunde mitzufechten. Ich dachte mir, wie schön es doch wäre, auch einmal so gut zu sein. An diesem Tag lief allerdings für mich gar nichts gut und ich hatte den Eindruck, dass ich keiner meiner Gegnerinnen gewachsen war – und ich hatte tatsächlich gegen niemanden eine Chance.

Es war zwar nicht gerade ein erhebendes Gefühl, ohne einen einzigen Sieg wieder nach Hause zu fahren, und von Spaß kann ich hier wirklich nicht sprechen. Aber richtig deprimiert war ich nicht – ich hatte ja erst vor Kurzem begonnen zu fechten. Und irgendwie verspürte ich den Reiz, weiterzutrainieren, mich weiter in meinen fechterischen Fertigkeiten zu steigern, um beim nächsten Mal mindestens einen Sieg zu verbuchen. Diszipliniertes Training und die Lust, mich zu verbessern, haben mir daraufhin erste Erfolge beschert, wodurch ich immer mehr Spaß am Fechten fand.

Mit diesem Beispiel möchte ich Folgendes vermitteln: Natürlich hat mir das anfängliche ständige Verlieren im Fechten keine Freude bereitet. Aber so ist das mit allen Dingen – jeder Anfang ist schwer und erfordert Fleiß. Ab einem gewissen Niveau beginnt man dann, an einer Tätigkeit Freude zu haben.

Wer sich einmal durch den harten Prozess des Lernens durchgearbeitet hat, erhält die Lorbeeren dafür und ist wiederum motivierter für weitere Aufgaben.

Es ist eine Illusion zu glauben, dass man sich in einer Sache verbessern oder richtig gut werden kann, ohne viel zu üben, zu lernen oder zu trainieren. Im Fechten ist es genauso wie im Leben: Nur mit vielen Übungsstunden, tausenden Wiederholungen der gleichen Aktionen und der Ausdauer, eine Durststrecke ohne große Erfolge durchzustehen, kann man sich nach oben arbeiten. Selbst jetzt stehen für mich noch immer täglich dieselben Wiederholungen und Übungen der gleichen Bewegungsabläufe und die weitere Verfeinerung der Technik auf dem Programm.

Vor der Freude am Tun stehen also in der Regel Fleiß und Konzentration – und um sich konzentrieren und mit Energie ans Werk gehen zu können, braucht man eine gute körperliche Voraussetzung.

DIE KÖRPERLICHE BASIS

Der Körper ist mein Kapital und meine Sicherheit für den sportlichen Erfolg. Aber der Körper ist längst nicht nur Mittel zum Zweck, sondern er dient vielmehr als Indikator für die seelische und geistige Verfassung. Gleichzeitig ist er der Antriebsmotor für all unsere Aktivitäten.

Ich sitze jetzt im Aufwärmbereich auf einem der wenigen Plastikstühle und versuche mich mit der absurden Situation anzufreunden, dass ich hier gerade mit allen 23 Fechterinnen in einem Raum bin, die diesen Tag als den ihren feiern möchten – und jede ist davon überzeugt, dass sie heute Olympiasiegerin werden kann. Diese geballte Ladung an Wünschen und Träumen überfordert mich. Warum sollte gerade ich diejenige sein, die oben auf dem Treppchen landet, wie stehen die Chancen? Meine Gedanken gleiten zurück ins Dorf, zum heutigen Morgen.

Ich bin gerade auf dem Weg in die Mensa. Mal wieder. Ich fühle mich etwas entrückt, die eigene Atmosphäre des Olympischen Dorfes ist für mich noch weniger zu greifen als die Tage zuvor. Ich sehe andere Athleten, die ihren Wettkampf bereits hinter sich haben oder sich noch in der Vorbereitung befinden. Dicke, dünne, große, kleine

Athleten, die bunt durcheinandergemischt sind. Heute schenke ich ihnen keine Beachtung. Ich gehe durch die Gummistreifen, die an den Türen hängen, um die abgekühlte Luft der Mensa im Inneren zu halten, und ziehe meine Deutschlandjacke an, die ich für diese niedrigen Temperaturen wohlweislich mitgenommen habe. Ich möchte mich ja nicht in letzter Sekunde noch erkälten. Ich schlendere Richtung Salattheke, suche mir ein paar besonders frisch erscheinende Salatblätter heraus und mache mich auf den langen Weg von der asiatischen über die chinesische zur europäischen Küche. Ich kann selber wählen, wie ich mir mein Essen zusammenstelle. Ein Traum! Die olympische Mensa erfüllt tatsächlich mein Ideal der Kombination aus entspanntem Beisammensein in der Gruppe und gesunder Ernährung. Ich gehe mit dem Tablett in Richtung der vielen Sitzreihen und versuche, ein paar deutsche Trikots ausfindig zu machen. Ich sehe irgendwo mittendrin Nicolas »Kiwi« Kiefer und Rainer Schüttler, meine beiden Tennis spielenden Olympiamannschaftskollegen, die mir zuwinken. Ich möchte schon rübergehen, überlege es mir aber spontan anders, winke den beiden nur zurück und setze mich alleine an einen hundert Personen fassenden langen Tisch.

Gleich habe ich einen Wettkampf, verdammt noch mal. Den Wettkampf meines Lebens. Statt die typische Aufregung vor einem Turnier zu empfinden, fühle ich mich so entspannt, so austrainiert. Ich weiß, dass ich eigentlich keine Sorgen wegen meiner Form haben muss. Dass ich trotz meiner langen Leseeinheit gestern total ausgeschlafen bin – wegen des späten Wettkampfstarts konnte ich heute Morgen bis neun Uhr schlafen. Außerdem bin ich sicher, dass ich mich auf die Pünktlichkeit der Busse in Richtung Halle verlassen kann – nicht wie vor vier Jahren bei den Olympischen Spielen in Athen, wo wir immer eine Stunde vorher zur dorfinternen Bushaltestelle gehen mussten, weil niemand wusste, wann der nächste

Transport in die Wettkampfhalle stattfinden würde. Daher bin ich entspannt und habe auch keinen zeitbedingten Stress.

Diese Ruhe von heute morgen wünsche ich mir jetzt, wo ich mir gerade angespannt den Rest meiner Mitstreiterinnen anschaue.

Unser Körper gibt immer eine direkte Rückmeldung bezüglich unserer seelischen Verfassung und zeigt auf, »wie voll unser Akku ist«. Wenn Sie genau darauf achten, werden Sie auch bei sich selbst die Zusammenhänge zwischen seelischer Verfassung und Gesundheit sowie körperlicher Fitness und Leistungsfähigkeit erkennen.

Der Spiegel der Seele

Im Laufe der letzten Jahre habe ich immer deutlicher bemerkt, dass der Körper der Spiegel der Seele ist: Wenn ich aufgeregt bin oder nervös, zeigt mir das die Haut an, wenn es dem Geist zu viel wird mit den vielen Flugreisen, dann wird der Körper krank, und wenn ich müde bin, verletze ich mich schneller.

Tatsächlich ist es so, dass ich bei Stresssituationen, in denen ich mich richtig unwohl fühle, Hautprobleme bekomme. Bezeichnenderweise nicht im Vorfeld der Olympischen Spiele von Peking, sondern zum Beispiel in Momenten, in denen ich mich ungerecht behandelt fühle. Wenn ich den Eindruck habe, dass ich ausgenutzt werde, oder in Phasen, in denen ich zu viele Dinge auf einmal koordinieren muss, wenn noch zu viele Variablen im Spiel sind, die ich nicht sofort ordnen und in eine bestimmte Reihenfolge bringen kann. Dazu später mehr.

Dass das Immunsystem durch Stress und übermäßige Belastung geschwächt wird, wissen Sie sicherlich. Vor allem in Situationen wie den beschriebenen oder auch bei einer gesteigerten Reise- und damit Organisationsbelastung merke ich, dass mein Körper besonders anfällig ist und ich dann leicht Halsschmerzen bekomme. Ich werde nie das prägnanteste Beispiel in dieser Hinsicht vergessen, das ich je erlebt habe und das mir gezeigt hat, wie sehr der Körper auf den seelischen Zustand reagiert:

Ich schob vor Jahren einmal in einer hektischen Phase zwischen vielen Weltcups einen Fototermin in München dazwischen, da mich die Produktion sehr gereizt hatte und ich das auf gar keinen Fall verpassen wollte. Ich fuhr am Abflugtag von meinem Wohnort in Köln aus eine Stunde zum Olympiastützpunkt nach Bonn, um dort noch ein hartes Training zu absolvieren, und dann, total erschöpft, mit den bereits gepackten Sachen für das Shooting direkt weiter zum Flughafen. Innerlich war ich unruhig und voller Sorge, den Flug nicht mehr rechtzeitig zu erreichen, denn ich hatte alles zeitlich sehr eng bemessen. Außerdem breitete sich in mir die Sorge aus, dass ich vielleicht zu müde sein könnte für ein tolles Fotoshooting. Bereits auf dem Flughafenparkplatz merkte ich, dass mit mir irgendetwas nicht in Ordnung war. Ich legte dann an der Apotheke im Flughafenterminal einen Zwischenstopp ein – zu diesem Zeitpunkt hatte ich bereits pochende Kopfschmerzen und unglaubliche Halsschmerzen.

Ich bin schlussendlich mit Fieber und ohne Stimme am Set in München angekommen und konnte kaum vor der Kamera stehen. Man darf nicht vergessen, dass seit meiner Abreise von der Bonner Fechthalle im gesunden Zustand kaum mehr als vier Stunden vergangen waren. Am Ende des nächsten Tages, als der Fotograf mich nach einem anstrengenden Shooting entnervt wieder zum Flughafen München gebracht hatte, war ich einfach nur froh, diesen Termin überstanden zu haben, und ärgerte mich darüber, dass ich genau zu diesem Zeitpunkt krank geworden war. Während ich mich noch im Flugzeug grämte und mich fragte, wie lange ich jetzt wohl beim Training ausfallen würde und was mein Trainer davon halten würde, merkte ich, dass meine Kopfschmerzen sich langsam verflüchtigten. Ich finde es bis heute unglaublich – aber als ich wieder in Köln landete und zu meinem Auto ging, war das Fieber verschwunden, die Kopfschmerzen waren weg und die Stimme war wieder in Ordnung.

Das heißt, dass der geistige Stress bezüglich der Reise und die Sorge um meine Fitness, gepaart mit Hektik, Müdigkeit und dem Bewusstsein, dass dieser Termin planungstechnisch sehr ungünstig lag, zu einer heftigen körperlichen Reaktion geführt hatten. Daraus habe ich meine Lehren gezogen!

Mittlerweile habe ich gelernt, in mich hineinzuhören und meine geistige und seelische Verfassung anhand meiner körperlichen Reaktionen abschätzen zu können. Dadurch wurde der Körper schon vor Jahren für mich zum Indikator für die richtige Balance zwischen Arbeiten, Lernen und Anspannung auf der einen Seite und Regeneration, Entspannung und Spaß auf der anderen Seite. Die optimierte Selbsteinschätzung auf diesem Gebiet ist zwar für uns Leistungssportler einfacher, da wir uns tagtäglich mit unserem Körper beschäftigen, aber sie ist nicht nur für uns wichtig.

Niemand kann dauerhaft Leistung erbringen, geschweige denn sich daran erfreuen, wenn er tagelang durcharbeitet, kaum isst, schläft oder Freizeit hat. Denn nur mit aufgeladener Batterie kann man sich den Aufgaben des Lebens stellen.

Der Körper als Motor

Körperliche Gesundheit, Leistungsfähigkeit und Elan stehen in engem Zusammenhang. Für mich war und ist es daher wichtig, den Punkt zu spüren, an dem ich auch mal abschalten muss, und das dann auch konsequent umzusetzen.

Wenn man zum Beispiel inmitten einer Endspurtphase steckt, einem der Kopf brummt und man überhaupt nicht weiterkommt, sollte man sich trotz des Zeitdrucks am besten zunächst eine Pause gönnen, um danach in kurzer Zeit mit einem klaren Kopf das aufholen und vollenden zu können, was einem vorher Kopfschmerzen bereitet hat. Das ist sinnvoller und effektiver, als voller Panik durchzuarbeiten und dann ein schlechtes Ergebnis abzuliefern.

Gerade im Sport könnte ich mir diesen Fehler nicht leisten – jegliche Möglichkeit auf Erfolg wäre damit zunichtegemacht. Ich habe festgestellt, dass es immer gewinnbringender ist, bei den ersten ernst zu nehmenden Anzeichen einer Erkältung ein Training ausfallen zu lassen, sich einen Abend zu kurieren und dann am nächsten Tag wieder voll trainieren zu können, als angeschlagen weiterzumachen, danach richtig krank zu werden und dann eine ganze Woche beim Training auszufallen.

Ich weiß, dass viele Sportler oder Berufstätige Angst davor haben, sich während der Vorbereitung auf Wettkämpfe oder wichtige Termine und Vorträge einen Tag frei zu nehmen. Wenn man es allerdings nicht tut, kostet das meiner Erfahrung nach in der Regel mehr Zeit, Kraft und auch Leistungsvermögen, als wenn man vernünftig ist und seinen Körper kurzfristig schont. Denn derjenige, der auf die Warnzeichen des Körpers hört, ist schneller wieder auf den Beinen und kann viel effizienter arbeiten als derjenige, der sich halb fit in der Arbeit oder im Training quält. Hinzu kommt, dass vor allem beim Sport eine Trainingseinheit im angeschlagenen Zustand nicht nur das Immunsystem weiter schwächt, sondern meistens auch so gut wie keinen positiven Effekt hat.

Haben Sie kein schlechtes Gewissen, sich eine kurze Auszeit zu nehmen, wenn der Körper danach verlangt. Sie werden dafür im ausgeruhten Zustand umso mehr leisten können, und das mit mehr Spaß und Freude!

Nur so kann ich bei der Bewältigung des vollen Terminkalenders, der sich durch meine duale Karriere ergibt, die richtige Balance zwischen Leistung und Erholung finden. Von den Chinesen habe ich gelernt, dass der Geist nur auf einem hohen Niveau funktionieren kann, wenn sein Motor, der Körper, gut läuft. Elan, Freude, Zufriedenheit und Leistungsbereitschaft ergeben sich für die Seele nur, wenn Körper und Geist im Einklang sind. Nur wer körperlich fit und ausgeruht ist, kann mit Begeisterung durchs Leben gehen und Lebensfreude versprühen!

Begreift man den Körper als Motor, kommt man schnell dahinter, dass auch Sport der aktiven Erholung und Regeneration für Seele und Geist dienen kann. Wer den ganzen Tag im Büro oder bei Besprechungen und Tagungen still im Stuhl sitzen musste, wird sich wundern, was eine halbe Stunde Joggen für eine revitalisierende Wirkung auf Körper und Geist haben kann.

Viele Menschen glauben, dass man müde und kaputt keinen Sport mehr treiben und sich lieber auf dem Sofa ausruhen sollte. Falsch gedacht, denn: Die Müdigkeit verfliegt durch etwas körperliche Betätigung oder »aktive Erholung«, wie wir

Sportler sagen, häufig auf angenehme Art und Weise. Natürlich muss man in sich hineinhorchen, und wer kränkelt und deshalb müde ist, sollte besser nicht joggen gehen. Aber probieren Sie es einfach mal aus. Dabei sind Sportarten mit geringer Belastung und wenig Aufwand, wie Joggen oder der Gang ins Fitnessstudio, eher empfehlenswert. Man sollte etwas wählen, wozu man sich nicht zu sehr überwinden muss.

Ob man es nun Fitness, Bewegung oder Training nennt: Wenn ich mich auf Klausuren in der Uni vorbereitete und mein Kopf zu platzen drohte, wenn ich einfach nicht vorankam, dann habe ich kurzerhand eine kleine Trainingseinheit zwischengeschoben und konnte danach wieder frisch und erholt weiterlernen. Auch wenn ich am Schreibtisch, unter anderem beim Schreiben dieses Buches, fast verzweifle und mir der Kopf brummt, packe ich meine Laufschuhe aus und gehe im Kölner Stadtwald eine Runde joggen. Nachdem ich frische Luft getankt habe und mich wieder gut fühle, weil ich etwas »getan« habe, kehre ich putzmunter an den Schreibtisch zurück.

Neben dem gesundheitlichen Aspekt darf man die Bedeutung des Sports an sich nicht unterschätzen, denn die möglichen positiven Prägungen sind vielfältig: Für Jugendliche bedeuten Fitness und Sporttreiben die Integration in eine Gruppe, das Erlernen von Regeln, die Schulung von Koordination und vor allem gesundheitliche Prävention. Für Erwachsene stellt Sport einen Ausgleich für das Berufsleben dar. Weiterhin fördert er die Gemeinschaft: Kinder sitzen nicht alleine zu Hause vor dem Computer, sondern füllen ihre Freizeit gemeinsam mit anderen Jugendlichen sinnvoll aus, sind zufriedener und ausgeglichener und bilden ein Team, das oft auch über den Sport hinaus Bestand hat. Das Joggen im Kollegen- oder Freundeskreis oder das Kicken nach der Arbeit empfindet auch sicher jeder Erwachsene als Gemeinschaft stiftendes Erlebnis. Ein weiterer positiver Effekt besteht darin, dass in fast allen Sportarten Teamwork gefragt ist. Kein Athlet kann es ganz alleine zum Erfolg schaffen. Ob Trainer oder Trainingspartner – ohne Unterstützung geht es nicht.

Auch eine ausgewogene Ernährung bzw. vielmehr das bewusste Essen sowie ausreichend Schlaf sind essenzielle Themen für jegliche Art von Leistung bzw. energieintensive Tätigkeit. Dabei ist es egal, ob ein Tag beim Shoppen ansteht oder ob es um Spitzenleistungen auf der Planche geht: Wenn ich morgens nichts esse, macht mir nach ein paar Stunden in der Stadt das Anprobieren von Kleidern keinen Spaß mehr, weil ich hungrig bin und mir die Energie ausgegangen ist. So ist es auch im Sport – alles, was ich meinem Körper zumute, wirkt sich aus.

Wahrscheinlich haben Sie auch schon erlebt, wie sich hier und da das zu fette Abendessen negativ auf den Schlaf ausgewirkt hat oder dass nach einer durchzechten Nacht das Konzentrieren an den Tagen darauf nicht so leichtfällt. Als Sportlerin spüre ich genau, wann mir welches Nahrungsmittel fehlt. Die richtige Ernährung ist dabei nicht nur wichtig, um den Hunger zu stillen, sondern sollte bewusster betrachtet werden. In der chinesischen Kultur wird diesem Bereich ein hoher Stellenwert beigemessen. Die Chinesen nehmen sich sehr viel Zeit für das Essen. Jeder deutsche Geschäftsmann, der einmal in China gearbeitet hat, weiß, dass man keine Verhandlungen führen kann, wenn der chinesische Partner zum Mittagessen drängt. Es ist auch unmöglich, einen chinesischen Taxifahrer dazu zu überreden, einen kurzen Umweg zu fahren, wenn er bereits in Gedanken beim Abendessen mit seiner Familie am Tisch sitzt.

Ich finde, es lohnt sich, sich etwas von den Chinesen abzuschauen, wenn es um die ganzheitliche Bewertung von Ernährung in Verbindung mit der körperlichen und geistigen Form und der seelischen Verfassung geht. Wenn Sie bewusster und langsamer essen, zu den richtigen Zeiten Nahrung zu sich nehmen und auf die Zusammensetzung der verschiedenen Mahlzeiten achten, fühlt sich der Körper wohler, und das wirkt sich auf den Geist und die Verfassung aus. Kennen Sie das flaue Gefühl im Magen, wenn Sie nachmittags am Schreibtisch sitzen und dann erst merken, dass Sie noch nichts oder zu wenig gegessen haben? Einem Chinesen würde das nie passieren.

Aber nicht nur bei falscher Ernährung zahle ich als Sportler direkt die Rechnung und werde beim nächsten Training oder anstehenden Wettkampf einen Leistungsabfall hinnehmen müssen. Auch Schlafmangel wirkt sich mit sofortiger Wirkung auf die Stimmung und die Motivation aus: Jedes Mal, wenn ich glaube, bis morgens um drei Uhr am Schreibtisch sitzen zu müssen, und dann am nächsten Tag wieder früh aus den Federn muss, fühle ich mich wie erschlagen. Mir fehlt dann ganz einfach der Schlaf. Der Kopf ist wie benebelt, ich kann keinen klaren Gedanken fassen, die Augen brennen und es geht mir einfach nicht gut, weil ich genau weiß, dass ich die Zeit nicht richtig nutzen kann. Sich konzentriert Gedanken zu machen und voller Elan in den Tag zu starten, ist so nicht möglich. Meistens zieht sich dieser Zustand über den ganzen Tag lang hin, wirkt sich auf meine Trainingsleistung aus und macht mich immer unzufriedener. Ich merke immer wieder, wie sehr mein Schlafverhalten meinen Gesamtzustand beeinflusst, und achte gerade vor wichtigen Wettkämpfen oder in Phasen, in denen ich effizient und produktiv sein will, genau darauf, genügend Schlaf zu bekommen.

Außerdem bewirkt Schlafmangel, besonders in Kombination mit Stress, dass das Immunsystem anfälliger wird für ärgerliche und unnötige Erkältungen. Und Stress ergibt sich ja meistens, wenn man nicht genügend ausgeruht ist. Auch Nichtsportler leiden bei falscher Ernährung, zu viel Stress und Schlafmangel an den Folgen: an einem Nachlassen der Konzentrationsfähigkeit, an Müdigkeit, Lustlosigkeit und einer niedrigeren Belastungsgrenze.

Ein gesunder und erholter Körper steigert die Lebenslust, die Laune und die Leistungsfähigkeit! Schlafen Sie deshalb lieber eine Stunde länger, gehen Sie also früher ins Bett, als sich zu lange mit nicht vollendeten Aufgaben weiterzuquälen – Sie werden den Effekt am nächsten Morgen spüren. Ausgeruht können Sie in kurzer Zeit das Pensum aufholen, das Sie am Abend zuvor nicht mehr geschafft haben.

DAS INNERE GLEICHGEWICHT

Wenn man auf seinen Körper hört und darauf achtet, was er für Zeichen gibt, ist es einfacher, ein inneres Gleichgewicht herzustellen. Wer durch zu viel Arbeit, Stress im Allgemeinen oder zu wenig Schlaf müde, ausgelaugt, kränkelnd und unausgeglichen ist, der reagiert auch gereizter gegenüber seiner Umwelt, oft gerade gegenüber seinem engsten Kreis – und das sollte man unbedingt vermeiden. Um in sich selbst zu ruhen und unbelastet neue Aufgaben starten zu können, ist ein gut funktionierendes, positives Umfeld wichtig.

2 »En garde« – die richtige Ausgangsposition entscheidet

Ich warte gerade auf meinen Aufruf für das erste Gefecht des Tages und sitze konzentriert auf den Boden starrend neben unserer Physiotherapeutin im Warteraum. Ich horche in mich hinein und frage mich erneut, ob es wirklich möglich ist, dass ich den ganzen Stress der letzten Monate am heutigen Tag kompensieren kann, dass ich nicht unter dem ultimativen Druck zusammenbrechen werde, der mir in den gleich folgenden Gefechten bevorsteht. Ich starte den heutigen Wettkampf in der Runde der letzten 16 Fechterinnen – vier Gefechte wären es also bis zum Sieg. Ich kann es kaum glauben, dass ich es überhaupt so unbeschadet bis zum heutigen Wettkampftag geschafft habe, dass ich meine psychische Belastungsgrenze nicht längst überschritten habe.

Als ich in den letzten Tagen in der Trainingshalle im Erdgeschoss dieses Sportkomplexes die letzten Trainingseinheiten absolvierte und in die Wettkampfhalle lugte, um die Atmosphäre der Halle kennenzulernen und die Wettkämpfe der anderen Fechtdisziplinen anzuschauen, kauerte ich im Dunkeln auf der Zuschauertribüne, mit Tränen in den Augen. Ich sah eine schwierige Gefechtssituation zwischen zwei Florettfechterinnen und fing dabei an zu zittern. Ich konnte mir nicht vorstellen, diesem unheimlichen nervlichen Druck während des Gefechts standhalten zu können, wenn ich ein paar Tage später, also jetzt, selbst auf der Fechtbahn stehe. Nach diesem kurzen ersten Besuch in der Wettkampfhalle habe ich mich zwar wieder beruhigt und ich denke, dass es der erste überwältigende Eindruck Olympischer Spiele war, der mich so emotional hat werden lassen – dennoch war es sicher eine Kostprobe der nervlichen Anspannung, die ich heute zu erwarten habe.

Jetzt sitze ich hier, bin eigentlich ganz gut gelaunt, habe weder Kopfschmerzen noch bin ich verschnupft noch rege ich mich über die vielen chinesischen Helfer auf, die uns bei keiner Frage weiterhelfen können. Mir ist das alles irgendwie unheimlich. Ich hebe den

Kopf und sehe am anderen Ende der Halle meinen ehemaligen Trainer Gabor Salamon entlangspazieren, der mich zehn Jahre bis hin zur Weltspitze ausgebildet und begleitet hat. Gabor ist also auch da. Er winkt mir zu und ich bin mit einem Mal beruhigt. Er vermittelt mir noch immer ein Gefühl der Sicherheit. Ich weiß, dass er an meine fechterischen Fähigkeiten glaubt, mir alles zutraut und mir die Daumen drückt. Jetzt geht es mir besser.

Die Grundlage meines inneren Gleichgewichts ist für mich der Zusammenhalt eines Kreises von Personen, auf die ich mich verlassen kann. Unterschätzen Sie nicht die Bedeutung, die Menschen für Sie haben, die Stützen in Ihrem Leben sind und Ihnen ein positives Umfeld bieten. Ich weiß, dass es häufig genug vorkommt, dass man aus einer Grundhaltung der Unzufriedenheit und aus einem negativen Umfeld heraus gute Leistungen erbringt, indem man diese innere Spannung in eine positive Kraft umwandelt. Aber ein fester Rückhalt und eine positive Atmosphäre sind sicherlich um einiges angenehmer, beruhigender und tragen zur Ausgeglichenheit bei.

Ein stärkendes Umfeld

Wer in sich ruht, dem fällt vieles leichter. Insgesamt können Sie in Stresssituationen mit einer größeren Leichtigkeit bestehen, wenn Sie vom Prinzip her schwungvoll und fröhlich sind. Und das sind Sie am ehesten, wenn Sie ein gutes Team um sich herum haben.

Ich habe das Glück, eine tolle Familie zu haben, die mich auf dem Weg an die Spitze immer unterstützt hat und jetzt auch noch oft die treibende Kraft ist und die schützende Hand über vieles hält, was mit mir zu tun hat. Dazu habe ich meinen Freund und gute Freunde, die sich seit Jahren geduldig die emotionalen Höhen und Tiefen des Sportlerlebens anhören. Auch Ulrich Reinke – mein »Onkel Ulli« – ist mir als Rechtsanwalt und langjähriger Freund der Familie seit Jahren eine Stütze bei allen Fragen rund um öffentliche Auftritte und strategische Entscheidungen. Dazu kommt der Personenkreis der Trainer und Betreuer – auch das sind Menschen, die mir Mut machen und mir Halt geben, die es mir erleichtern, mich auch mal durch schwierige Situationen zu kämpfen. Orte, Wohnungen, Situationen und Rituale können ebenfalls eine große Sicherheit vermitteln. So ist zum Beispiel meine Wohnung in Köln mein Rückzugsort, meine Heimat. Auch meine Trainingsstätten bei Bayer Leverkusen und im Olympiastützpunkt Bonn gehören dazu. Wenn ich dort ankomme, fühle ich mich wohl.

Sobald es mir nicht gut geht oder ich mir meiner selbst nicht sicher bin, hole ich mir aus diesem festen und engsten Umfeld Bestätigung. Dieses Aufgefangenwerden halte ich für sehr wichtig. Das entsprechende Netzwerk baut man sich im Laufe des Lebens auf – und man sollte es gut pflegen, da man daraus viel, wenn nicht sogar die meiste Kraft schöpfen kann. Neben meinem engsten Familien- und Freundeskreis fällt mir hierbei eine seit langer Zeit mit uns befreundete Familie aus München ein. Burkhardt Kurz, der Vater, hat mich nach allen meinen Erfolgen sofort angerufen. Das ist für mich schon eine richtige Instanz geworden und ich kann mich an jeden seiner Anrufe nach großen Ereignissen erinnern: Nach der Silbermedaille mit der Mannschaft bei den Olympischen Spielen in Athen 2004 ging ich zum Beispiel auf den kleinen Außenbalkon im Deutschen Haus, um seinen Anruf anzunehmen. Ich selbst konnte zwar keinen Ton sagen, weil ich aufgrund einer Kehlkopfentzündung meine Stimme verloren hatte, aber es tat gut, ihn einfach reden zu hören. Ähnlich war es nach meinem Olympiasieg oder meinem Europameistertitel. Irgendwie gehören diese Anrufe für mich mittlerweile dazu, geben mir die Sicherheit, dass jemand sich wirklich mitfreut und an mir interessiert ist. Diese kleinen und großen Eckpfeiler im Leben brauchen wir alle. Sie geben uns Bestätigung und halten uns gleichzeitig den Rücken frei: Um sich konzentrieren und auf ein Ziel fokussieren zu können, braucht man einen klaren Kopf. Ihr direktes Umfeld sollte Sie also möglichst nicht mit Sorgen belasten, sondern Sie frei machen.

Deshalb sollte die Entscheidung, mit wem man außerhalb der Familie eine langfristige Verbindung eingehen will, gut überlegt sein. Hier bin ich der Meinung, dass man sich nicht aus der Ruhe bringen lassen darf: Eine Bindung einzugehen, von der man nicht überzeugt ist, die einen vielleicht hemmt, bringt einen auf keinen Fall weiter und macht unzufrieden. Wenn man sich aktiv einsetzen und freudig »ans Werk gehen« will, wenn man sich für eine Sache oder Idee begeistern möchte und auch für das innere Gleichgewicht braucht man eben das passende Umfeld, in dem man sich wohlfühlt. Wie Ihr Ziel auch aussieht, in welcher Form und in welcher Branche Sie »die Welt erobern« möchten: Es macht am meisten Spaß, den Weg mit jemandem zusammen zu gehen, der Sie versteht und ergänzt. Die erfolgreiche und Energie fordernde Umsetzung eines Vorhabens ist nur möglich, wenn Sie das richtige Umfeld und die richtigen Helfer um sich herum haben. Eine starke Partnerschaft bringt Sie nach vorne, ein halbherziger Zusammenschluss hingegen kann Sie nur zurückwerfen. Die Unterstützung durch eine stärkende Gemeinschaft macht

Spaß und hat bei mir immer die Freude an der Disziplin und meinem Durchhaltevermögen gestärkt.
Wir alle brauchen treibende und stabilisierende Kräfte um uns herum, Familie, Freunde, Mentoren oder Trainer, die uns auf dem Weg begleiten und die uns Kraft geben.

Die richtige Balance halten

Das innere Gleichgewicht hat auch viel mit dem Gefühl der Ausgeglichenheit zu tun, das sich aus einer gelungenen Balance von Leistungs- und Regenerationsphasen ergibt. Dabei ist es häufig schwierig, die Grenze zwischen dem richtigen Maß an Anstrengung und einem ungesunden »Überpowern« zu erkennen. Wem diese Gratwanderung nämlich über längere Strecken gelingt, der traut sich meist mit der Zeit immer mehr zu. Man will dann umso mehr leisten und erreichen und achtet weniger auf die inneren Zeichen – und das ist immer ein Fehler.

Ich glaube, dass ich mich durch die geglückte Gratwanderung vor und kurz nach den Olympischen Spielen in Peking – also die Kombination aus Medien- und Sponsorenauftritten, Studium und sportlichen Spitzenleistungen – in den beiden Folgejahren in meinem Gesamtarbeitspensum etwas übernommen und meine Grenzen nicht mehr erkannt habe. Ich wurde in dieser Zeit gereizter und auch weniger tolerant gegenüber Fehlern und Schwächen anderer. Ich bin sicher, dass dies mit dem enormen Zeitdruck zusammenhängt, durch den es für meine Lebensorganisation immer wichtiger wird, dass Uhrzeiten genau abgestimmt werden, Flugtermine zueinander passen, Einsatz- und Fahrtzeiten so kurz und effizient wie möglich gestaltet sind. Bei bis zu 20 Mittel- und Langstreckenflügen pro Jahr, nach denen ich entweder sportlich oder als Kultur- oder Markenbotschafterin Leistung auf höchstem Niveau zeigen soll, ist es wichtig, dass die Zeiten im Flugzeug einigermaßen komfortabel verbracht werden können und das 30 Kilogramm schwere Fechtgepäck auf kurzen Wegen ans Ziel gelangt. Ich kann immer mehr nachvollziehen, wie es zu dem berühmten Burn-out-Syndrom kommt. Wenig Zeit, viel Stress, Ärger mit den Arbeitskollegen – das führt sicherlich häufig genug in die psychisch und körperlich überfordernde Katastrophe. Doch wo hört die gesunde Belastung auf und wo fängt die ungesunde Überlastung an?

Eine einmalige Überforderung zu bemerken, ist häufig ganz einfach. Ich habe über die körperlichen Warnsignale gesprochen – und ich bin der Meinung, dass sie der beste Indikator sind. Ist es so weit, dass die Signale auf Rot springen, muss man loslassen, sich zumindest eine kurze Auszeit können. Ich bin sicher, dass sich das auf die eine oder andere Art in jeder Situation umsetzen lässt – zum Beispiel wenn man sich vornimmt, dass man noch zwei Tage powert und sich danach eine Belohnung in Form von Urlaub, einem Wellnesstag, einem Bierabend etc. verordnet.

Schwierig wird es eher dann, wenn Sie sich in einer ähnlichen Situation befinden wie ich mich nach den Olympischen Spielen in Peking – in einem schleichenden Prozess der Überbelastung. Ich habe zum Beispiel zu dieser Zeit häufig beinahe aggressiv reagiert, wenn ich bei den seltenen Gelegenheiten, bei denen ich meine beste Freundin oder meinen Bruder und besten Freund traf, diese mir so wichtigen Menschen mit anderen »teilen« musste.

Die ständigen öffentlichen Auftritte und der Small Talk auf Veranstaltungen, das ist die eine Sache – und das macht mir

Spaß. Zudem gehört es zu meiner Arbeit einfach dazu. Aber bei privaten Anlässen auch noch neue Leute kennenzulernen, wenn ich eigentlich nur mit meiner Freundin die letzten Neuigkeiten austauschen und über die Sinnfragen des Lebens diskutieren möchte, das überfordert mich. Mein Fehler war, dass ich das Problem bei solchen »Huckepacktreffen« nicht offen angesprochen habe, sondern mit einer zickigen Art reagierte, die auf Unverständnis und Hilflosigkeit stieß. Deshalb beschloss ich schließlich, direkt auf meine Liebsten zuzugehen, ihnen von meinem Dilemma zu berichten und um Verständnis zu bitten. Ich habe dabei die Erfahrung gemacht, dass es von Vorteil ist, die Dinge offensiv anzugehen, wenn sie einem über den Kopf wachsen.

Seither bin ich wieder sehr viel entspannter und glücklicher, wenn ich mich im engsten Kreis bewege. Ich habe in dieser Zeit festgestellt, wie wichtig mir die Privatsphäre ist, wie sehr ich diesen Ausgleich zur hektischen Arbeitswelt brauche.

Ruhepunkte sind wichtig, um ab und zu auf andere Gedanken zu kommen und sich zu sammeln. Außerdem habe ich gelernt, dass das Zusammenspiel von Körper, Geist und Seele nur dann funktioniert, wenn sich diese Harmonie ohne Verbissenheit erreichen lässt.

Wenn die Grundlagen also stimmen, wenn Körper und Seele eingestimmt sind, können Sie beginnen, sich auf sich selbst zu konzentrieren, sich auf das Gefecht und auf das zielgerichtete Handeln zu fokussieren und den Geist arbeiten zu lassen. Jubelnde oder grölende Zuschauer, der Partner im Publikum, bewundernde oder böse Blicke müssen jetzt unwichtig werden. Schalten Sie für einige Zeit Ihre Umwelt aus und versuchen Sie, sich auf die Duellsituationen zu konzentrieren, die vor Ihnen liegen. Analysieren Sie den Gegner, schaffen Sie sich Lücken für den geraden Angriff, wenden Sie Finten an, suchen Sie das richtige Tempo, parieren Sie. Lassen Sie mich Ihnen das komplexe Spiel des Fechtens aufzeigen und nehmen Sie die Herausforderung zum Duell an.

3 »ALLEZ« – LOS GEHT'S: DAS GEFECHT BEGINNT

Wir befinden uns jetzt unmittelbar vor dem Kampf und müssen uns mit der schwierigsten Herausforderung für einen Fechter befassen, mit der Aufgabe, sich dem Gegenüber im Gefecht zu stellen. Das passiert in dem Augenblick, in dem es auf die Fechtbahn geht, in dem es kein Zurück mehr gibt und man ganz bewusst der nun anstehenden Situation ins Auge blickt. Es ist der Moment – gute Vorbereitung hin oder her –, in dem man entscheidet, ob man sich messen möchte oder aufgibt, bevor man überhaupt angefangen hat. Ein Augenblick, der jedes Mal wieder Nerven und Willensstärke fordert.

Ich befinde mich jetzt bereits im sogenannten Call Room, dem Vorbereitungsraum für die Athleten. Beim Aufwärmen vorhin habe ich zuerst gegen eine Ägypterin gefochten, die wahrscheinlich glücklich und zufrieden damit ist, überhaupt zu Olympischen Spielen zu fahren, und die mir keinen guten Einstieg in den Fechttag beschert hat. Mein Gefühl fürs Fechten stellte sich erst beim anschließenden Einfechten mit der Rumänin und Weltranglisten-Zweiten Ana Branza ein. Wir haben uns nach diesem Gefecht die Hand gegeben, und Ana meinte zu mir: »Hope to see you in the final!« Wenn wir da schon gewusst hätten, wie der Tag ausgehen wird, wären wir sicherlich nicht so nervös gewesen! Aber das wussten wir nicht, und so stehe ich nun hier, kurz vor dem Aufmarsch in die noch nicht abgedunkelte Fechthalle, in der ich meinen Bruder und meine Fans sehen und hören werde. Die Angst, aus dem Konzentrationstunnel geworfen zu werden, mich ablenken, aus dem Konzept bringen zu lassen, erstickt mich fast. Der Weg vom Call Room, wo sich alle Fechter vor dem Aufruf zum Gefecht sammeln, zur Fechtbahn ist aus meiner Sicht einer der härtesten. Das Kribbeln im ganzen Körper, das die Aufregung verursacht, die Angst vor der Niederlage, die Einsicht, dass man sich vor der Herausforderung nicht mehr drücken kann und sich der Situation stellen muss: Jetzt geht es darum, auf diesem Weg zum Platz des Geschehens den Fokus auf sich und das Bevorstehende zu richten.

Der Hauptkampfrichter hat uns mittlerweile dazu aufgerufen, uns für den Einmarsch in die Fechthalle aufzureihen. Ich stehe hinter dem Vorhang in dem schmalen Schlauch, der den Call Room von der Halle trennt, hüpfe ein paar Mal auf und ab und feuere mich noch einmal mit einem letzten Motivationsschrei selbst an. Ich bin so konzentriert, dass es mich in diesem Moment überhaupt nicht stört, dass dabei noch andere Fechterinnen um mich herumstehen. Denn gleich geht es um alles, beim Fechtduell meines Lebens. Dann öffnet sich der Vorhang.

Ich beschreibe hier ein Gefühl, das Sie bestimmt schon öfter hatten: vor Prüfungen, vor unangenehmen Gesprächen oder tatsächlich vor sportlichen Wettbewerben – vor dem Aufeinandertreffen mit einem nicht gerade befreundeten Gegenüber. Viele Gefechte werden nämlich schon vor dem eigentlichen Duell mental ausgetragen – und manchmal auch entschieden. An dieser Stelle möchte ich Ihnen gerne noch einmal die Faszination des Fechtens näherbringen, schließlich sollen Sie sich in den nächsten entscheidenden Minuten wie ein echter Fechter fühlen.

DIE STRATEGIEN DES FECHTENS UND DIE ERSTEN TREFFER

Zu den schönen Dingen des Fechtens gehört die einfache Wahrheit: Sie können immer siegen und verlieren, und es liegt ganz in Ihrer Hand, wie und ob Sie sich durchsetzen. Es ist klar, dass bei manchen Gefechten die Chancen durch die unterschiedlichen Qualitäten der beiden Sportler ungleich verteilt sind. Aber mit einer guten Analyse, richtig genutzten Ruhezeiten, einer cleveren Zeiteinteilung und mit mentaler Stärke haben Sie eine Chance, das Blatt zu wenden, wenn Sie alles geben. Beim Fechten ist es nämlich möglich zu gewinnen, ohne körperlich voll ausgelastet zu sein. Genauso kann auch ich als Topathletin ohne Probleme sogar hoch gegen schwächere Gegner verlieren, obwohl ich an die körperliche Leistungsgrenze gehe. Ich empfinde es als die größte Herausforderung im Fechten, sich der Situation des Gefechtes zu stellen und sich mit seiner Psyche auseinanderzusetzen, sich also zusammenreißen zu müssen. Und das, obwohl einen keiner zwingen kann, obwohl einen keiner bis ins letzte Detail überprüfen kann. Sich selbst treu zu bleiben, auch wenn man manchmal einfach aufgeben möchte. Der Geist verführt einen im Gefecht gerne und immer wieder, so wie im »wirklichen Leben« auch.

Sie können sich aber gegen tatsächliche Gegner nur durchsetzen, wenn Sie sich selbst im Griff haben. Dazu gehört auch ein möglichst klarer Blick auf die tatsächlichen Gegebenheiten. Lassen Sie sich nicht von sich selbst überlisten und aus dem Gleichgewicht bringen, aber versuchen Sie vor allem, sich nicht von anderen aus dem Konzept bringen zu lassen. Der Gegner wird Ihnen zum Beispiel häufig als vermeintlicher Spiegel Ihres eigenen Wesens erscheinen, in dem man sich in der verzerrten Wahrnehmung des Gegners sieht. Auch davon dürfen Sie sich im Gefecht nicht irritieren lassen. Ich habe im Laufe meiner Sportlerkarriere an vielen Beispielen, auch an mir selbst, feststellen können, dass der Umgang innerhalb der Zweckgemeinschaft eines bestehenden Teams Auswirkungen auf den Erfolg der jeweiligen Sportler haben kann und dass ein negativer Einfluss von außen schon so manchen Sportler aus der Bahn geworfen hat. Verlassen Sie sich bei Reflexionen Ihre Person betreffend am besten auf Ihren engsten Umkreis und besinnen Sie sich auf Ihre eigenen Möglichkeiten.

Versuchen Sie, sich den unnötigen Stress und Ärger zu ersparen, der entsteht, wenn Sie sich zu sehr mit den äußeren Umständen beschäftigen, die Sie sowieso nicht verändern können.

Sie werden feststellen, dass man im Gefecht vieles nur umsetzen kann, wenn die geistige Haltung stimmt, wenn man sich konzentriert und nicht abgelenkt ist. Setzen Sie alles ein, was Sie haben. Bleiben Sie sich dabei treu und beachten Sie Folgendes: Fechten ist ein fairer Sport! Zu viel negative Emotionalität wird häufig mit einer Niederlage bestraft. Es wird Ihnen voraussichtlich nichts nutzen, unfair zu kämpfen. Versuchen Sie es gar nicht erst, konzentrieren Sie sich auf sich und Ihre eigenen nächsten Schachzüge, statt sich damit zu beschäftigen, wie Sie den Gegner aus dem Lot bringen können.

3 »Allez« – los geht's: das Gefecht beginnt

Im Fechten sind ein möglichst freier Kopf, Durchhaltevermögen und mentale Stärke gefragt, um Ihr Können erfolgreich umzusetzen. Immer wieder stellt man aber auch im Fechtsport fest, dass selbst eine gute mentale Stärke nichts nutzt, wenn man gegen einen Gegner keine taktische Lösung findet, die Technik nicht gut ist oder man die falsche Strategie anwendet. Auch die Frage, wer sich wem anpassen sollte, steht beim Fechten im Raum. Soll ich mich bei einem mir unbekannten Gegner erst einmal abwartend verhalten oder besser sofort zeigen, wer Herr der Lage ist? Es liegt an Ihnen, die Herangehensweise an Ihr nächstes Gefecht ganz pragmatisch und Ihren Bedürfnissen entsprechend zu wählen und nur Sie können Ihr technisches Repertoire und taktisches Vermögen verbessern und durch Training optimieren. Gehen Sie dabei Schritt für Schritt vor und überlegen Sie bewusst, welche Strategie Sie einsetzen wollen.

Nehmen Sie also Ihren Degen in die Hand und gehen Sie in Stellung – bewahren Sie dabei auf jeden Fall die Spannung und die Haltung, denn wenn Sie sich gleich flink hin- und herbewegen und die Klinge schwingen müssen, um anzugreifen und um sich zu verteidigen, dann sollten Ihnen alle Optionen zur Verfügung stehen, die Sie in nervenaufreibenden Momenten anwenden können. Wählen Sie klug zwischen den verschiedenen Strategien. Denken Sie daran, dass jeder Ihrer Gegner die gleichen Grundmittel hat – jetzt kommt es darauf an, mit welchem Geschick Sie zu Werke gehen, wie diszipliniert und konzentriert Sie sind, wie stark Sie mental sind. Damit Sie wettbewerbsfähig sind, erkläre ich Ihnen nun die Grundtaktiken des Fechtens. Also verbinden Sie sich jetzt mit dem elektrischen Kreislauf der Fechtbahn und fechten Sie sich mit mir durch die Alltagssituationen des Lebens.

Das Gefecht beginnt

Der Obmann gibt den beiden Fechtern das Startkommando: »Allez«, es geht »los«, und die ersten drei Minuten beginnen. Ein Gefecht besteht aus drei mal drei Minuten mit jeweils einer Minute Pause dazwischen, vergleichbar also mit dem Boxen. Damit die Punkte gezählt werden können, leuchten nach einem Treffer für die Fechter auf der elektronischen Trefferanzeige jeweils entweder die Farben Rot oder Grün auf. Gewonnen hat der, der entweder als Erster in diesen neun Minuten 15 Treffer setzen konnte oder nach Ablauf der Zeit in Führung liegt. Wenn am Ende dennoch Gleichstand herrscht, gibt es eine Verlängerungsminute und der nächste Treffer entscheidet über Sieg oder Niederlage – wie beim Golden Goal im Fußball.

Ich stehe jetzt auf der olympischen Fechtbahn und suche mir meinen besten Degen aus der Materialtasche heraus. Ja, der Degen liegt gut in meiner Hand, das ist schon mal beruhigend. Ich gehe zur Startlinie vor und grüße in Fechtermanier den Obmann und meine erste Gegnerin Hyo Jung mit meinem Degen. Ich schaue meiner Gegnerin in die Augen. Ich bin extrem angespannt. Wie ist sie drauf, die Koreanerin? Was hat sie vor? Wie wird sie dieses Gefecht angehen? Wird sie zunächst passiv agieren oder wird sie mich dynamisch angreifen? Diese Fragen machen mich noch aufgeregter. Werde ich heute mein fechterisches Repertoire voll ausschöpfen können? Oder werde ich einige Möglichkeiten ungenutzt verstreichen lassen, weil ich nicht entscheidungsfreudig genug oder durch die Aufregung sogar gehemmt bin? Oh Gott, wie soll ich bloß diesem Druck standhalten? Ich hoffe, dass ich nichts überstürze. Ich setze meine Maske auf und gehe in Stellung.

3 »Allez« – los geht's: das Gefecht beginnt

Dann plötzlich wird alles noch unheimlicher. Das Licht in der Halle geht aus, für einen Moment ist um mich herum alles schwarz, dann gehen die Scheinwerfer der Hochbahnen an und ich fühle mich noch mehr wie auf dem Präsentierteller. Die Zuschauer können jetzt nur noch jeweils die Fechterinnen erkennen, der Rest der Halle ist abgedunkelt. Aber – und das ist etwas, was ich auch bei späteren Wettkämpfen immer wieder bemerken werde – ich fühle mich auf einmal wie in einer anderen Welt, das Konzentrieren und Fokussieren fällt mir plötzlich leichter. Ich kann die Zuschauer nicht sehen, es ist mucksmäuschenstill in der riesigen Fechthalle. Das Ganze kommt mir vor wie im Traum. Das Kommando »Allez«, also »Los geht's« ist der Moment, in dem das bange Warten ein Ende hat, in dem auf einmal die Realität greift. Plötzlich befinde ich mich mitten im Geschehen, es ist keine Zeit mehr, Gedanken an Ängste und Sorgen zu verschwenden. Das Gefecht hat begonnen!

Es ist bezeichnend, dass ich keine Erinnerung an meine Gedanken in den hochkonzentrierten Momenten der Wettkämpfe habe. Mit dem Startkommando »Allez« beginnt der Teil des Fechtsports, der wie das Werk des bekannten chinesischen Kriegsstrategen und Philosophen Sunzi Ansätze zum Bewältigen geistiger Herausforderungen bieten kann. Sunzis Buch »Die Kunst des Krieges« gilt als eine der frühesten und bedeutendsten Abhandlungen über Strategie – auch für Manager sehr hilfreich. Ich habe durch das Fechten hier so viele Parallelen zum realen Leben erkannt, dass es mich manchmal geradezu erschreckt. In meinem bisherigen Leben bin ich schon vielen ostasiatischen Lebensweisheiten begegnet, die Teil meiner Gesamtpersönlichkeit und meines Wertekanons geworden sind. Genau diese Werte und Überlegungen finde ich aber auch tagtäglich im Fechterleben wieder. Jedes Gefecht, jede einzelne Aktion ist wie eine Lebensweisheit »in bewegten Bildern«.

Bevor wir uns mit den Strategien und Taktiken im Gefecht eingehender beschäftigen, muss zunächst noch eine grundsätzliche Frage geklärt werden, die Sie sich sicherlich schon gestellt haben: Gegen wen treten Sie überhaupt an? Mit wem oder was setzt man sich im Gefecht eigentlich auseinander? Wer oder was ist der Gegner? Es ist wichtig, seinen Feind bzw. Gegenspieler zu kennen, heißt es in China. Denn nur so kann man sich auf ihn einstellen.

Die Gegner – Ihr Gegenüber und Sie selbst

Bei vielen Duellen des Lebens kämpfen wir mit uns selbst um Entscheidungen, es geht darum, uns zunächst zu einem gewissen Weg durchzuringen. Man steht tatsächlich im Zweikampf mit einem tatsächlichen Gegner und in einer konkreten Situation, in der man sich durchsetzen bzw. arrangieren oder Kompromisse eingehen muss und in der dieser Gegner in vielerlei Gestalt erscheinen kann: als Chef, als Geschäftspartner, als soziales Umfeld, als Kind oder Ehepartner. Ich habe viel Kraft, Mut und Selbstvertrauen aus Gefechtssituationen mitgenommen und mich so für wichtige Auseinandersetzungen und Gespräche vorbereitet und ich weiß mittlerweile, wie ich in Gesprächen einen zufrieden stellenden Ausgang für beide Parteien »erfechten« kann.

Doch das ist nur die eine Seite, denn die allermeisten Entscheidungsduelle in meinem Leben habe ich mit mir selbst ausgetragen: Was nehme ich mir vor, wie setze ich es um, soll ich es überhaupt tun? Will ich eine Sache wirklich oder doch etwas anderes, lohnt sich der Einsatz oder mache ich mir etwas vor? Zweifel, Ängste, Druck, ein schwankendes Selbstwertgefühl – wer kennt das nicht aus seinem Alltag? Wie überwinde ich mich, um ans Ziel zu kommen? Wie schaffe ich es, mich selbst davon zu überzeugen, dass etwas gut und richtig ist? Wie überstehe ich Phasen der Selbstzweifel, wenn ich an einer Idee oder einem Ziel zu scheitern drohe?

Was, wenn Ihr schärfster Gegner in allen diesen Fragen also Sie selbst sind? Das sind für mich die Momente des Lebens, die sich in beinahe jedem Gefecht widerspiegeln – denn hier erleben Sie diese natürlichen Emotionen meist geballt: Stellen Sie sich vor, dass Sie nun auf der Bahn stehen und im ersten Fechtduell gegen einen Ihrer Bekannten antreten. Vielleicht haben Sie zunächst das Gefühl, dass es egal ist, ob Sie gewinnen oder verlieren. Es geht ja um nichts. Dann liegen Sie zurück, Ihr Gegner hat ein paar Treffer hintereinander gesetzt und freut sich lautstark darüber. Es packt Sie nun ein undefinierbarer Ehrgeiz, nicht ganz ohne einen Punkt dazustehen. Sie geben sich nun doch ernsthaft Mühe. Sie holen auf und kommen näher an Ihren Gegner heran. Jetzt erwacht die Hoffnung, doch noch zu siegen. Sie haben ein neues Ziel, Sie wollen Ihr Erfolgserlebnis. Sie liegen vorne. Plötzlich sagt die innere Stimme: »Oje, hoffentlich holt mein Gegner nicht wieder auf. Oh Gott, schaffe ich es wirklich?« Ihr Kontrahent holt Sie tatsächlich wieder ein und pariert Sie gekonnt aus. Ein Wechselbad der Gefühle. Können Sie spüren, was gemeint ist?

Doch neben der Voraussetzung, dass Sie Ihre Gegner erkennen und so wissen, was auf Sie zukommt, müssen Sie sich auch selbst gut präsentieren.

Das richtige Auftreten

Um sich möglichst gut durchsetzen zu können, ist auch ein entsprechendes Auftreten erforderlich, ein Portfolio an Mitteln, eine Mischung aus Körpersprache und geistiger Haltung. Die Frage der Haltung, diesmal ganz wörtlich gemeint, ist mit entscheidend für den Gesamteindruck, den Sie auf den Gegner machen und durch den er sich seine eigenen Chancen ausrechnen kann. Gleichzeitig stärken Sie mit dem richtigen Auftreten auch sich selbst.

Sehen Sie sich selbst auf der Bahn, Sie haben gerade einen Treffer gemacht. Wenn Sie ganz ehrlich sind, war das gar nicht so geplant gewesen, denn Sie waren eigentlich gerade in der Vorbereitung zu einem Angriff. Der Gegner startete durch Zufall im falschen Moment einen Gegenangriff und Sie haben mit einem guten Reflex durch eine Parade den Stoß abgewehrt und stattdessen selbst getroffen. Wenn Sie jetzt ganz souverän erscheinen wollen, dann nicken Sie einmal wissend, drehen sich um und gehen zurück zu Ihrer Startlinie. Kein Freudenschrei, keine Reaktion. Sie nehmen den Treffer, diesen kleinen Erfolg, wie selbstverständlich hin und verhalten sich so, als ob Sie haargenau diesen Treffer seit Minuten so geplant hätten. Glauben Sie mir, selbst wenn Ihr Gegner – genauso wie Sie – weiß, dass dieser Treffer überhaupt nicht strategisch geplant gewesen sein konnte, so wird er doch verunsichert.

Das Auftreten und das Erscheinungsbild sind auf der Fechtbahn also genauso wichtig für den Gefechtsverlauf wie Technik und Taktik. Ich kann mich an die Mannschafts-Olympiaqualifikation für die Olympischen Spiele in Athen erinnern, wo wir bei unserem letzten Qualifikationsturnier im Viertelfinale gegen China antreten mussten. Ich hatte das letzte Gefecht zu bestreiten, in das ich mit fünf Treffern Rückstand hineinging. Die Chinesin Li Na, die ich schon seit Jahren von meinen Aufenthalten in Peking kenne und die auch meinen weiteren fechterischen Lebensweg immer wieder gekreuzt hat, war damals schon eine Weltklassefechterin. Ich merkte, dass sie trotzdem sehr nervös war, und genau das nutzte ich aus, um direkt zwei Treffer zu setzen. Ich hatte nicht wirklich daran geglaubt, den Rückstand noch aufholen zu können, präsentierte aber nach außen hin eine kämpferische Haltung, die meine Gegenspielerin offensichtlich aus dem Konzept brachte. Meine entschlossene Art oder vielmehr mein entschlossenes Auftreten führte dazu, dass wir am Ende mit sieben Treffern Vorsprung gewannen! Das war für mich eine Erfahrung, in der ich für mich erkannt habe, wie wichtig der äußere Eindruck ist. Wenn man sich sicher ist und sich gut fühlt, muss man meiner Erfahrung nach gar nicht so sehr darauf achten, ob und wie man sich präsentiert, dann läuft das automatisch. Wenn man aber in keiner so guten Verfassung ist, muss man schon mal bluffen.

Ich stand in meiner Laufbahn genügend Gegnern auf der Fechtbahn gegenüber, die nach einem ersten Treffer von mir bereits mit hängenden Schultern, den Degen hinter sich herschleifend, zu ihrer Startlinie zurückschlurften. Durch das frühe Aufgeben von Gegnern habe ich mir sicherlich schon einige Kämpfe gespart und meine Nerven geschont. Nur sind solche Reaktionen der totalen Kapitulation oder ein deutliches Erkennenlassen des Gegners, dass er überhaupt kein Land mehr sieht, von der taktischen Seite her unclever. Wenn Sie schulterzuckend und laut lamentierend Ihren Trainer fragen, was Sie denn noch machen sollen, Sie hätten doch schon alles probiert und wüssten nun auch nicht mehr weiter, dann kann ich Ihnen versprechen, dass das Gefecht für Sie in einer beinahe sicheren Niederlage enden wird. Auch ich habe immer mal wieder diese Erfahrung gemacht, wenn ich mich nicht im Griff hatte. Damit bauen Sie den Gegner auf, denn der denkt sich in diesem Moment genau das Gleiche wie Sie: Nämlich dass er als Gewinner von der Planche gehen wird. Also den Rücken gestrafft, Haltung annehmen und fechten!

Entscheidungen zu treffen und dabei voll konzentriert und mit einem klaren Geist bei der Sache zu sein, einen scharfen Verstand und taktisches Verständnis zu beweisen, das sind die Grundvoraussetzungen für Ihr weiteres Gefecht.

Für den weiteren Verlauf steht Ihnen dreierlei zur Verfügung: die Degenklinge, Ihr Körper und Ihr Kopf. Das bedeutet einerseits, dass Sie entweder mit der Klinge agieren und durch Zustoßen oder Parieren Treffer setzen oder dass Sie mit dem Körper ausweichen oder den Gegner bedrängen. Gleichzeitig ist im Gefecht der Kopf gefragt, wenn es um die Wahl der Strategie geht, die Entscheidungsfreudigkeit und die richtige Distanz zum Gegner.

ANGRIFF, VERTEIDIGUNG UND GEGENOFFENSIVE

Im Gefecht gibt es sehr viele verschiedene Wege und Optionen, um sich durchzusetzen. Immer wieder muss man sich im Moment des Geschehens für die eine oder andere Variante entscheiden. Verändere ich den Abstand zum Gegner, greife ich an, pariere ich, mache ich alles abhängig vom richtigen Augenblick oder habe ich mir schon vorher eine Strategie zurechtgelegt? Es könnte ja auch besser sein, in der Situation zu entscheiden, sich die Lage, den aktuellen Zustand des Gegners erst einmal anzuschauen.

Grundsätzlich können Sie zwischen einem offensiven und einem defensiven Fechtstil wählen. Es gibt auch die Möglichkeit, sich auf den Gegenangriff zu spezialisieren, einer taktischen Mischung aus beiden Varianten. Hierbei warten Sie defensiv ab, bis der Gegner einen Angriff startet, und beginnen in diesem Augenblick Ihren Gegenangriff. Am sinnvollsten ist es wahrscheinlich, immer wieder neu abzuwägen und sich an die Notwendigkeit der Situation anzupassen. Wie die verschiedenen möglichen Herangehensweisen an ein Gespräch oder eine wichtige Situation eröffnet einem die Komplexität der strategischen Grundelemente im Fechten einen spannenden Pool an Handlungsmöglichkeiten für das bevorstehende Gefecht.

Die Offensive – der Angriff

Der Angriff und das offensive Verhalten während eines Gefechtes können verschiedene Formen annehmen. Aktionen für den Angriff sind zum Beispiel der Schritt vorwärts, der Ausfallschritt, der »Flèche« als sogenannter Sturzangriff, ein Bindungs- oder ein Fint-Angriff. Die unterschiedliche Kombination der jeweiligen Klingenaktions- und Bewegungselemente führt dann zu den verschiedenen Angriffsstrategien, aus denen Sie wählen können.

Grundsätzlich möchte ich kurz auf den Charakter der Offensive im Allgemeinen eingehen, da ich denke, dass eine gewisse Dynamik im Fechtstil durchaus dem aktivenÄnderungs- und Durchsetzungswillen im Leben entspricht sowie der Power, sein Leben selbst in die Hand zu nehmen und diszipliniert an etwas zu arbeiten. Man muss sich bewusst sein, dass »man kein Reisfeld erntet, ohne es vorher bestellt zu haben«, wie es Buddha formulierte. Beim Fechten hat man es selbst in der Hand, einen Angriff zu starten und damit aktiv die Rolle des Entscheiders zu übernehmen. Ich ärgere mich besonders darüber, nicht offensiv und selbstbestimmt genug gewesen zu sein, wenn ich Gefechte verliere, die ich trotz Favoritenrolle extrem passiv angegangen bin, wodurch ich die Chance auf das Setzen eigener Treffer verpasste. Offensives Verhalten heißt überhaupt nicht, dass man kopflos nach vorne rennt und sich auf den Gegner stürzt. Es bedeutet vielmehr, dass man sich diszipliniert nach vorne orientiert und auch mal geduldig und mit Stehvermögen sein Ziel verfolgt.

Dabei bin ich, wie viele Menschen, die von Tatendrang erfüllt sind, sehr ungeduldig. In dieser Hinsicht hat mir ein Sprichwort von Konfuzius sehr geholfen: »Wer es eilig hat, sollte langsam gehen!« Für mich ist dieser Satz ein Heilmittel gegen Ungeduld und Panik, die bei mir oft direkt aufflackern, wenn ich etwas nicht sofort erfolgreich schaffe. Erinnern Sie sich an diese Worte, wenn Sie wieder von all den Aufgaben, die Sie noch zu erledigen haben, überwältigt werden oder wenn Sie den wichtigen Anruf, der über Ihre Zukunft entscheidet, nicht abwarten können.

Der Geist kann nur in Ruhe und überlegt handeln, wenn der Körper innerlich nicht überdreht – mir hilft es mittlerweile, einmal kurz durchzuatmen und mir vor Augen zu halten, dass nicht alles sofort passieren muss.

Offensive bedeutet also, die Dinge in die Hand zu nehmen und konsequent mit vollem Einsatz im richtigen Maße aktiv zu werden. Zu jedem Erfolg und zu jedem Erfolgserlebnis, das man wirklich genießen möchte, gehören Disziplin, Ausdauer und Durchhaltevermögen. Dabei muss es sich noch nicht einmal um eine lange Zeitspanne handeln. Der Vorteil: Wer effizient arbeitet, kann in wenig Zeit viel schaffen und sich später über mehr Freizeit freuen.

Sportler sind allgemein bekannt für ihre Willensstärke und ihre Belastbarkeit. Für uns ist es selbstverständlich, dass man sich durchkämpft, auch wenn man mal keine Lust hat. Wenn ich zum Beispiel während meiner Vorträge von den Teilnehmern gefragt werde, wie ich so viel Energie aufwenden kann, um ein bestimmtes Ziel zu erreichen, dann antworte ich meist, dass es für mich einfach normal ist, nicht aufzugeben. Ich habe früh gelernt, dass es sich viel mehr lohnt, sich etwas mehr anzustrengen und dann stolz auf seine Leistung zu sein, als zum Beispiel durch eigene Faulheit bei einer Klausur durchzufallen und dann den ganzen Stress des erneuten Lernens, der Versagensangst bei der Wiederholungsklausur und des schlechten Gefühls und Gewissens zu haben.

Natürlich habe auch ich trotz großem Lernaufwand oder punktgenauem Training nicht immer genau das erreicht, was ich wollte. Aber man kann, wenn man sich diese einfache Rechnung vor Augen hält, das Risiko minimieren, Fehlschläge und Niederlagen einstecken zu müssen. In diesem Zusammenhang verbinde ich den Angriff im Fechten immer mit dem Motto »Kurz und schmerzlos«. Lieber in kurzer Zeit alles geben, als über eine lange Dauer hinweg mit sich selber hadern, unzufrieden sein und dann auch noch versagen. Wenn sich mir nicht erschließt, warum ich auf halbem Wege aufgeben oder umdrehen sollte, dann würde aufgeben nur heißen, dass die bisherige Mühe umsonst war und ich noch nicht einmal ein befriedigendes Erfolgserlebnis zu verzeichnen hatte. Müsste ich dann den gleichen Weg sowieso noch einmal gehen, um weiterzukommen, und wüsste ich dabei, dass es nun meine letzte Chance ist, so kann ich mir nicht erklären, warum sich irgendjemand bewusst diesen Ängsten und diesem Druck aussetzen sollte, die ja nur viel negativer und mit sehr viel mehr Überwindung und Aufwand verbunden sein können. Disziplin und Effizienz lohnen sich also allemal, schon rein vom Aufwand her. Gehen Sie die Dinge also positiv und mit Begeisterung an. Verfallen Sie dabei nicht in blinden Aktionismus, aber Power und Einsatz für eine Sache zahlen sich häufig aus.

Doch zurück auf die Fechtbahn. Um einen Treffer zu setzen, müssen Sie die Trefferfläche des Gegners erreichen. Trefferfläche ist der gesamte Körper von Kopf bis Fuß, wobei die Entscheidung hier wichtig sein kann: Wählen Sie die Brust als Ziel, ergibt sich durch diese breite Angriffsfläche ein vermeintlich sicherer Treffer. Andererseits ist die Hand des Gegners viel näher, so dass in dieser Wahl trotz des kleineren und beweglicheren Ziels ein Vorteil liegen kann. Sie müssen dafür sorgen, dass Ihr Gegner Ihnen eine sogenannte »Blöße« anbietet, die Sie für sich nutzen können. Dafür stehen Ihnen neben den beschriebenen Grundstrategien diverse Aktionselemente zur Verfügung, die Sie im Folgenden näher kennenlernen werden. Damit kommen wir nun zu den verschiedenen Arten der offensiven Fechtaktionen, die Sie für den Angriff auf der Fechtbahn und im Wortgefecht anwenden können. Dabei unterscheidet man wiederum zwischen den körperlichen Aktionen und denjenigen mit der Klinge.

Der Flèche

Die klassische Form des Angriffes im Fechten besteht darin, einen Ausfall zu machen. Der Ausfallschritt, mit dem der Fechter schnell Länge gewinnen und so den Abstand zum Gegner in kürzester Zeit überwinden kann, ist eine der meistgeübten Bewegungsformen im Fechtsport. Mit dem Ausfall werden viele Angriffe vollendet.

Ein »Flèche« hingegen ist ein Sturzangriff, bei dem man regelrecht auf den Gegner zurennt. Übersetzt bedeutet das französische Wort »flèche« Pfeil oder Geschoss – wenn Sie diese Form des Angriffes wählen, sind Sie also noch durchschlagkräftiger als mit dem reinen Schritt vor oder dem Ausfall. Der Vorwärtstrieb, das Strecken und der abschließende Treffer gehen in Sekundenbruchteilen vor sich – wenn Sie Glück haben, konnte der Gegner gar nicht so schnell schauen, wie Sie ihn getroffen haben.

Die Überrumpelungstaktik des Flèche kann auch im wahren Leben immer wieder gut funktionieren. Zeigen Sie Ihrem Gegenüber ab und zu, dass Sie ihm etwas entgegenzusetzen haben, und demonstrieren Sie dann Ihre ganze Power. Zum richtigen Zeitpunkt lohnt es sich durchaus auch manchmal, alles auf eine Karte zu setzen und vorzupreschen. Nicht immer muss es das Sinnvollste sein, alles hundert Mal abzuwägen und sich einzureden, mit Bedacht vorgehen zu müssen. Natürlich sollte man sich Gedanken machen, ob ein Sturzangriff sinnvoll ist und welches Risiko man damit eingehen würde bzw. was man dadurch verlieren könnte. Wenn man jedoch einmal Mut gefasst hat, kann das Motto »Augen zu und durch« zum Erfolg führen. Dabeizubleiben, sobald man den ersten Schritt gewagt hat, das hat auch in meinem Leben häufig positive Resultate gebracht.

Einmal in Schwung, sollten Sie Ihren Mut nutzen, Ihre Ideen zu präsentieren und umzusetzen. Solange Sie damit nicht kopflos in die Klinge des Gegners rennen, kann Sie eine klare, beherzte Linie nur weiterbringen.

Der Gerade Stoß

Der Gerade Stoß, den Arm strecken und damit den Gegner treffen, das ist die Aktion, mit der jede meiner Lektionen beginnt. Für mich ist der Gerade Stoß ein Synonym für eine ehrliche, direkte Art. Ganz nach dem Prinzip der »entwaffnenden Ehrlichkeit«. Geradeheraus zu sein ist oft ziemlich erfrischend: Sich weniger Gedanken über die verschiedenen möglichen Winkelzüge des Lebens zu machen zahlt sich häufig aus, zumindest für das eigene Wohlbefinden. Kein großartiges Taktieren, sondern eine klare Ansage an meinen Gegner oder auch an meinen Gesprächspartner.

Wir üben den Geraden Stoß im Training sehr intensiv und immer wieder. Denn auch das konsequente Zustoßen will gekonnt sein. Manchmal scheint es uns Fechtern sogar schwerer zu fallen, mit einem Geraden Stoß zu treffen als mit der technisch viel komplizierteren Finte. Das liegt wahrscheinlich daran, dass diese scheinbar so einfache Aktion – man muss schließlich »nur« den Arm strecken – bei ihrer Umsetzung eine besondere Konsequenz verlangt. Sonst zielt man nicht bis zum abschließenden Treffer auf den Körper des Gegners, sondern verliert unterwegs an Fahrt und endet mit seinem Stoß irgendwo, nur nicht auf der Trefferfläche. Man könnte dieses Phänomen vielleicht mit dem Stürmer im Fußballspiel vergleichen, der vor dem freien Tor steht und trotzdem danebenschießt.

Ich glaube, dass es vielen Menschen schwerfällt, einfach einmal geradeheraus zu sein. Wie oft habe auch ich mir schon vorgenommen, jemandem mal richtig die Meinung zu sagen, und es am Ende nicht getan. Natürlich sollte man nicht im Affekt irrational handeln oder jemanden unnötig mit irgendwelchen Aussagen verletzen. Aber ehrliche Antworten, das klare Formulieren von Wünschen und Bedürfnissen – das ist etwas, was man können sollte und vorher üben muss, wenn einem die Unbekümmertheit der klaren Meinungsäußerung nicht angeboren ist.

Wenn Ihnen etwas nicht passt, nehmen Sie sich vor, es beim nächsten Mal offen anzusprechen – der Gerade Stoß erfordert Mut zur Direktheit. Denn häufig ergeben sich unnötige Spannungen zwischen zwei Menschen oder in Gruppen, weil nicht offen kommuniziert wird.

Belasten Sie sich nicht mit unausgesprochenen Dingen, die Sie bedrücken, und erleichtern Sie sich das Leben, indem Sie sie ansprechen. Wenn Sie Spannungen gleich zu Beginn auflösen, entwaffnen Sie Ihren Gegner und nehmen ihm den Wind aus den Segeln.

Die Finte

Die Finte ist das Gegenteil eines direkten Stoßes: Mit der Finte täuschen Sie einen Stoß an, woraufhin der Gegner ihn parieren möchte und Sie selbst wiederum diese Parade umgehen, um ihrerseits zu treffen.

Der Grundsatz der Finte liegt darin, den anderen zu einem bestimmten Verhalten zu bewegen, das man selbst provoziert. Der Kriegsstratege Sunzi erkannte bereits vor 2500 Jahren, dass ein Element der cleveren Kriegsführung die Täuschung ist. Die Finte ist damit vergleichbar mit dem »Bluffen« im Pokerspiel. Eine geschickte List anzuwenden ist nicht nur im Fechten üblich, sondern auch am Verhandlungstisch. Aus dem Alltagsleben kennen Sie das auch: Wie häufig haben Sie schon durch geschickte Wortwahl Ihre Mitmenschen von Ihren Vorschlägen überzeugt, wie oft sagt man im Alltag nicht immer direkt die ganze Wahrheit oder denkt darüber nach, wie man beim nächsten Mal im Verhandlungsgespräch besser taktieren könnte. Die Chinesen bringen einer gelungenen Antäuschung Respekt entgegen und loben Sie für die clevere Verhandlungsstrategie – denn bei der Finte geht es nicht um Betrug, sondern vielmehr darum, dass man seine eigenen Wünsche möglichst diplomatisch durchsetzt.

Insgesamt ist es gerade in wichtigen Situationen oder Gesprächen ratsam, immer neu zu überlegen, ob sich die Finte anbietet oder ob sich eine direkte und offene Art mehr lohnt.

Die Zweite Absicht

Die Zweite Absicht ähnelt der Finte hinsichtlich der Antäuschung eines Stoßes. Das Wesen der Zweiten Absicht ist allerdings ein anderes. Im Gegensatz zur Finte bin ich zwar auch Initiator, löse aber durch die Antäuschung eines Angriffes keine Verteidigungsbewegung meines Gegners aus, sondern einen Gegenangriff. Damit provoziere ich ihn sozusagen zu einem Angriff im falschen Moment und nutze dann die Gelegenheit, um meinerseits eine sichere Parade anzuwenden.

Ich habe häufig das Gefühl, dass diese Situation mit einer klassischen Verhandlungssituation zu vergleichen ist, einem vorsichtigen Abtasten der Möglichkeiten, einem Provozieren von ungewollten Äußerungen der gegnerischen Seite, die man dann für sich nutzen kann. Dadurch, dass Sie den Angriff des Gegners herausfordern, können Sie die Situation steuern. Eine Zweite Absicht bedeutet, dass ich meine erste Absicht dahinter verstecke. Ein klarer Bezug zum realen Leben: Gerade in unseren geschwätzigen Zeiten ist es hin und wieder tatsächlich zum eigenen Wohle, nicht immer gleich alles auszuplaudern, sondern Geheimnisse zu wahren oder einen Wissensvorsprung nicht bei der ersten Gelegenheit preiszugeben. Fechterisch gesprochen gewinne ich durch das Zurückhalten der Information über meine eigentliche Absicht einen Zeitvorteil – oft nur den Bruchteil einer Sekunde, doch das kann entscheidend sein. Entsprechend werden auch die meisten Manager in einem ersten Verhandlungsgespräch mit dem neuen Geschäftspartner wohl eher nicht alle Asse aus dem Ärmel ziehen.

Man sollte immer abwägen, ob man in der jeweiligen Situation seinen Wissensvorsprung eher behalten und als Joker verwenden sollte oder ob es günstiger ist, sich für den direkten Weg zu entscheiden und mit offenen Argumenten und Begründungen zum Ziel zu gelangen. Denn wenn Ihr Gegner die Zweite Absicht vorausgesehen hat oder auch einfach, und das ist noch viel ärgerlicher, völlig unkoordiniert und unvorhersehbar reagiert, kann es äußerst nachteilig sein, das Risiko der Zweiten Absicht eingegangen zu sein.

Die Risikofrage ist aber unabhängig von der Zweiten Absicht generell beim Fechten und bei der Auswahl der Taktik und der Aktion allgegenwärtig: Was hat der Gegner für eine Strategie, ist sie genauso wohl überlegt wie meine? Was mache ich, wenn mein Gegenüber selbst überhaupt keine Taktik hat – wirkt meine Strategie dann überhaupt? Was, wenn mein Gegner nicht auf die von mir gewünschte Weise reagiert? Was passiert, wenn mein Gesprächspartner ebenfalls taktiert und noch höher pokert als ich oder wenn er meine Zweite Absicht bereits vorausgesehen hat? Antizipation und die richtige Einschätzung des Gegenübers ist eine alltägliche Aufgabe.

Überlegen Sie sich gut, wann Sie wem welche Informationen weitergeben. Vergessen Sie nie, dass Ihr Verhalten, Ihre Aussagen und Ihre Wortwahl Konsequenzen in die eine oder in die andere Richtung haben können.

Die Rimesse

Wenn Sie einen Angriff wagen, kann es sein, dass Ihr Gegner diesen Angriff trotz all Ihrer Überlegungen und Vorbereitungen, oder auch weil Sie den falschen Augenblick gewählt haben, abzuwehren versucht. Die Rimesse beschreibt das Durchstoßen durch die gegnerische Parade: Wenn sich ein Konflikt nicht vermeiden lässt, muss man das Beste daraus machen, denn man hat sowieso nichts mehr zu verlieren.

Mit dieser Einstellung lassen sich Grenzen überwinden, von denen man nicht geglaubt hat, sie überhaupt jemals erreichen zu können. Im Fechtsport ist das Phänomen »David gegen Goliath« häufig anzutreffen und es ist eines der Grundprinzipien, die ich Ihnen in diesem Buch auch durch die häufige Erwähnung von Erfolgsfaktoren wie Wille, Tatendrang, Begeisterung und harte Arbeit vermitteln möchte: Es ist möglich, schier Unglaubliches zu schaffen, wenn man alles, was man hat und will, in die Waagschale wirft und wirklich bis zum Letzten alles daransetzt, etwas zu erreichen. Zur richtigen Zeit im richtigen Moment sind Dinge möglich, die man sich niemals hätte träumen lassen. Ergreifen Sie die Gelegenheit, wenn sie sich Ihnen bietet, wagen Sie es. Vom Tellerwäscher zum Millionär – es gibt viele Geschichten davon, wie sich Menschen unter Einsatz all ihrer Kräfte hochgearbeitet haben. Menschen, die dadurch, dass sie jahrelang extrem sparsam und genügsam waren, später gut leben konnten. Menschen, die sich mit viel Trainingseinsatz Stück für Stück verbesserten und dann die Gunst der Stunde nutzten, um den Favoriten zu übertreffen. Menschen, die nach harter Arbeit und persönlicher Weiterentwicklung siegreich waren.

Mein erstes öffentliches Referat habe ich im Alter von 15 Jahren für meinen damaligen Sponsor gehalten. Ich war damals nicht ansatzweise so erfolgreich wie heute und ich war mir bis kurz vor dem Auftritt nicht sicher, was ich überhaupt sagen sollte. »Erzähl mal was von deinen Fechterlebnissen«, hieß es. Ich fing an, von den Dingen zu berichten, die mir am Fechtsport gut gefallen, die Inhalte ähnelten der Beschreibung, die Sie in der Einleitung dieses Buches gelesen haben. Irgendwann begann ich mich in Begeisterung zu reden und berichtete von der Situation, als ich als ein Niemand gegen die große Laura Flessel antrat, damals Weltranglisten-Erste und absoluter Superstar. Statt mich geschlagen zu geben, habe ich die Herausforderung angenommen und gekämpft. Die Französin hatte gar nicht damit gerechnet, dass ich mich so zur Wehr setzen würde, und fing an, im Kampf gegen mich Probleme zu bekommen. Psychologisch gesehen ärgert man sich als nominell stärkerer Gegner darüber, sich nicht deutlicher gegen den Schwächeren durchzusetzen, und gleichzeitig beginnt die Angst an einem zu nagen, dass man vielleicht doch verlieren könnte. Mir war das damals alles egal, ich war mir der Psychologie des Fechtens noch nicht so bewusst und so habe ich einfach weitergekämpft und tatsächlich 15:14 gewonnen. Unfassbar!

Seit diesem Erlebnis war ich als Favoritenschreck bekannt und fand meine Motivation eine Zeit lang darin, die Erfolgreichen und die Spitzenleute zu ärgern und zu besiegen. Auf jeden Fall waren die Zuhörer meines Vortrags plötzlich ganz still und aufmerksam – wahrscheinlich hatten sie nicht erwartet, dass eine junge Fechterin die Vielfältigkeit der Fechtelemente und die psychische Herausforderung so beschreiben würde, und vielleicht übertrug sich die Faszination der Spannung, die sich während eines Kampfes im Inneren aufbaut, auch auf mein Publikum. Während des Erzählens konnte ich in den Augen der meisten Zuhörer die Bewunderung dafür sehen, dass ich mich in so angespannten Situationen durchsetzen konnte. Wer möchte nicht am Ende des Tages mit dem Gefühl schlafen gehen, etwas ganz Besonderes geleistet zu haben, und total stolz auf sich sein?

Es ist immer sehr befriedigend, wenn man sich allen Zweiflern zum Trotz durchbeißt und am Ende etwas geschafft hat, was einem keiner zugetraut hat. Aus diesem Grund lohnt es sich häufig genug noch weiterzukämpfen, wenn alles verloren scheint.

Die Defensive – die Verteidigung

Abwarten, geduldig sein, die Ruhe bewahren – das sind alles Dinge, bei denen ich, schon wenn ich nur daran denke, erst einmal tief durchatmen muss. In dieser vor allem durch die neuen Kommunikationsmittel immer schneller werdenden Arbeitswelt fällt es mir, wie wahrscheinlich vielen Menschen, schwer, mich von dem ständigen Gefühl der Hektik zu befreien. Ich glaube immer, alles sofort schaffen und erreichen zu können. Nicht nur das Erstellen einer PowerPoint-Präsentation oder die manchmal recht langwierigen Vertragsverhandlungen stellen immer wieder eine große Herausforderung für meine innere Unruhe dar. Auch im Fechtsport ist es wichtig, sich nicht aus der Ruhe bringen zu lassen und geduldig abzuwarten, was der Gegner macht. Das Gegenüber richtig einzuschätzen, sich selbst in eine gute Position zu bringen, strategische Überlegungen anzustellen – all das kann man nicht schaffen, wenn man Hals über Kopf handelt, überhastete Entscheidungen trifft und sich damit ins Unglück stürzt, ohne vorher nachgedacht zu haben.

Meine ersten Erfahrungen im Fechten waren genau von diesem Verhalten geprägt: Direkt nach dem Kommando »Allez!« stürzte ich nach vorne und suchte sofort eine Entscheidung – die ich dann auch meistens fand, nämlich die Entscheidung gegen mich! Es war ein langer Prozess, bis ich lernte, dass in der Ruhe die Kraft liegt. Auch jetzt rufe ich mir häufig noch einmal ins Bewusstsein, dass es manchmal etwas Zeit und reiflicher Überlegung und Vorbereitung bedarf, ein hohes Ziel zu erreichen.

Die Rastlosigkeit, die mich noch immer auszeichnet, ist generell auch eine der stärksten Antriebskräfte, wenn es um Leistung und Erfolg geht. Allerdings muss ich mich immer wieder selbst bremsen, um meine Ziele tatsächlich umsetzen zu können. Im Degenfechten kann ich auch einen vermeintlich schwachen Gegner nicht besiegen, wenn ich gedankenlos auf ihn losrenne. Auch hier muss ich mir gut überlegen, wie ich meine Stärke ausspielen kann. Genau das habe ich ebenso in der Welt außerhalb des Sports erlebt: Es ist nicht nur möglich, viele Dinge parallel erfolgreich zu bewerkstelligen – manchmal ist es sogar die Voraussetzung für den Erfolg –, aber ich merke immer wieder, dass ich nur weiterkomme, wenn ich innehalte, wenn ich alles, was ich erledigen muss und will, aufschreibe, strukturiere und dann mit einem, wenn auch flexiblen, Plan an die Umsetzung gehe.

Aus meinen zahlreichen Gefechten nicht nur auf der Fechtbahn habe ich mitgenommen, dass man sich nicht auf jede

Aktion oder Herausforderung des Gegners einlassen muss. Nicht jede Gelegenheit muss man wahrnehmen, vor allem nicht, wenn man dabei ein ungutes Bauchgefühl hat.

Entweder ganz oder gar nicht – so viel habe ich gelernt. Ein halbherziger Angriff geht mit beinahe hundertprozentiger Sicherheit schief – wenn Sie nicht einmal selbst von sich überzeugt sind, können Sie auch andere schlecht für Ihre Sache gewinnen. Ein ruhiges Abwarten der Entwicklungen hat dagegen in diesem Fall sehr viel mehr Chancen auf Erfolg. Konsequenz und Durchhaltevermögen sind in diesem Sinne für den Angriff ebenso wichtig wie für die Verteidigung.

Die Parade

Wenn man sich defensiv verhält, liegt es nahe, dass der Gegner einen irgendwann angreift und man sich verteidigen muss. Nach dem Abwarten und Abwägen ist dann im richtigen Moment die Parade notwendig, um an den nächsten Treffer zu kommen. Sich zurückzuziehen um dann im richtigen Moment zu punkten, ist eines der Erfolgsgeheimnisse in meinem Sport. Lassen Sie einfach mal Ihr Gegenüber einen Fehler machen und schlagen Sie dann zurück, wenn sich die Gelegenheit bietet.

Wenn Sie keine Lösung haben, ziehen Sie sich noch weiter zurück. Entscheidungen zu vertagen ist nicht immer falsch. Manchmal ergeben sich daraus neue Möglichkeiten. Auch wenn ich in der Regel immer dafür bin, Entscheidungen zu treffen, um sich weiterzuentwickeln, gibt es durchaus Momente, in denen es cleverer ist, erst einmal nur zu beobachten. Häufig werden dann auch die anderen ungeduldig und bieten Ihnen die Möglichkeit, den Angriff zu parieren und mit einer »Riposte«, einem direkten Zustoß, zu treffen.

Das geschickte Parieren mit Worten oder Taten ist etwas, was entweder sowieso in einem steckt oder was man lernen bzw. zumindest verbessern kann – und auch sollte. Nicht umsonst heißt es im Alltag oft, dass man sich ein »Wortgefecht« liefert. Es geht hier analog zum Fechten darum vorzustoßen, sich wieder zurückzuziehen, Argumente zu entkräften und Gedankengänge aufzugreifen, um damit einen Gegenangriff oder einen Treffer zu landen. Auch im Geschäftsleben gibt es Menschen, die in Bezug auf bestimmte Schachzüge ein ganz spezielles Geschick aufweisen. Ich finde es immer bemerkenswert, wie einige Leute in Diskussionen mit cleveren Winkelzügen zum Ziel kommen.

Ich habe das erst vor Kurzem in einer internen Besprechung erlebt, als mir mein Gesprächspartner in einem halbstündigen Gespräch auf geschickte Art und Weise bei einem bestimmten Thema nach und nach den Wind aus den Segeln nahm. Ich schreibe mir häufig Argumente und Gedankengänge, die ich in Gesprächen unterbringen möchte, auf, um nicht während der Diskussion von diesen wichtigen Punkten abzukommen. In dem genannten Beispiel brachte ich ein Argument nach dem anderen vor, allesamt logisch und in sich schlüssig. Völlig ruhig hörte sich mein Gesprächspartner meine Einwände an, nahm scheinbar einen nach dem anderen auf, hielt dann mit eigenen Argumenten dagegen und bot mir immer mehr Kompromisse an. Dabei wich er jedoch von seinem ursprünglichen Standpunkt keinen Millimeter ab. Am Ende wurde mir klar, dass wir zwar lange gesprochen hatten, dass aber nach diesem verbalen Gefecht und meinen vermeintlichen kleinen Siegen genau das Ergebnis herausgekommen war, das mein Gesprächspartner von Anfang an vorgeschlagen hatte. Ich hatte zunächst gar nicht bemerkt, dass ich mich in keinem meiner

Punkte durchgesetzt hatte, und war auch noch zufrieden, wie gut ich meine Ansichten im Gespräch verkauft hatte.

Ein ruhiges, wohl überlegtes Vorgehen ohne jede Aggression bringt uns häufig weiter als ein hartes und auch nach außen hin kompromissloses Vorgehen.

Vor, zurück, dem Gegner etwas hinhalten, dann die Angriffe parieren und sich nur passiv auf den Kampf einlassen – das scheint ein gutes Erfolgsmodell zu sein. Im Leben muss man nicht immer auf totale Konfrontation gehen. Sich durchzusetzen und sich treu zu bleiben bedeutet für mich und im Fechten nicht, dass man nach der ersten Parade auf den Gegner losstürmen und ihn niederrennen sollte. Im beschriebenen Fall hatte es sogar genügt, dass sich mein Gesprächspartner lange genug verteidigte, bis ich als Angreifer einfach den Überblick und die Lust auf das Diskutieren verloren hatte.

Die Parade an sich ist umso besser, je weniger aggressiv und je ruhiger sie vollzogen wird. Eine emotionale Parade führt zu großen und ausladenden Bewegungen, die häufig genug im Niemandsland und gar nicht in der Nähe der Trefferfläche landen. Das birgt die Gefahr, dass der Gegner die Chance ergreift, Ihre unüberlegte Parade umgeht und zu seinem Vorteil nutzt. Vermeiden Sie daher ein zu emotionales Argumentieren, damit laufen Sie eher Gefahr, sich in eine schlechtere Gesprächsposition zu bringen.

Irgendwann können Sie dann aus der Parade heraus eine Riposte, einen Zustoß, wagen und damit den Gegner treffen. Denn wer pariert, verhindert zwar den Treffer des Gegners und verzögert die Entscheidung, hat aber auch selbst noch nicht getroffen.

Sollten Sie in Führung liegen und durch Paraden den Treffer des Gegners vermeiden, bis die Kampfzeit abgelaufen ist, so nutzen Ihnen zwar auch die Paraden allein, um ein Erfolgserlebnis feiern zu können. Allerdings können Sie nur mit einer gelungenen Riposte, dem Gegenstoß, erreichen, dass Sie selbst Ihren Vorsprung weiter ausbauen.

Sie sollten sich in der Regel mehr damit beschäftigen, wie Sie selbst einen Treffer setzen können, als mit der Frage, wie Sie den Treffer des Gegners vermeiden. Normalerweise genügt es also nicht, sich im Gespräch nur gut zu halten – man muss auch schlagende Argumente vorbringen, um am Ende an sein Ziel zu gelangen.

Konzentrieren Sie sich also darauf, nach Ihrer Parade den Weg zur Trefferfläche Ihres Gegners zu finden – nutzen Sie die Gelegenheit der freien Stoßmöglichkeit, wenn sie sich Ihnen bietet.

Die Umgehung
Die Umgehung beschreibt das Ausweichen vor der gegnerischen Klingenbewegung, wodurch man der Berührung mit dem Degen des Kontrahenten aus dem Weg geht. Sie ist ein Element der Finte im eigenen Angriff, wenn man der Parade ausweicht, die der Gegner aufgrund des von uns angetäuschten Stoßes macht. Sie kann aber auch als Verteidigung, als Umgehung eines Angriffes dienen. Von ihrer Natur her ist die Umgehung passiver als die Finte, da sie eine Reaktion auf die Paraden und Aktivitäten des Gegners ist.

Die Umgehung ist in der Regel ein probates Mittel, um einer vermeidbaren Konfrontation geschickt aus dem Wege zu gehen. Diplomatie ist für uns alle in gewissen Lebenslagen wichtig, ob im Job oder im Privatleben. Dabei muss man nicht unehrlich sein, sondern es einfach geschickt anstellen. Mit einem direkten Angriff im falschen Moment ist man selten erfolgreich, mit einer wohlüberlegten Finte kommt man genauso an sein Ziel und hat dabei seine Werte nicht verraten.

Die Umgehung bedeutet zudem, sich nicht von allen möglichen Dingen belasten und ärgern zu lassen, sie hilft, diese Dinge nicht an sich herankommen zu lassen und stattdessen seine innere Stärke zu finden. Im Fechten und auch im Leben ist es wichtig, sich nicht auf alle Spitzen und Angriffspossen einzulassen. Wenn Sie damit am Ende trotzdem Ihren Treffer landen, weichen Sie zunächst ruhig der Konfrontation und dem Klingenkreuzen aus. Wenn Sie dem Gegner, der auf Sie zugestürmt kommt, in die Parade fahren wollen, stürzen Sie sich womöglich ins Unglück, landen in seiner Parade und er trifft Sie. Davon haben Sie im Gefecht wie im Leben überhaupt nichts, außer dass Sie sich ärgern.

Lassen Sie sich nicht unnötig provozieren, wenn es sich vermeiden lässt, und warten Sie auf die nächste Gelegenheit, in der Sie ruhig agieren können. Weichen Sie der gegnerischen Klinge also aus und setzen Sie Ihren Treffer, indem Sie die direkte Auseinandersetzung zunächst umgehen.

Der Mitstoß

Der Mitstoß ist im Degenfechten die passivste Variante, die es gibt. Hierbei strecken Sie während des gegnerischen Angriffs den Arm und stoßen auf die Trefferfläche des Gegners. Wenn Sie es geschickt anstellen, können Sie mit dieser defensiven Aktion vor allem als schwächerer Gegner Ihrem Gegenüber das Leben sehr schwer machen. Denn es ist gut möglich, dass Ihr Gegner, so viel Mühe er sich auch gibt, trotzdem keinen Einzeltreffer gegen Sie setzen kann, sondern dass Sie immer wieder mit einem Mitstoß gleichzeitig oder sogar vor ihm treffen. Das passiert, wenn Ihr Gegner sich verzettelt und seinen Angriff in einem für ihn ungünstigen Moment startet, wenn Sie also schon zu weit weg sind, um getroffen zu werden, und er mit seinem Degen ins Nichts stößt. Das ist der Moment, in dem Sie mit Ihrem Mitstoß einen Einzeltreffer landen und sich darüber freuen können, dass Ihr Gegner sozusagen die ganze Arbeit geleistet hat, Sie aber schlussendlich davon profitieren.

Vor allem in Stresssituationen, wenn Sie also zum Beispiel in Führung liegen und Ihren Vorsprung noch über eine Minute retten müssen, kann ein »konsequenter Mitstoß«, wie die Fechttrainer sagen, ein gutes Mittel zum Erfolg sein. Wenn Sie »unter Strom« stehen und nervös werden, ist es manchmal besser, sich nur auf einen geraden Mitstoß zu konzentrieren als auf abenteuerliche Paraden. Wichtig ist aber auch hier, dass man den Gegner damit treffen will und sich nicht ängstlich darauf verlässt, dass es schon klappen wird. Für den positiven Ausgang müssen Sie auch bei der passivsten und risikoärmsten aller Möglichkeiten Mut und Treffsicherheit beweisen.

Wenn Sie sich in einer Situation nicht sicher fühlen oder sehr nervös sind, versuchen Sie, sich möglichst auf einen Weg zu beschränken und nicht zu viel zu taktieren. Riskieren Sie nichts, warten Sie einfach ab, was passiert. Wenn sich dann eine Chance auftut, nehmen Sie sie wahr.

Der Gegenangriff

Neben Angriff und Verteidigung existiert noch der Gegenangriff, der beide Elemente miteinander vereint. Diese Form hängt eng mit dem Finden des richtigen Tempos zusammen, das im Anschlusskapitel thematisiert wird, hier aber möchte ich zunächst auf einen anderen Schwerpunkt abzielen. Bei dieser sogenannten »Konteraktion« bedrängen Sie den Gegner, um in dem Augenblick, in dem er aus seiner Bedrängnis heraus angreift, einen Gegenangriff zu beginnen. Sie starten also nicht selbst die Offensive, provozieren aber aktiv einen Angriff des Gegners. Im Gegensatz zur Zweiten Absicht, bei der Sie einen vorgetäuschten Angriff abbrechen, nutzen Sie hier den Angriff des durch Ihre Forcierung bedrängten Gegners, um im beinahe gleichen Augenblick einen Gegenangriff zu starten.

Der Sperrstoß
Meiner Ansicht nach ist der Sperrstoß die Aktion mit der höchsten Dynamik im Fechten. Wenn ich meine Gegenangriffe umsetze, dann fliegen sozusagen beide Fechter aufeinander zu, es gibt hier keinen Angreifer und keinen Verteidiger mehr, und dadurch kommt es zum heftigen Zusammenstoß – mehr als einmal habe ich mir dabei schon die Hand gestaucht. Besonders der Sperrstoß, bei dem man die gegnerische Klinge »aussperrt«, sodass sie am eigenen Körper vorbeizielt und nicht mehr treffen kann, ist für mich der Inbegriff der fechterischen Konfrontation auf der Planche.

Das notwendige Provozieren des Gegenangriffes spiegelt für mich im übergeordneten Sinn zunächst sehr gut die Notwendigkeit eines aktiven Herangehens an die Lösung von Problemfeldern im Leben wider: Niemand lernt einen neuen Partner kennen, wenn er nur zu Hause sitzt. Kein Job fliegt einem zu, wenn man nicht Bewerbungen schreibt.
Provozieren Sie Chancen, um Möglichkeiten nutzen zu können.

Wie häufig denke ich während einiger Alltagssituationen an genau dieses aktive Provozieren im Fechten und mache mir auf diese Weise immer wieder klar, dass ein Weiterkommen ohne aktive eigene Mitwirkung eigentlich überhaupt nicht funktionieren kann.

Auch bei konkreten Konfrontationssituationen im normalen Leben ist es so: Wenn Sie Ihren Gegner durch ein offensives Verhalten unter Druck setzen, dann wird er unter Umständen irgendwann nervös, handelt unüberlegt und startet aus der Not heraus einen überstürzten Angriff, den Sie dann nutzen können, um selbst Ihren Treffer landen zu können. Für mich belegt diese in den Angriff des Gegners gestartete Gegenoffensive somit die Tatsache, dass man das Projekt bzw. die Konfrontation mit voller Kraft zu Ende bringen sollte, wenn man sich erst einmal entschieden hat. Eine gewisse Durchschlagskraft schadet dabei nicht. Das hat mir jedenfalls schon mein erster langjähriger Trainer Gabor gesagt – und so haben wir den Sperrstoß zigmal pro Einheit trainiert.

Wenn ich fecherisch nicht so gut drauf bin und mit meinem Selbstbewusstsein hadere, dann wende ich häufig die Taktik des Gegenangriffs an, indem ich den Gegner aktiv bedränge. Ich betrachte das als eine Art »Flucht nach vorne«, da ich hier eine höhere Wahrscheinlichkeit sehe, dass mein Gegenüber einen Fehler begeht. Dadurch stelle ich mich dem Gegner und dem Gefecht, was, psychologisch gesehen, eine der auch im wahren Leben spannendsten Situationen ist: Sich unausweichlichen Konfrontationen zu stellen, die herauszuzögern sich in der Regel nicht lohnt, scheint den meisten von uns schwerzufallen!

Viele Menschen, auch ich, schieben eine unangenehme, aber unausweichliche Auseinandersetzung gerne hinaus. Ich habe allerdings die Erfahrung gemacht, dass ich ein Problem so häufig noch verstärkt habe bzw. dass die Sache die Energie, die ich für das Herausschieben verwendet habe, meistens nicht wert war. Es sind nämlich in der Regel gar nicht die tatsächlichen Konfrontationssituationen, die uns belasten, sondern die Gedanken, die wir uns im Vorhinein machen. Egal, ob es ein Wettkampf ist, ein klärendes Gespräch mit dem Chef oder eine Auseinandersetzung mit dem Partner: Je länger wir zögern, desto mehr Zeit und Energie verschwenden wir und desto mehr steigert sich unsere Gereiztheit. Die Klärung der Situation, das Auflösen des Druckgefühls, das eine solche Wartezeit auf den Moment der Wahrheit entstehen lässt, ist die pure Erleichterung.

Ich spüre die direkte Auswirkung einer solchen Klärung an meinem Konzentrationsgrad. Wenn ich noch eine Sache im Hinterkopf habe, die offen ist, führe ich anstelle der positiven Selbstgespräche im Kopf eine Diskussion mit meinem Konfrontationspartner. Hier ersetze ich die mentale Vorbereitung auf den Wettkampf, zu der ich später noch ausführlich komme, durch die mentale Vorbereitung auf die andere Konfrontation, die den Wettkampf überlagert. Dadurch ist die notwendige Beschäftigung mit dem Turnier und meiner sportlichen Leistung nicht mehr möglich. Sobald Sie zu viele »Nebenkriegsschauplätze« zulassen, kann es passieren, dass diese einen zu großen Raum in Ihren Gedanken einnehmen. Bereinigen Sie Missstände lieber so früh wie möglich.

Schieben Sie eine unvermeidbare Konfrontation nicht hinaus, sondern stellen Sie sich der Situation. Dann können Sie sich wieder auf andere Dinge konzentrieren.

Im Gefecht stehen Sie vor der gleichen Situation: So wenig Sie sich auch entscheiden wollen, so wenig Sie die Konfrontation annehmen möchten, so sicher kommt sie auf Sie zu. Sobald Sie im Gefecht sind, müssen Sie agieren – das nimmt Ihnen keiner ab.

Die Entscheidung, eine Konfrontation hinter sich zu bringen, ist mit das Erleichterndste, was ich in meinem Leben kenne. Doch gut ausgehen kann das nur, wenn Sie mit Bedacht die richtigen Worte, die richtige Aktion und vor allem den richtigen Zeitpunkt wählen.

TEMPO UND MENSUR: DAS RICHTIGE MASS ENTSCHEIDET

Ob man während des Gefechts Treffer setzt, hängt nicht nur von den richtigen Aktionen und von den grundsätzlichen Mitteln ab, die zur Verfügung stehen, sondern auch davon, dass man sie nutzt. Davon, dass man sich entscheidet, sein Können umzusetzen, wenn sich die Gelegenheit bietet.

Ebenso ist der optimale Abstand zum Gegner im Gefecht entscheidend. Nur aus der richtigen Distanz kann es gelingen, einen strategisch richtigen Angriff erfolgreich abzuschließen. Dabei ist es nicht nur wichtig, im Kampfgeschehen ein gutes Augenmaß zu beweisen, sondern auch den nötigen emotionalen Abstand zu wahren, um überlegt handeln zu können.

Das Tempo und der passende Moment

Das richtige Tempo zu finden bedeutet in der Fechtersprache, im optimalen Moment einen Angriff oder einen Gegenangriff zu starten. Durch die Vorbereitung und die passenden taktischen Mittel gelangt man immer am Ende an den Punkt, an dem sich der perfekte Moment ergibt. Wenn sich beide Fechter auf der Planche hin und her bewegen, dann ist der richtige Augenblick häufig der, in dem Ihr Gegner von der Rückwärts- in die Vorwärtsbewegung wechselt. In diesem Moment ist er instabil, kann nicht mehr wie gewohnt reagieren und ist Ihnen damit ausgeliefert. Wenn Sie diesen Moment, also dieses Tempo nutzen, ist Ihnen der Treffer sicher. Es ist faszinierend, wie einfach das Setzen eines Treffers sein kann, wenn man sich im optimalen mentalen Modus befindet und sich hundertprozentig auf den perfekten Angriff konzentriert. Jeder, der auch nur einmal den Degen in die Hand genommen hat, versteht dieses Phänomen. Man spürt, wann der richtige Moment für einen Angriff gekommen ist – oder eben auch nicht. Vieles hängt von der mentalen Kondition ab, die man an diesem Tag mobilisieren kann.

Es ist häufig genug beim Fechten für mich so verlaufen, dass ich einen Moment, noch ein Tempo und auch die nächste Chance für einen Angriff habe verstreichen lassen, bis mein Gegner einfach selbst einen Angriff gestartet hat, durch den ich einen Treffer einstecken musste. Diese Augenblicke empfinde ich immer als besondere persönliche Niederlage. Die Unfähigkeit, mich aus der Situation heraus zu entscheiden, macht mich besonders schlecht gelaunt. Dabei ist das Entscheiden und Abschätzen gleichzeitig mit das Schwerste und Wichtigste im Gefecht und im Leben – und zwar sowohl in

Bezug auf das Vorankommen an sich wie auch für das Gefühl der inneren Zufriedenheit.

Entscheidungen treffen
Den richtigen Moment zu nutzen ist für mich daher ein Synonym für das Treffen von Entscheidungen: Aktiv zu werden und die Dinge in die Hand zu nehmen, das tut uns allen immer wieder gut. Wann waren Sie im Leben besonders unzufrieden? Mit einer Entscheidung, mit einer Entwicklung? Wenn Sie am Scheideweg standen, wenn Sie zum Beispiel überlegt haben, ob eine private oder geschäftliche Beziehung noch funktioniert oder ob man sie besser beenden sollte? Ich bin relativ sicher, dass auch Sie meist nicht unglücklich, sondern vielmehr erleichtert waren, sobald eine Entscheidung gefallen war.

Egal mit welchem Ausgang: Wenn man einen passenden Moment gefunden hat, dann muss man ihn nutzen und sollte ihn nicht verstreichen lassen.

Dafür muss man sich in jeder Gefechtssituation damit auseinandersetzen, ob genau jetzt der richtige Moment gekommen ist oder nicht. Man muss sich entscheiden. Ich habe eine Zeit lang auch im Fechten mit Entscheidungen gehadert. Beinahe zwei Jahre habe ich häufig enge Gefechte verloren, weil ich mich nicht getraut habe, eine Entscheidung zu treffen. Weil ich darauf gehofft habe, dass es schon gut gehen wird, dass der Gegner sicherlich den entscheidenden Fehler macht. Es hat mich viel Zeit gekostet, mich aus dieser Angstspirale, dieser Feigheit, den letzten Treffer zu suchen, wieder herauszuarbeiten. Es ist eine psychologische Tatsache, dass man sich, wenn man erst einmal in einem solchen negativen Zustand steckt, nur schwer wieder davon lösen kann. Die Angst, den letzten Treffer schon wieder nicht zu setzen, auch diesmal die falsche Entscheidung zu treffen, wird immer größer. Dann fängt der Kopf an, einem Dinge einzuflüstern wie: »Bestimmt klappt es wieder nicht. Super, das passiert dir immer.« Diese Art des Selbstmitleids im Vorfeld ist eine Form der »Self-fulfilling Prophecy«, der sich selbst erfüllenden Prophezeiung. Man muss sich nur häufig genug einreden, dass man etwas nicht kann oder gleich wieder versagen wird, dann kommt die nächste Niederlage gewiss und bestätigt die Befürchtungen.

Irgendwann war es dann aber auch genug und ich machte mich im Umfeld schlau, wie ich mit dem Problem umgehen sollte. Mein Sportpsychologe Lothar Linz sagte mir damals dasselbe wie ein ehemaliger Trainingspartner: »Wie es auch ausgeht, überwinde dich beim nächsten Mal und triff die Entscheidung. Es ist besser, mal eine falsche Entscheidung zu treffen als gar keine. Versuch das beim nächsten Training und greife einfach selbst an. Damit nimmst du dir deine Angst, selbst getroffen zu werden. Du wirst sehen, dass du dich besser fühlst, egal wie das Ergebnis ist.« Außerdem versicherten beide, dass mit jedem Fehlversuch der Zeitpunkt näherkommen würde, an dem es wieder besser läuft. Ungefähr so ist es dann auch gewesen: Der Stolz über den Mut, alles auf eine Karte gesetzt zu haben, überwog in den nächsten Gefechten tatsächlich die Frustration über die eine oder andere Niederlage.

Sie können nie die Garantie dafür bekommen, dass eine Entscheidung oder der Moment, den Sie gewählt haben, optimal ist. Aber Sie können Ihr Bestes versuchen und damit Ihre Chancen auf Erfolg um einiges erhöhen.

Man kann viel auf einmal schaffen, wenn man die Lust dazu hat und alles in die Waagschale wirft, um es zu erreichen – das war und ist meine Devise. Dabei gehe ich die Dinge lieber schnell und effizient an und habe sie in einem übersichtlichen Zeitrahmen abgeschlossen, statt sie auf die lange Bank zu schieben und dann in Unzufriedenheit zu versinken, weil ich nicht vorankomme und deswegen ein schlechtes Gefühl habe. Ich habe die Erfahrung gemacht, dass auch in Bezug auf ein gutes Zeitmanagement und effizientes Arbeiten das Treffen von Entscheidungen wichtig ist. Eine komplexe Entscheidungsmatrix zu haben, ohne eine konkrete Richtung zu finden, ist belastend und auch im Gefecht nicht hilfreich.

Auf der Fechtbahn wie im wahren Leben ist es immer wieder so, dass die ganze Breite des Spektrums an Dingen, die ich tun könnte und die mir für die Zukunft offenstehen, meinen Kopf brummen lässt und mich eher hemmt, als dass sie mich antreibt, solange ich mich nicht für einen Weg entschieden habe. Dabei kann die Entscheidung auch die sein, sich eben noch nicht festzulegen, weil es sinnvoller ist, die Dinge noch abzuwarten.

Um mehr Struktur in die Sache zu bringen, habe ich zeitlebens immer wieder dasselbe Prinzip angewandt: Ich schreibe alle Dinge auf, die mich beschäftigen, sortiere sie, streiche Möglichkeiten weg, füge einige wieder hinzu, fülle ganze Seiten mit Plänen, Zeiteinteilungen etc. So habe ich es bei der Wahl meiner Leistungskurse in der Oberstufe gemacht, bei der Entscheidung über meinen Weg an der Uni, bei der Frage, ob ich weiter Sport treiben oder mich für eine berufliche Karriere entscheiden soll, und ich mache es auch bei meiner jetzigen Lebensplanung. Ich tue mich sehr schwer mit so weit reichenden Entscheidungen und bin dabei sehr kopflastig, vielleicht fällt Ihnen das leichter. Die Essenz für mich ist, dass ich mich jedes Mal wohler und ausgefüllter, also glücklicher fühle, sobald ich bewusst eine Entscheidung suche, mich damit beschäftige, sie treffe und danach auch umsetze.

Nicht zu perfekt sein wollen
Ein großes Problem bei Entscheidungen im Allgemeinen und bei der Entscheidung für den richtigen Moment während eines Gefechts ist mein Anspruch, möglichst alles hundertprozentig hinzubekommen. Ich muss mir immer wieder ins Gedächtnis rufen, dass ich zwar im Gefecht das perfekte Tempo finden kann, ich mich aber weder hier und noch viel weniger im wahren Leben im Detail verlieren darf. Es klingt banal, doch damit etwas vorangehen kann und Sie nicht nur auf der Stelle treten, müssen Sie den Anfang finden – oder auch den richtigen Abschluss. Dabei kann es sein, dass man sich von einem fixen Gedanken verabschieden muss, so gut er sich auch anhört. Häufig kann man sich nicht von schönen, aber undurchführbaren Ideen trennen oder sich zum Beispiel entscheiden, welcher Einrichtungsstil in die Wohnung oder zum Haus passt.

Oft drehen wir uns in einer Spirale des immer wiederkehrenden Abwägens und einer Suche nach Vor- und Nachteilen. Aber irgendwann müssen Sie handeln. Denn auf dem Weg zum Ziel oder auf dem Weg zur Zufriedenheit muss es Fortschritte geben bzw. eine Grundausrichtung, die man dann jeweils gestalten kann. Im Fall der Wohnungseinrichtung kann man erst Möbel und Accessoires kaufen und sich daran erfreuen, wie das Ergebnis aussieht, nachdem man sich auf einen bestimmten Stil festgelegt hat. Im Sport und im Arbeitsleben ist es ähnlich. Es ist zwar wichtig und richtig, sich nach bestem Vermögen anzustrengen und seine Leistungsgrenze auszutesten, und ich finde es gut, hohe Ansprüche an sich selbst zu stellen. Aber man darf es nicht übertreiben.

Wenn immer alles perfekt laufen muss, damit man tatsächlich zufrieden ist, wird man unglücklich, denn: Niemand ist perfekt! Außerdem hält man sich so viel zu lange mit kleinen Schritten und Verbesserungen auf.
Nicht jede Präsentation, nicht jeder Bericht kann fehlerfrei sein. Auch ich kann im Sport nicht immer siegen. Diesem Hundert-Prozent-Anspruch kann einfach kein Mensch auf Dauer gerecht werden. Und man muss auch irgendwann weiterkommen. Man darf den richtigen Moment im Gefechtsgeschehen nicht durch Überlegungen, die einen handlungsunfähig machen, verpassen: »Jetzt könnte ich angreifen, jetzt könnte ich zu treffen versuchen, jetzt könnte ich – oh, Mist, getroffen.« Das ist ein innerer Monolog, den wahrscheinlich jeder Fechter kennt. Zu viel Hadern bringt meist nicht den erhofften Erfolg.

In Ruhe abwägen

Trotzdem ist es wichtig, an dieser Stelle noch einmal zu erwähnen, dass man die Dinge nicht überstürzen sollte: Ich hatte zum Beispiel in meiner Schwimmzeit eine Phase, in der ich mir nicht sicher war, ob ich weiterschwimmen wollte oder einen anderen Sport wählen sollte. Meine Eltern hielten mich dazu an, weiter zum Training zu gehen und über eine längere Zeit zu prüfen, ob sich der Zustand wieder ändern und der Spaß am Schwimmsport zurückkehren würde – wie es eben häufig im Leben der Fall ist. Bei mir war es so, dass ich nach ein paar Wochen merkte, dass der Bauch wirklich »Nein« sagte und ich mit dem Schwimmen aufhören wollte. In der Zwischenzeit hatte ich dann auch schon im Modernen Fünfkampf eine Alternative gefunden. Es war aber richtig, dass meine Eltern auf diesen inneren Entscheidungsprozess bestanden haben, dass ich also nicht aus dem Affekt heraus einfach aufgehört habe. Ich lernte dadurch, meine Entscheidungen doppelt zu überprüfen und nur dann etwas zu ändern, wenn es wirklich Sinn macht und am besten schon eine andere Option bereitsteht.

Nicht immer ist die erste Möglichkeit zum Angriff bzw. zum aktiven Handeln auch die beste. Manchmal muss man sich langsam auf eine Situation einstellen, man darf nicht zu hektisch agieren und muss vielleicht auch mal »ein Tempo weglassen«, also einen Moment ungenutzt vergehen lassen, wie man in der Fechtersprache sagt. Auch im echten Leben kommt es auf den richtigen Moment an: beim Krisengespräch mit dem (Geschäfts-)Partner, bei einer Diskussion über finanzielle Mittel, bei wichtigen Gesprächen jedweder Art. Die richtige Balance zwischen Abwägen und Handeln ist immer erfolgsentscheidend.

Doch wie finde ich denn den richtigen Moment? Woher weiß ich, wann der Zeitpunkt für ein ernstes Gespräch mit dem Vorgesetzten gekommen ist, wann und ob ich den nächsten Karriereschritt wagen soll und wann ich mir am ehesten eine berufliche Auszeit nehme? Ich glaube, dass wir alle über die Jahre ein Gespür dafür entwickeln müssen, was uns guttut. Das Erkennen und Erfühlen, wann Sie eine Entscheidung treffen sollten – wann es also »kurz vor knapp« ist –, können Sie sogar trainieren. Ich habe mittlerweile ein Bauchgefühl entwickelt, etwas, das sich immer mehr »zusammenbraut« und mir auch körperlich signalisiert, dass es langsam an der Zeit ist, mich zu entscheiden.

Achten Sie bewusst auf die Signale, die Ihr Kopf und Ihr Körper Ihnen senden. Häufig entwickeln sich im Unterbewusstsein recht schnell Tendenzen für eine Entscheidung und

es dauert einfach eine Weile, bis dieses Wissen an die Oberfläche gelangt.

So haben wir wohl alle bereits das richtige Gespür in uns. Entscheiden Sie sich, den Treffer setzen zu wollen, bevor Sie selbst getroffen werden. Nutzen Sie den richtigen Moment, ergreifen Sie die Chance. Erst in dem Moment, in dem Sie sich für eine Variante entschieden haben, für einen Weg oder einen Ablauf, können Sie vorankommen, können Sie die Dinge angehen.

Die richtige Mensur oder der optimale Abstand

Der richtige Abstand zum Gegner, die richtige Mensur, wie es in der Fechtersprache heißt, ist ebenfalls entscheidend für den angestrebten Treffer. Ein Angriff aus einem zu weiten Abstand kann dem Gegner die Zeit lassen, sich auf Ihren Angriff einzustellen. Sind Sie zu nah am Gegner, kann er Sie treffen, ehe Sie reagieren können. Es gehört zur hohen Kunst des Fechtens, den Gegner auf Distanz zu halten und sich gleichzeitig in den für die eigenen Ziele perfekten Abstand zu bringen.

Gesunde Distanz zu wahren ist in allen Bereichen des Lebens unabdingbar, nicht nur auf der Fechtbahn. Der professionelle Umgang mit den Teamkollegen ist dabei eine der vielen Fassetten. Die Zweckgemeinschaft eines Büros lässt sich mit der Trainingsgruppe im Sport vergleichen. Trotz der Freude am Zusammensein lernt man in einem sozialen Gefüge wie der Sportgruppe auch, sich mit der Konkurrenz in den eigenen

Reihen auseinanderzusetzen und angemessen damit umzugehen. Gerade in einer Zweikampfsportart wie dem Fechten sieht man sich beim Training ständig potenziellen Wettkampfgegnern gegenüber und muss sich trotzdem fair verhalten, da man im Training aufeinander angewiesen ist.

Auch im beruflichen Umfeld oder auf dem Weg zu einem persönlichen Ziel befinden Sie sich selten in einem frei gewählten Personenkreis, sondern müssen sich mit verschiedensten Charakteren auseinandersetzen. Keiner verlangt, dass alle ein Herz und eine Seele sind – machen Sie sich das auch nicht zum Ziel. Man kann nicht immer mit allen Mitstreitern auf einer Wellenlänge liegen. Das ist normal und sollte Sie nicht zu sehr belasten. Es lohnt sich auch nicht, daraufhin persönliche Fehden zu beginnen und sich dadurch zu emotionalen Reaktionen verleiten zu lassen – und damit vielleicht den eigenen Erfolg zu gefährden. Natürlich ist es aber angenehm und hebt die Stimmung, wenn auf einer professionellen Ebene alle miteinander auskommen und dadurch harmonisch zusammenarbeiten können. Insgesamt ist sicherlich für eine gute Zusammenarbeit ein gewisser Grundrespekt die wichtigste Voraussetzung.

In sich selbst hineinzuhorchen, sich nicht zu sehr von äußeren Einflüssen aus der Bahn werfen zu lassen, scheint mir bis heute eine der schwierigsten Aufgaben zu sein. Menschen sind besonders anfällig für schlechte Resonanzen, die von anderen Menschen kommen. Aber halten Sie sich immer wieder vor Augen, dass es sich einfach nicht auszahlt, wenn man sich zu stark von negativen Meinungen anderer beeindrucken und solche Äußerungen zu sehr an sich herankommen lässt. Haben Sie gehört, wie Ihr Kollege nebenan etwas zu laut schlecht über Sie gesprochen hat? Wurde Ihnen wieder irgendeine böse Absicht unterstellt? Ging es Ihnen »nahe«? Ich habe über die Jahre erkannt, dass jeder ab und an eigene Verhaltensmuster wie selbstverständlich auf andere projiziert – der eine reflektiert dabei allerdings mehr, der andere weniger. Es lohnt sich nicht, dagegen anzukämpfen. Gefestigte Denkstrukturen lassen sich nicht mit Argumenten aufbrechen.

Verschwenden Sie nicht zu viel Nervenkraft und Zeit damit, Ihre Gegenspieler überzeugen zu wollen. Sie werden es nicht schaffen – also lassen Sie Kränkungen nicht so nah an sich herankommen. Beschäftigen Sie sich so wenig wie möglich mit den nervigen Angewohnheiten oder stichelnden Bemerkungen Ihrer Arbeitskollegen – und vor allem: Schlagen Sie nicht mit den gleichen Waffen zurück, das kostet Sie Nerven, Ihre gute Laune und höchstwahrscheinlich auch den Erfolg!

Auch auf einer abstrakteren Ebene können äußere Umstände einschränkend wirken und vom Gefecht ablenken. Wenn der Ärger über das Verhalten oder die Unzulänglichkeiten anderer Ihr Gleichgewicht aus dem Lot zu bringen droht, sollten Sie sich die folgende Weisheit von Konfuzius zu eigen machen: »Fordere viel von dir selbst und erwarte wenig von den anderen. So wird dir viel Ärger erspart bleiben.« Atmen Sie tief ein und versuchen Sie, sich nicht zu sehr mit den negativen Punkten zu beschäftigen und die Dinge nicht zu emotional zu betrachten.

> **Tipp von Psychologe Lothar Linz:** Störfaktoren bedenken
>
> Konzentration und Fokus auf eine Sache sind immer dann schwierig, wenn Störfaktoren unsere Aufmerksamkeit auf sich ziehen. Doch was sind die wichtigsten Störfaktoren, sind es eher Umgebungsreize oder eher innere Störungen?
>
> **Äußere Faktoren können sein:** Freunde, Familie, Kollegen, Lärm, Wetter – also alles, was man als Rahmenbedingungen bezeichnen kann
>
> **Innere Faktoren können sein:** Erwartungen, Versagensängste, frühere Misserfolge, Schmerzen, Gedanken an Folgen
>
> Machen Sie sich schon im Vorfeld einen Plan, wie Sie auf jede dieser Störquellen reagieren wollen. Wichtig ist, dass Sie unterscheiden, was Sie beeinflussen können und was nicht. Dingen und Umständen, die Sie nicht beeinflussen können, sollten Sie keine Aufmerksamkeit (mehr) schenken.

Nehmen Sie lieber diese negative Energie auf und wandeln Sie sie in Ihre eigene, positive Energie um. Die durch schwierige Umstände und Ihre Portion Wut im Bauch entstehenden Kräfte lassen sich bündeln und konstruktiv einsetzen: »Der, das oder die will mich fertigmachen? Nicht mit mir!« Ich habe selbst mehrfach erlebt, dass sich während einer wichtigen Lebensphase eine innere Spannung aufgebaut hatte und dass dann irgendwann der Knoten platzte. Woher Sie die Energie dafür nehmen, ist eigentlich egal.

Keiner von uns ist davor gefeit, auch einmal in eine Situation oder gar in eine Phase zu geraten, in der man unfair über andere redet und den objektiven Blick auf die Situation bzw. sogar den Überblick insgesamt verliert. Solche Momente sind aber meist anstrengend und belastend und man schadet damit hauptsächlich sich selbst.

Wenn Sie also auf der einen oder anderen Seite in diese Mühle geraten, kann ich Ihnen nur raten, sich da schnell wieder zu befreien. Es kostet Sie Kraft, die Sie woanders einsetzen könnten!

Denken Sie daran, immer einen gesunden emotionalen Abstand zu wahren. Vermeiden Sie Reibungsverluste, die Sie nur unnötige Energie kosten. Geraten Sie nicht in den Abstand Ihres Gegners, in dem er Sie leicht treffen kann, sondern zeigen Sie ein sensibles Gespür für die richtige Mensur.

4 WERTVOLLE AUSZEIT: DIE MINUTENPAUSE

Nach drei Minuten Kampfzeit haben wir nun endlich die Gelegenheit, eine Minute zu verschnaufen und uns etwas zu erholen. Gleichzeitig werden wir die Zeit nutzen, um uns mit dem Trainer, unserem Vertrauten, zu besprechen und uns möglicherweise taktisch umzustellen. Auch hat sich in der Minutenpause bereits eine bestimmte Konstellation von Trefferstand, Gefechtsverlauf und mentaler Stimmung ergeben, in der es nun die Frage ist, wie man sich die restliche Gefechtszeit einteilen sollte, um ohne Stress einen Rückstand aufzuholen bzw. möglichst mit der richtigen Taktik den Sieg nach Hause zu bringen. Um effizient arbeiten und im weiteren Gefecht erfolgreich agieren zu können, benötigt man eine Struktur mit nicht zu vielen Variablen. Diese Struktur müssen wir in der Besprechung der weiteren Schritte herausfiltern und uns darauf konzentrieren.

Ich befinde mich im olympischen Halbfinale gegen die Chinesin Li Na. Es ist das dritte Mal, dass wir uns in unserer Laufbahn im Halbfinale oder Finale einer Meisterschaft gegenüberstehen. Der Obmann hat gerade nach Ablauf des zweiten Drittels das Kommando »Minute« gerufen und somit die Minutenpause ein-

geleitet. Während ich ans Ende der Bahn zu unserem Bundestrainer Manfred Kaspar gehe, schreit das chinesische Publikum in einem ohrenbetäubenden Lärm durcheinander. Mir ist es in diesem Moment egal, dass die lauten Stimmen nicht mich anfeuern, denn ich habe andere Probleme: Ich habe nämlich überhaupt keine Ahnung, wie ich das Gefecht »drehen« soll, ich fühle mich total gehemmt. Es ist zwar bisher noch nicht allzu viel passiert – es steht 3:2 für die Chinesin, ich bin also nur mit einem Treffer im Rückstand, aber ich befinde mich in einer Art von Schockzustand, halb akzeptierend, dass ich wohl verlieren werde, halb starr vor Angst, dass genau das passieren wird. Aber warum denke ich das? Das erste Gefecht gegen die Koreanerin vorhin habe ich am Ende hoch gewonnen, obwohl ich anfangs so aufgeregt war und der Trefferstand lange Zeit ausgeglichen war. Gegen die junge Schwedin Emma Samuelsson, die vorher bereits zwei Favoritinnen aus dem Rennen befördert hat, konnte ich mich eben im Viertelfinale vor allem mental auch gut zusammenreißen. Da stand es nach dem ersten Drittel 5:5 und das hat mich nicht aus der Ruhe gebracht. Wieso bin ich jetzt so ängstlich?

Ich bin deshalb froh, noch ein letztes Mal durchatmen und meinen Trainer um Rat fragen zu können. Denn jetzt merke ich die Wucht der Anspannung, zum ersten Mal heute keimt ein echtes Bewusstsein auf, dass ich verlieren könnte.

Mein Trainer kommt an die Bahn und scheint gar nicht so aufgeregt zu sein. Das beruhigt mich. »Was meinst du, was soll ich machen? Ich habe keinen Plan«, sage ich zu ihm. Er antwortet nur: »Das ist gar nicht mal so falsch, was du machst. Setz das einfach konsequent fort, mit ein bisschen mehr Mut und Entschlossenheit. Britta, hier geht es nicht mehr um die Frage, was du machen sollst, sondern darum, wie sehr du es willst! Komm schon, jetzt ganz ruhig, nicht panisch werden, atme noch einmal tief durch. Das klappt schon. Ich mache mir da keine so großen Sorgen.«

Ich schiebe noch ein »Na ja, mal sehen« hinterher und mache mich dann wieder auf den Weg zur Startlinie, an der die Chinesin scheinbar selbstbewusst bereits auf mich wartet. Das chinesische Publikum ruft jetzt im Chor »Jia you«, also »Auf geht's«, um die Landsfrau anzufeuern. Irgendwo schräg hinter mir höre ich ein »Auf, Brittaaaa!« aus der Menge heraus. Ja, auf geht's auch für mich. Die letzten beiden Male, bei denen wir uns bei Meisterschaftsendkämpfen gegenüberstanden, habe ich gegen diese Gegnerin gewonnen. Bedeutet das was? Mir ist schlecht vor Aufregung. Die letzten drei Minuten werden sehr lang werden, das wird mir gerade klar. Ich gehe in Stellung.

Mit neuem Mut und neuen Ideen im Gepäck lässt sich eine Fortsetzung des Wettkampfes besser angehen. Zumeist werden bereits in dieser kurzen Pause einige Gedanken klarer und man gewinnt etwas Abstand zur Hitze des Gefechts. In der Minutenpause hat man also die Gelegenheit, etwas Emotion aus der Gedankenwelt herauszunehmen und die Dinge etwas nüchterner zu betrachten. Erhitzte Gemüter können zu Kurzschluss- und Überreaktionen führen. Sie wissen sicherlich, wovon ich spreche. Nehmen Sie sich in dieser Minute die Zeit, Ihre Wunden zu lecken, einen Rückstand zu akzeptieren, die irrationale Wut auf den Gegner abzubauen, den Ärger über die eigene Schwäche zu überwinden oder das Glücksgefühl, in Führung zu liegen, rational zu betrachten. Warten Sie etwas ab, schalten Sie einen Gang runter, zögern Sie in den letzten Sekunden des ersten Drittels Entscheidungen hinaus, derer Sie sich nicht sicher sind, und nehmen Sie die Gedanken mit in Ihre Minutenpause.

Gönnen Sie sich Zeit zum Nachdenken. Atmen Sie tief durch: Dann erst kann die Analysephase beginnen und die weitere Taktik, inhaltlich wie zeitlich, geplant werden.

DURCHATMEN UND KRAFT TANKEN

Vergleichbar mit der Fechtpause zwischen den Dritteln müssen Sie sich auch in den lebensnahen Gefechten immer mal wieder ins Gedächtnis rufen, warum Sie etwas machen, wieso Sie so viel dafür einsetzen, ob es sich lohnt, ob Sie überfordert oder glücklich ausgelastet sind. Um etwas erreichen und den Weg dahin gleichzeitig genießen zu können, sollten Sie ab und zu eine Pause einlegen und sich Klarheit über den Stand der Dinge verschaffen. Wir befinden uns in der Minutenpause, d. h. noch immer auf dem Weg hin zum großen Ziel. Es ist wichtig, sich nach dem Erreichen von Teilzielen Belohnungen zu gönnen. Die richtige Balance zwischen Anspannung und Entspannung zu finden ist aber alles andere als einfach. Wann gebe ich alles, wie teile ich meine Kräfte ein? Pausen sind für effizientes und zufriedeneres Arbeiten notwendig. Auf die Wettkampfsituation bezogen könnte man sagen, dass man sich zwischen den einzelnen Gefechten immer wieder neu motivieren und auch mal kurz abschalten muss. Niemand kann die komplette Zeit zwischen den einzelnen Kämpfen in Dauerspannung verbringen.

Belohnung statt Frust

So habe ich zum Beispiel in der Olympiaqualifikation nach der Bronzemedaille bei den Europameisterschaften 2007 in Gent, die viel zu meiner Qualifikation beigetragen hat und sozusagen der Startschuss für meine großen Erfolge war, ausgiebig gefeiert und das auch genossen. Ich habe mir die Zeit dafür ganz bewusst genommen, obwohl der Terminkalender zum Bersten voll war. Damals habe ich einfach einen Tag blaugemacht und mich mit Shopping und ein paar Telefonaten belohnt, in denen ich mich habe beglückwünschen lassen.

Nach einem Tag harter Arbeit gönne ich mir hin und wieder einfach die Freiheit, den ganzen Abend über eine DVD nach der anderen zu schauen, ohne einen Blick auf die Uhr oder das Handy zu werfen. Es ist die Kunst, diese Zeit wirklich zu genießen und seine Gedanken an die Probleme des Lebens ausschalten zu können. Wenn Sie Ihr Belohnungssystem ein paar Mal angewendet haben, werden auch Sie diese Phasen wirklich genießen können. »Rituale etablieren« habe ich das für mich genannt. Mein Sportpsychologe Lothar Linz war der Erste, der mich darauf aufmerksam machte.

Sich bewusst eine kurze Auszeit zu nehmen, und wenn es nur ein paar Stunden sind, entspannt so sehr und erlaubt es, so viel Energie zu tanken, wie man es in einer ganzen Woche Urlaub manchmal nicht schaffen kann. Aber das funktioniert nur, wenn man sich die Zeit genau dann nimmt, wenn man sie braucht.

Danach geht es mit neuer Motivation weiter zum nächsten Teilziel. Die Einteilung der Dinge in verschiedene Schritte und Phasen ist mir auf dem Weg zu neuen Zielen und Herausforderungen sehr wichtig.

Das Innehalten ist aus meiner Sicht einer der Schlüsselfaktoren für jeden erfolgreichen Menschen, der auch zufrieden sein möchte. Jeder muss ständig neue Eindrücke verarbeiten – dazu brauchen der Kopf und vor allem die Seele Zeit. Zeit zum Runterkommen. Ohne das geht es nicht. Das ist besonders in unserer schnelllebigen, reizüberfluteten Welt schwierig, aber deshalb passt dieses Thema genau hier in die Minutenpause, auch wenn ich es später noch einmal aufgreifen werde. Stellen Sie sich das Gefecht des Lebens vor – und dass Sie Ihr langfristiges Lebensziel verfolgen. Auf dem Weg dahin werden Sie sicherlich mehr als einmal straucheln. Aber mit Teilniederlagen oder einem zwischenzeitlichen Misserfolg ist noch nichts verloren. Wenn man sich jedoch für das Verarbeiten eines solchen Rückschlages und die Akzeptanz, dass man nicht immer zu hundert Prozent erfolgreich sein kann, zu wenig Zeit nimmt, kann das in Unzufriedenheit enden, wie ich es nach den Olympischen Spielen 2004 am eigenen Leib festgestellt habe:

Dieses Jahr ist einfach unglaublich! Vordiplom, Olympische Spiele, jetzt das aufregende Praktikum. So viel Neues, was verarbeitet werden muss. Ich kann es einfach nicht fassen, was sich alles ereignet hat, und wie es der Zufall will, reißt es auch einfach nicht ab! Ich hätte nicht gedacht, dass ich in diesem Jahr noch mehr erleben könnte als die Jahre zuvor. Nach der letzten Saison hatte ich mir vorgenommen, in diesem Jahr wieder sportlich aufzudrehen, diszipliniert zu sein und mich auf das Fechten zu konzentrieren. Es ist mir nie besser gelungen, all das umzusetzen, als in den Monaten Januar bis März 2004. Ich muss unbedingt analysieren, warum sich das gute Gefühl dann geändert hat. Auf einmal war die Leistung der Vormonate wie weggeblasen. Außerdem habe ich das Gefühl, dass ich in den letzen Monaten viel zu abgelenkt war. Die ersten Zeitungsleute haben angerufen, plötzlich hatte ich einen Manager. Angefangen mit dem Treffen meines ersten Sponsors habe ich immer mehr Leute kennengelernt. Ich fahre jetzt einen Sportwagen und habe dem Bundespräsidenten die Hand geschüttelt.

Mein Ziel hier in China sollte es jetzt sein, zu mir zu finden und wieder »normal« zu sein. Ich muss mich endlich wieder auf das Wesentliche konzentrieren, um voranzukommen. Ich weiß nur nicht, wie ich das schaffen kann. Denn sobald ich wieder zurück bin, werde ich wie von einem Schnellzug von Terminen und Dingen, die zu erledigen sind, überfahren. Ich brauche dringend einen Plan, wie ich ihn vorher hatte, durch den die Dinge im Vorhinein geregelt sind, damit ich nicht andauernd in Hetze und Eile bin. Das ist nämlich der unproduktivste Moment, wenn man panisch den Terminen hinterherrennt. Statt einen geregelten Zeitplan zu haben, renne ich auch hier in Peking von Termin zu Termin. Mein vielfältiges und sehr interessantes Praktikum nimmt mich mehr in Anspruch, als ich dachte. Ich kann mich nicht richtig sammeln, habe keine Anhaltspunkte, wie ich etwas regeln soll. Dadurch wiederum bin ich die ganze Zeit müde und abgespannt. In der Folge ist meine Nettoproduktivität sehr gering, ich mache Dinge halbherzig, unterbreche sie, führe sie nicht zu Ende. Sehr unbefriedigend. Wenn ich nach Hause komme, sollte ich mich besser einmal ausruhen und Luft holen. Ich glaube, das wäre jetzt ziemlich wichtig. Ein paar Tage alleine mit einem Block, einem Stift und Lehrbüchern würden mich total glücklich machen.

Peking, Oktober 2004, Praktikum bei der Bayer AG

Im Nachhinein betrachtet wird mir klar, dass mir tatsächlich genau das gefehlt hat, was ich als Lösungsansatz ja eigentlich schon erkannt hatte: Eine bewusste Ruhephase, um einige Dinge zu begreifen und der Geschwindigkeit der Ereignisse wirklich folgen zu können. Ich habe diese Worte damals in dem Glauben geschrieben, dass sich das Leben sicherlich bald wieder normalisieren würde. Pustekuchen – da habe ich die Situation völlig falsch eingeschätzt! Selbst wenn ich nicht erfolgreicher geworden wäre, hätte sich das Leben nicht mehr verlangsamt. Dieses Gefühl der Hetze, das ich auch heute immer mal wieder habe, ist durch keinen Plan der Welt abzuschalten.

Mut zur Pause

Ich hätte in der damaligen Situation also einfach eine klassische Pause gebraucht, eine Auszeit zum Durchatmen. Aber es gehört Mut dazu, sich diese Phasen zu gönnen. Unser Geist muss die Erlebnisse und Eindrücke verarbeiten können, wir alle brauchen immer wieder Ruhephasen, in denen wir regenerieren können. Um wieder geistig und körperlich fit und mit Begeisterung in die nächste Runde gehen zu können, muss ich mich nach einer hohen Belastung erholen. Dabei genügen auch unspektakuläre Dinge wie das Lesen eines Buches, die Belohnung, mit der Familie ins Wochenende zu fahren oder mit meinen besten Freundinnen einen fröhlichen Abend zu verbringen und mit ihnen Tränen zu lachen. Ich versuche, diesen Teil jetzt besonders konsequent umzusetzen.

Nach den Olympischen Spielen in Athen habe ich ein Phänomen zu spüren bekommen, das mir die Bedeutung des

Kopfes und der mentalen Einstellung, also des Willens, klargemacht hat. Das hat mir meine Erkenntnis bezüglich der notwendigen Pausen noch bestätigt. Ich bin heute noch fasziniert, wie klar und deutlich sich die Entwicklungen in meinem Leben immer wieder mit der Einstellungsfrage begründen lassen.

Die vielen neuen Eindrücke in der Zeit nach Athen 2004 haben mich einfach überrollt. Gleichzeitig war ich verzweifelt dabei zu überlegen, warum ich bei den Olympischen Spielen nicht die Verfassung an den Tag legen konnte, die ich bis Mitte des Jahres noch hatte und mit der ich auch in der Einzelwertung ganz vorne hätte landen können. Diese Enttäuschung, meinen eigenen Ansprüchen und Hoffnungen nicht gerecht zu werden, kannte ich bis dahin nicht. Ich versuchte durch viel Grübeln und Nachdenken zu ergründen, wo die Gründe für diese Entwicklung liegen könnten. Jedenfalls hat mich diese gefühlte Niederlage vor mir selbst im Laufe der Jahre 2005 und 2006 sportlich so nach unten gezogen, dass ich kaum noch motiviert zu Wettkämpfen fahren konnte. Im Nachhinein waren meine Begründung des Dilemmas der nacholympischen Orientierungslosigkeit und das Gefühl des Überrannt-Werdens gar nicht so abwegig, wie ich damals dachte. Ich meinte, es bekämpfen zu können. Aber nach einem solchen Hoch wie dem Erklimmen der Weltrangliste, dem Erfolg im Studium und der olympischen Silbermedaille in Athen musste einfach auch einmal eine Tiefphase des Verarbeitens kommen.

Noch heute habe ich Probleme, so etwas zuzulassen. Kennen Sie das? Man hat keine Lust, man möchte aber lieber motiviert sein. Man denkt, dass man stärker als sein Bauchgefühl ist. Das ist man aber nicht – und ich war es auch nicht. Vor allem, weil es nicht notwendig war. Das ist wie mit dem Krankwerden: Solange der Körper funktionieren muss, gibt er nicht auf. Nach den Olympischen Spielen und dem ganzen Übermaß an Eindrücken allerdings mussten sich Kopf und Körper »freinehmen«, um alles zu verarbeiten.

Jedenfalls wusste ich nach Olympia 2004, dass ich eine gute Fechterin bin, aber noch mehr wollte. Gepaart mit der Lustlosigkeit bei den Wettkämpfen führte das dazu, dass ich mich immer weniger anstrengte, immer mehr Gefechte verlor und schließlich auch nicht mehr gewinnen konnte, selbst wenn ich es wollte. Jetzt weiß ich: Das Ganze war nötig und richtig. Warum hätte ich mich in den Jahren 2005 und 2006 so verausgaben sollen, für welches Ziel? Es standen keine Olympischen Spiele an, wir hatten gerade ein Großereignis hinter uns, warum also?

Locker bleiben!

Ich bin glücklich, dass ich mit einem Trainer gesegnet war, der mich weder rügte noch panisch machte. Er meinte, dass der »Biss«, der Erfolgswille, dass das alles wiederkäme, sobald eine wichtige Aufgabe vor der Tür stünde. Und auch ich hatte die Hoffnung, dass sich mein Zustand mit den nächsten neuen Aufgaben ändern würde. Dazu kam, dass auch mein Umfeld nicht in Panik verfiel. Das hat mir geholfen, das zweite Jahr meiner Lustlosigkeit zu akzeptieren und sozusagen auszuleben. Das Verlieren machte mir natürlich keinen Spaß, und ich habe dann beschlossen, einfach weniger Turniere mitzufechten. Außerdem habe ich mir gegönnt, keine echte Angst und keine Zweifel an meinen Fähigkeiten aufkommen zu lassen.

So kam es, dass zu Beginn der Olympiaqualifikation für Peking 2008 mein Akku aufgeladen und mein Hunger auf Erfolg wieder da war. Ich wollte nach Peking! Da war es, das neue Ziel! Und nach einigen Startschwierigkeiten, als ich trotz der neuen Motivation noch ein paar knappe Niederlagen einstecken musste, brachen meine Motivation und meine Leistungsfähigkeit durch.

Ich empfinde es heute noch wie eine Art Explosion, einen Ausbruch der neu gewonnenen Kräfte und der angestauten Wut über meine vorangegangenen eher schlechten Leistungen. Ich fühle mich in dem Glauben bestätigt, dass meine Situation absolut und vollständig motivationsabhängig war. Und ich bin froh, dass ich nicht versucht habe, mir etwas anderes einzureden.

Seither bin ich überzeugt davon, dass man sich auf keinen Fall selbst zu sehr an die Kandare nehmen sollte, wenn der Geist einem sagt, dass er eine Ruhephase braucht. Das zu akzeptieren ist wichtig, um ein langfristiges Ziel auf Dauer mit Freude und Erfolg umsetzen zu können.

Akzeptieren Sie, dass Sie nach einer Leistungsphase immer eine Regenerationsphase brauchen, erlauben Sie sich, sich in dieser Zeit auch einmal gehen zu lassen – und vor allem erzwingen Sie nichts.
Manchmal muss man eine Phase der Lustlosigkeit einfach einmal aussitzen. Sich dabei keine Gedanken machen und keine Ängste aufbauen. Immer mal wieder brauchen wir Zeiten, in denen wir nicht so produktiv sind. Das ist nicht schlimm, sondern genau richtig und vor allen Dingen absolut normal und menschlich. Hören Sie auf Ihren Körper und gönnen Sie sich die mentale Rehabilitierungsphase. Dann kommt der nächste Motivationsschub wie von alleine.

FEHLERANALYSE UND TAKTIKBESPRECHUNG

In der Minutenpause nutze ich außerdem die Gelegenheit, mich mit meinem Trainer zu besprechen. Ich höre ihm aufmerksam zu, sage ihm meine Meinung, meine Analyse der vorangegangenen drei Minuten, und gemeinsam diskutieren wir die unserer Ansicht nach cleverste Strategie für das weitere Gefecht. In dieser Minute ist es für mich und für den Erfolg des Gefechts besonders wichtig, dass ich mich der Meinung meines Trainers öffne und mir die Sicht der Dinge von außen zumindest anhöre. Danach kann und muss ich selbst entscheiden, was ich machen werde. Diese auf eine Entscheidung folgende Konsequenz in der Umsetzung ist für Fechter siegesnotwendig. Eine halb gare Entscheidung, von der man nicht überzeugt ist, lässt sich schlecht umsetzen. Im Fechten gilt: Entscheide dich und ziehe es dann voll durch. Halbe Sachen klappen nicht!

Fehler eingestehen und korrigieren

Insgesamt ist es auch im Leben wichtig, dass man einen Rückstand erst einmal akzeptiert, wenn die Situation so ist, und dass man ihn dann analysiert. Auch bei einem Vorsprung darf man nicht zu selbstsicher und gedankenlos weitermachen, sondern sollte sich auf eine Analyse der Lage einlassen. Bin ich wirklich überlegen? Habe ich die richtige Lösung gegen meinen Gegner bzw. das Problem gefunden?

Wenn ja, entscheide ich mich dafür, genauso weiterzufechten wie bisher bzw. bin mir sicher, dass ich mich in dem Zustand befinde, in dem ich keine zusätzlichen Einflüsse von außen benötige. Es kann aber auch sein, dass ich begonnen habe, zu siegessicher und damit etwas leichtsinniger zu werden – in diesem Fall kann eine Stimme von außen mich darauf und auf weitere mögliche Gefahren und potenziell erfolgte Anpassungen des Gegners aufmerksam machen. Optimalerweise haben Sie hierfür wohlmeinende Kritiker und Vertraute, die nicht unnötigerweise den Teufel an die Wand malen, sondern Ihnen konstruktive Vorschläge liefern und Sie so unterstützen, wie Sie es gerade brauchen.

Frustrationstoleranz ist dabei ein viel benutztes Wort im Sport. Wie häufig plage ich mich mit der Frage, warum ich gerade einen Treffer bekommen habe, obwohl ich die bessere Fechterin bin, wieso ich ein scheinbar sicheres Gefecht doch noch verloren habe und wieso ich überhaupt verlieren muss. Kein Degenfechter dieser Welt gewinnt immer.

Eine echte Fehleranalyse mit dem Blick nach vorn, das ist es, was ich in meiner Minutenpause mache. Es geht auch darum, dadurch seine Emotionen zu regulieren. Habe ich zu Recht Zweifel oder bin ich unnötig aufgeregt? Zu einer echten Fehleranalyse gehört allerdings auch ein möglichst ruhiger Gemütszustand. Keiner kann abgeklärt und vernünftig Entscheidungen treffen und sein Verhalten beurteilen, geschweige denn sich von anderen etwas sagen lassen, wenn er zu gereizt oder sogar aggressiv ist.

Ich befand mich im olympischen Halbfinale gegen die Chinesin Li Na vor dem letzten Drittel mit einem Treffer im Rückstand. In der Minutenpause stellten mein Trainer und ich fest, dass ich für die präzise Umsetzung großartiger technischer Veränderungen wahrscheinlich zu nervös war. Deshalb war die Strategie nun, einfach konsequent so weiterzumachen wie bisher. Die Kritik meines Trainers bestand darin, dass ich zu gehemmt und unsicher zu Werke gegangen war – der neue Mut, den er mir in der Minutenpause vermittelte, ließ mich sicherer auftreten und besser zustoßen. So konnte ich den Rückstand aufholen. Außerdem nutzte ich den vermeintlichen Vorteil der Chinesin, die lautstarken Zuschauer, zu meinen Gunsten: Nach meinem Ausgleichstreffer feuerte das Publikum die Chinesin umso mehr an. Nach dem nächsten Kommando »Allez« konnte ich dann allerdings innerhalb der ersten Gefechtssekunde meinen ersten Führungstreffer erzielen, da die Chinesin wahrscheinlich durch die Anfeuerungsrufe abgelenkt war. Ich habe also noch gewonnen, obwohl ich bereits alle Hoffnung aufgegeben hatte!

Wenn Sie zurückliegen, der Kampf aber noch nicht vorbei ist, dann kämpfen Sie bis zum Schluss, geben Sie alles! Es zahlt sich meist aus, wenn Sie es wirklich wollen!

Auf den vielen verschiedenen Stationen auf dem Weg zum Erfolg werden Sie immer wieder Rückschläge erleben. Wenn Sie an einer Abschlussarbeit sitzen oder sich mit einem Projekt beschäftigen, wird es Momente geben, in denen Sie feststellen, dass Ihnen etwas nicht gut gelungen ist. Vielleicht bekommen Sie auch eine entsprechende negative Rückmeldung. Im Prozess des Ausarbeitens ist es aber völlig normal, dass man nicht sofort alles perfekt hinbekommt. Trotz zahlreicher Teilniederlagen bin ich so gut wie nie von einem Gesamtziel abgebracht worden, sondern meist im Gegenteil näher herangerückt. Nach dem Motto, möglichst die »Stärken zu stärken und die Schwächen zu schwächen« habe ich bei der Fehleranalyse darauf Wert gelegt, beides zunächst einmal herauszuarbeiten. Dann kann man sich daranmachen, im Wettkampf Stärken bewusst auszuspielen, sie im Training weiter auszubauen und Schwächen im Gefecht so wenig wie möglich zu zeigen und ihnen im Trainingsalltag durch gezielte Übungen entgegenzuwirken. Man darf sich also von Rückschlägen nicht entmutigen lassen, sondern sollte versuchen, Fehler zu erkennen, um sie dann im weiteren Verlauf wieder auszubügeln. Genauso sollte man sich seine Stärken auch noch einmal ins Gedächtnis rufen, um sie gezielt einzusetzen.

In China sagt man: »Der Mensch stolpert nicht über einen Berg, sondern über Maulwurfshügel.« Das Leben ist einfach so. Wir alle straucheln ab und zu auf dem Weg zum Glück. Lassen Sie sich nicht von den kleinen Rückschlägen im Leben aus der Balance bringen – und wenn Sie stolpern, dann richten Sie sich wieder auf und gehen weiter.

Verzagen Sie nicht wegen Kleinigkeiten. Lassen Sie nicht zu, dass Sie durch eine kleine Unebenheit auf Ihrem Weg scheitern.

Stimmt die Taktik?

Vieles hängt beim Fechten von der Taktik ab. Im besten Falle hat man sich von Beginn des Gefechts an richtig entschieden, aber manchmal muss man auch erkennen, dass sich eine gewählte Strategie aus irgendeinem Grund als undurchführbar erweist, sich nicht umsetzen lässt oder sogar nach hinten losgeht. In diesem Moment muss sich der Fechter zusammenreißen und allein oder mit seinen Vertrauten überlegen, wo der Fehler liegen könnte. Als Sportlerin bespreche ich die Situation mit meinem Trainer in der Minutenpause: Liegt es an der gewählten Technik, der Aktion, dem Abstand, meiner Konzentration? Ist es vielleicht der Gegner, den ich überschätzt, unterschätzt oder falsch eingeschätzt habe, ist er unter Umständen sogar einfach nur schlechter oder besser in Form als sonst? Was kann ich machen, was kann ich nicht ändern? Wie reagiere ich am besten? Kann ich den Gegner durch ein besseres Tempo, durch längeres Abwarten doch in die richtige Mensur für den gleichen Angriff wie vorher locken? Oder muss ich meine Taktik an die geänderte Aktion meines Gegners anpassen?

Immer wieder werden wir mit Veränderungen konfrontiert und müssen entsprechend reagieren. Der Gegner hat sich vielleicht umgestellt, der Chef wurde abgelöst, die Arbeitszeiten sind anders als vorher. Es gibt oft Momente, in denen Sie sich an äußere Vorgaben und auch manchmal unangenehme Gegebenheiten anpassen müssen. So heißt es bei den Chinesen: »Es ist besser, ein kleines Licht anzuzünden, als über die Dunkelheit zu fluchen.«

Sich an veränderte Situationen anzupassen oder sie pragmatisch für sich zu nutzen, ist einer der wichtigsten Grundsätze, um erfolgreich zu sein und sich dabei die Freude zu erhalten.

Das gilt auch für die Fechtbahn: Nicht nur in der Gefechtspause, sondern generell sind ein gewisser Pragmatismus und eine umfassende Anpassungsfähigkeit nötig, um überhaupt eine Chance auf den Sieg zu haben. Denn Sie können sich Ihren Gegner nicht aussuchen. Sie bekommen ihn zugeteilt und müssen sich mit dem auseinandersetzen, was bzw. wen Sie vor sich haben. Dabei kann es passieren, dass Ihnen Ihr Gegenüber liegt oder eben auch nicht. Manchmal ist einem der Gegner aber einfach nicht angenehm. Es gibt bei den internationalen Weltcupturnieren bestimmte Kombinationen, bei denen zwei Fechter bereits so häufig gegeneinander angetreten sind, dass es ihnen keinen Spaß mehr macht oder dass es ihnen um die persönliche Ehre geht. Als Fechter muss man durch solche Situationen durch und versuchen, sich auf sie einzustellen. Wenn Sie am Ende gewinnen wollen, müssen Sie alle schlagen.

Was Sie beeinflussen können, ist Ihre Position in der Rangliste, in der Sie sich nach oben arbeiten können. Dann werden Ihnen die nominell schlechteren Gegner zugeteilt. Doch selbst das gibt Ihnen nicht die Sicherheit, einen für Sie, Ihren Stil oder Ihren Charakter besonders leicht zu schlagenden Kontrahenten zu bekommen. Selbst nominell schwache Gegner können Ihnen durch Art und Stil ihres Fechtens Probleme bereiten. Auf der anderen Seite können stärkere Gegner besser zu Ihrem Fechtstil passen und Ihnen dadurch viel mehr liegen. Das Phänomen, dass teilweise schwächere Gegner aus psychologischen Gründen für den besseren Fechter sogar nachteilig sein können, wird im Kapitel zur mentalen Stärke eingehend beschrieben. Also geben Sie nicht auf, sobald sich Ihnen ein ungewohntes oder unerwartetes Hindernis in den Weg stellt, es kann sich im Nachhinein sogar als Glücksfall erweisen!

Das Geheimnis der Flexibilität

Auch im täglichen Leben müssen wir häufig genug erkennen, dass wir einige Dinge einfach nicht beeinflussen können, weil sie nicht in unserer Hand liegen: Meine Mutter hat mir folgenden Satz aufgeschrieben, der seitdem einer meiner Leitsprüche ist und bis heute über meinem Schreibtisch hängt: »Gib mir die Gelassenheit, Dinge hinzunehmen, die ich nicht ändern kann, den Mut, Dinge zu ändern, die ich ändern kann, und die Weisheit, das eine vom anderen zu unterscheiden.« Auch wenn nicht ganz klar ist, wer der Autor dieses sogenannten Gelassenheitsgebets ist, das vor allem in Deutschland und Amerika verbreitet ist – mir gefällt es auf jeden Fall.

»Was-wäre-wenn«-Überlegungen sind vielleicht nötig, um sich abzureagieren, wenn etwas schiefgelaufen ist, doch sie sind absolute Energieräuber. Nach dem ersten Ärger mache ich immer eine Lageanalyse: Was kann ich noch beeinflussen? Was muss ich hinnehmen? Wie gehe ich mit der Situation um, damit am Ende ein möglichst positives Ergebnis herauskommt?

Zum Durchhalten gehört es, dass man sich an gewisse Gegebenheiten anpasst, sie hinnimmt und sich einen neuen Plan aufbaut. Als ich mit 15 Jahren für drei Monate bei einer chinesischen Familie in Peking wohnte, konnte ich mich mit meinen neuen Familienmitgliedern nur schwer verständigen. Ich hatte fälschlicherweise angenommen, dass auch in China viele Menschen Englisch sprechen. Mittlerweile ist das sicherlich der Fall, aber im Jahr 1998 war das noch anders. Also habe ich versucht, mich in den chinesischen Alltag hineinzufinden und möglichst schnell Chinesisch zu lernen. Aufzugeben und nach Hause zu fahren, kam mir überhaupt nicht in den Sinn. Im Nachhinein sagten mir viele Mitschüler, sie hätten es für besonders mutig gehalten, trotz der Sprachbarriere in China zu bleiben und den Aufenthalt nicht abzubrechen – unverständlich für mich, denn für mich war und ist es durch den Sport völlig selbstverständlich, eine Sache zu beenden, die ich angefangen habe. Die Lage hatte sich einfach etwas komplizierter dargestellt als ursprünglich angenommen, aber aufgeben? Wieso? Dieser Aufenthalt war eine der eindrucksvollsten Erfahrungen in meinem Leben und ich bin dankbar, so viel aus der asiatischen Kultur mitgenommen zu haben. Dass es für mich gar keine Frage war zu bleiben, verdanke ich auch meinen Eltern. Wir haben als Kinder erklärt bekommen, dass man nach einer gefällten Entscheidung auch zunächst einmal dabei bleibt, solange es nicht gefährlich wird oder sich als gänzlich falsch erweist.

Im Sport muss man sich zudem mit vielen Regeländerungen anfreunden, die man nicht beeinflussen kann, und auch im Job ergeben sich ja immer mal wieder Veränderungen in Struktur und Vorgaben. Alles Lamentieren bringt da nichts und eine gehörige Portion Pragmatismus gehört einfach dazu. Ich habe unerwartete Trainerwechsel erlebt, den Vereinswechsel von Teamkameraden oder den Austausch des Lieblingsphysiotherapeuten. Ein Jahr vor den Olympischen Spielen in Peking fand bei uns zum Beispiel ein Trainerwechsel statt. So musste ich mich unter neuen Bedingungen schnell wieder zurechtfinden. Die Olympiaqualifikation stand ja vor der Tür. Die Kunst bestand nun darin, sich den neuen Umständen anzupassen und das Beste daraus zu machen. Während der Olympischen Spiele in Peking habe ich es genauso gehalten: Ich habe mir überlegt, wie ich mein bestehendes Team, also Trainer, Physiotherapeuten, Freunde und Familie, so aufstellen kann, dass wir mit den Bedingungen, die wir haben, das Bestmögliche für den Olympischen Erfolg erreichen können.

In einem Team muss man das Positive für sich herausziehen – natürlich ohne dabei rücksichtslos zu sein. Das gilt im Sportverein genauso wie im Büro. Trainieren, arbeiten, kämpfen und Druck aushalten – all das fällt einem Sportler in der Gemeinschaft leichter als einem Einzelkämpfer ohne Team und es macht auch viel mehr Spaß.

Ich kann mich gut daran erinnern, dass wir als Jugendliche eine tolle Sportgruppe hatten, es machte einfach Spaß, zum Training zu fahren und Neuigkeiten auszutauschen. Wir hatten so viel Freude daran, dass ich sogar weinte, wenn ich einmal nicht mitmachen konnte – was ab und zu passierte, weil wir ja in Köln wohnten, die Fahrtstrecke bis zu unserem Verein TSV Bayer 04 Leverkusen relativ weit war und die Trainingszeiten nicht immer mit den Arbeitszeiten unserer Eltern zusammenpassten. Obwohl wir beim Training viel leisteten, hatten wir überhaupt nicht das Gefühl, uns zu quälen, denn unser Fokus lag nicht auf der gedanklichen Beschäftigung mit der Frage, ob wir zur Leistung gezwungen wurden, sondern auf der Freude an der Gemeinschaft. Die sportlichen Ergebnisse waren ein automatisches Nebenprodukt des Ganzen.

Auch während des Studiums habe ich versucht, gute Lernpartner zu finden. Nach kurzer Zeit hatte sich ein wunderbares Team zusammengetan, und mit diesen Kommilitonen habe ich jahrelang zusammen gelernt, um mich auf Klausuren vorzubereiten – und davon haben wir alle profitiert. Ich erinnere mich noch gerne an die vielen Telefonate und Treffen, bei denen wir die Risiken und möglichen Hürden besprachen, die uns in den Prüfungen bevorstanden. Es war ein Team, das sich gegenseitig half und Mut machte. Deshalb kann ich nur den Rat geben, Synergieeffekte zu nutzen. Dabei ist klar, dass Sie positive Effekte umso mehr nutzen können, je positiver und motivierter Ihr Umfeld ist, und damit die Menschen, die Sie um sich herum aufbauen und die Sie unterstützen.

Suchen Sie sich Weggefährten, die ähnliche Ziele wie Sie verfolgen, und nutzen Sie so die gebündelten Kräfte, um sich gegenseitig nach vorne zu bringen.

Die Anpassungsmöglichkeiten an bestehende Umstände werden also im taktischen Gespräch besprochen. Dabei ist es sicherlich von Vorteil, wenn man sich mit seinem Trainer für eine oder zwei taktische Varianten für das weitere Gefecht entscheidet und nicht mit zehn verschiedenen Alternativen in das nächste Drittel geht. Wenn die Anzahl an Möglichkeiten reduziert ist, fällt es leichter, die passende zu finden und überzeugt anzuwenden. Wenn ich im Gefecht zwischen »allem« wählen kann, kann ich mich meistens überhaupt nicht mehr entscheiden. Und auch neben der Fechtbahn bemerke ich: Immer, wenn ich zu viele Optionen habe, bin ich gehemmt. In beiden Welten kann ich mich am besten konzentrieren, wenn ich vorher meinen Aktionsrahmen beschränkt habe. Auch die taktische Frage, wie Sie sich die weitere Gefechtszeit einteilen, ist daher mitentscheidend für Ihre mentale Situation in den letzten Minuten des Gefechts.

ERFOLGSFAKTOR ZEITEINTEILUNG

Ein Gefecht ist mit neun Minuten maximaler Kampfzeit endlich, wie auch ein Tag mit seinen 24 Stunden zeitlich begrenzt ist. Deshalb ist es wichtig, sich die zur Verfügung stehende Zeit möglichst gut einzuteilen, um am Ende des Tages nicht zu gestresst und überfordert zu sein. Zeitfenster richtig zu planen ist im Kleinen wie im Großen wichtig. Wir müssen uns nicht nur immer wieder wie in einer Minutenpause die Zeit nehmen, um uns für ein Gespräch oder auf eine bestimmte Situation vorzubereiten – auch die übergeordnete Zeitplanung spielt eine große Rolle dabei, wie wir uns in konkreten Situationen schlagen. Im Fechten spricht man von einer psychologischen Zeiteinteilung des Gefechts, um unnötiger Hektik am Schluss vorzubeugen, durch die man sich womöglich nicht mehr auf seine Aktionen konzentrieren kann. In der Minutenpause zeichnet sich bereits eine erste Tendenz ab, wie sich die weiteren Zeitfenster gestalten lassen.

Struktur statt Ablenkung

Im richtigen Leben ist es genauso: Wie erreicht man den notwendigen Grad an Konzentration, besonders in Zeiten, in denen man dauernd von Handy, Internet und Konsum abgelenkt wird? Wie kann man effizient arbeiten, was sind die Voraussetzungen dafür? Wie managt man die zur Verfügung stehende Zeit optimal? Das sind Fragen, die ich überaus spannend finde und deren Beantwortung auch mir immer wieder Schwierigkeiten bereitet. Denn obwohl ich zumeist genau spüre, woran es hapert, wenn ich unzufrieden bin oder mich überfordert fühle, so ist es immer noch nicht leicht, eine passende Lösung zu finden. Ich fand vor Kurzem einen Text aus dem Jahr 2005, in dem ich mir alles von der Seele geschrieben habe, was mich damals bedrückte.

Was soll ich sagen? Ich hocke hier in meinem Wohnzimmer auf dem Boden vor dem PC, und obwohl ich schon seit fünf Jahren hier lebe, habe ich noch keinen vernünftigen Schreibtisch hier stehen. Mir ist kalt, denn die Heizung funktioniert nicht und ich habe sie in den letzten sechs Wochen nicht reparieren lassen. Ich habe immer noch Modemanschluss und bezahle monatlich eine horrende Telefonrechnung, weil ich mich nicht entscheiden kann,

welchen Tarif ich wählen soll. Ich kann seit vier Monaten nicht richtig schlafen, war das ganze Jahr 2005 über demotiviert beim Fechten, bin auch sonst ziemlich lustlos und weiß nicht, wieso. Ich bin unzufrieden mit meinem Leben, meinen Leistungen und mir selbst.
Ich weiß nicht, wie es kommt, dass ich nicht so richtig motiviert bin. Liegt es daran, dass ich in den letzten Jahren einfach kein einziges Mal so richtig pausiert habe, oder an etwas anderem? Das größte Problem ist, dass ich neuerdings das vergangene Geschehen kritisch beäuge und andauernd damit unzufrieden bin, wahrscheinlich ist das auch der Grund, warum ich so schlecht schlafe. Ich denke, dass der momentane Zustand deswegen so unerfreulich ist, weil ich in der Gegenwart gehemmt bin, alltägliche Dinge zu tun. Stattdessen verbringe ich mein Leben mit Planungen, um es in Zukunft unbedingt besser zu machen. Im Mikrokosmos meines Lebens kann ich nur hocheffizient arbeiten, wenn die äußeren Rahmenbedingungen klar sind und meinen Vorstellungen entsprechen.
Ich habe den ganzen Tag und den Großteil der Nächte das Bedürfnis, einen Grundplan der nächsten Jahre aufzustellen, um endlich Ordnung und Ruhe in meinen Lebensrhythmus zu bringen. Nur so muss ich nicht die ganze Zeit daran denken, wie ich die kommenden Jahre generell verbringen soll. Es ist in der Tat so, dass ich nicht im Kleinen beginnen kann, wie man mir rät und wie ich mir selbst immer wieder vornehme, da ich noch nicht einmal weiß, ob der komplette Lebensweg überhaupt der richtige ist und ob meine Vorstellungen für die kommenden Monate in die richtige Richtung gehen. Um ein Beispiel zu nennen: Ich kann das ganze nächste Jahr durchplanen, kein Problem. Aber sollte ich zum Beispiel noch ein Praktikum machen, dann müsste ich schon jetzt alles wissen, müsste mir schon jetzt darüber im Klaren sein, wann ich etwas weniger Sport treibe und wann ich mit dem

Studium zurückstecke. Ich muss alles rechtzeitig planen, aber die Zeit rennt. Ich habe panische Zeitangst. Deswegen sitze ich hier tagtäglich und überlege mir einen passenden Ablauf für die kommenden Monate. Ich habe das Gefühl, dass ich etwas grundlegend ändern muss, damit ich wieder zufriedener werden kann. Insgesamt ist mir aber noch nicht klar, was genau anders werden muss.

Köln, Sommer 2005

Als ich diese Zeilen einige Jahre später beim Umzug wieder in den Händen hielt, war ich überrascht, wie strukturiert und klar ich meine damalige Situation trotz meines desolaten Gemütszustandes erkannt und formuliert hatte. Ich betone immer wieder die Struktur, den Rahmen und die Sicherheit eines vorgegebenen Weges – es lässt sich leichter etwas gestalten, wenn man keine Unendlichkeit vor sich hat. Ich stelle mir die Situation damals vor wie bei einem Kind, das keine Grenzen kennt. Ich hatte tausend Optionen und keiner sagte mir, welche potenziell die richtige sein könnte. Ich finde es beinahe belustigend, dass ich offensichtlich mit dieser objektiv gesehen sehr komfortablen Situation so unzufrieden war, dass ich wohl am liebsten alles hingeschmissen hätte. Sie sehen, dass auch ich meine Findungsprobleme hatte und sie leider wahrscheinlich auch immer wieder haben werde. Was wäre gewesen, wenn ich 2004 nach der »Enttäuschung« der Silbermedaille tatsächlich den Degen an den Nagel gehängt hätte?! Können Sie sich nach dieser frustrierten Zusammenfassung des Jahres 2005 vorstellen, dass bei mir zwei Jahre später der Knoten geplatzt ist und ich seither drei große Titel gewonnen habe?

Das Aufschreiben meiner Gedanken hat mir schon immer geholfen, wieder Ordnung in mein Inneres zu bringen. Nicht immer werden es lange Texte, ich arbeite mich normalerweise von außen nach innen vor. Zunächst teile ich meine Gedanken auf einem Blatt Papier in Kategorien ein und ergänze dann die jeweiligen Fragestellungen. Was muss ich noch erledigen, wann kümmere ich mich um spezielle Themen, wann passt das am besten in die Zeitfolge? Ich gebe zu, dass ich häufig genug nicht alles abarbeite, was ich notiert habe, zum Beispiel die Frage: »Wie gestalte ich mein weiteres Leben?«, aber es tut gut, schwarz auf weiß zu sehen, was mich beschäftigt. Es gibt mir Halt und das Gefühl, den Überblick zu bewahren.

Auch schreibe ich Listen mit Dingen, die noch anstehen und die ich nicht vergessen darf. Unterschätzen Sie nie die nervliche Belastung, die dadurch entsteht, dass man nicht mehr genau weiß, was man am jeweiligen Tag noch erledigen muss, oder dass man wirklich etwas vergisst.

Wenn ich abends nicht einschlafen kann, weil mir noch einige Dinge im Kopf herumgeistern, hat mir mein Sportpsychologe Lothar Linz den Tipp gegeben, auf einem Blatt alle Punkte aufzulisten, mit denen ich mich dann am nächsten Tag auseinandersetzen kann. Ich bin sicher, das kann auch Ihnen helfen.

Regeln oder Chaos – beides funktioniert

Den roten Faden nicht zu verlieren bzw. sich ständig neu zu fragen, ob man ihn noch im Blick hat, ist sehr wichtig, damit ich glücklich sein kann. Die Entscheidungshemmung, die ich beschrieben habe, überfällt mich heute manchmal noch. Sie stellt sich ein, wenn ich plötzlich zahlreiche Entscheidungen auf einmal treffen muss, die sich im ungünstigsten Fall auch noch gegenseitig bedingen. Ich gehöre zu den Menschen, die immer sehr genau abwägen und sich häufig zum Schluss noch einmal umentscheiden.

Ich bin sicher, dass für ein gutes Zeitmanagement ein gewisser Grad an Flexibilität nötig ist. Vor allem ist es wichtig, dass man nicht bei der kleinsten Abänderung eines vorher abgesteckten Plans in Panik verfällt. Von Chinesen habe ich in dieser Hinsicht viel lernen können: Während wir in Deutschland gerne einen fertigen Plan von A bis Z vorliegen haben, bevor wir mit der Umsetzung von A starten, beginnen die Chinesen mit A und schauen dann ganz pragmatisch, wohin sie das bringt und was Schritt B sein könnte. Diese Methode führt dazu, dass Chinesen extrem flexibel sind, was die spontane Änderung von Plänen angeht – so lassen sich gute Ideen, die im Verlauf eines Projektes entstehen, sehr viel einfacher nachträglich einbauen. Diese Art ist für uns Europäer zumeist gewöhnungsbedürftig und anstrengend. Aber, und das ist es, was ich daraus mitgenommen habe: Ob minutiöse Planung auf deutscher Seite oder vermeintliches Chaos auf chinesischer Seite, beide Varianten funktionieren.

Ich habe die chinesische Vorgehensweise mehr als einmal erlebt, aber meinen Live-Auftritt in der chinesischen Version des »Aktuellen Sportstudios« einen Tag nach meinem Olympiasieg werde ich nie vergessen: Ich wurde im Olympischen Dorf zwar pünktlich zur Fahrt ins Fernsehstudio abgeholt, aber danach lief alles nach chinesischem Muster. Ich saß im Backstage-Bereich mit meinem Bruder Gerrit, den ich zur Unterstützung mitgenommen hatte. Er ist genau wie ich Regionalwissenschaftler Chinas und spricht hervorragend chinesisch. Ich wusste gar nichts über den Programmablauf, also weder wie lange mein Auftritt sein würde noch was ich überhaupt dort machen sollte oder wann es losgehen würde. Auf unsere diesbezüglichen Fragen bekamen wir keine konkreten Antworten.

Dann, nach ziemlich viel Aufregung und einigen spontanen Interviews, wurde ich plötzlich gebeten, im Laufschritt auf die Bühne zu kommen. Mein Bruder war mit Shorts und T-Shirt bekleidet und wir hatten beschlossen, dass er sich am besten in die erste Reihe der Zuschauer an den Rand setzen sollte, um die Show mitverfolgen zu können. Wir standen dann also direkt hinter der Bühne und ich wartete auf meine Anmoderation. Meinen Schätzungen nach reichte mein Chinesisch für ca. 15 Minuten und da ich nicht wusste, was mir bevorstand, war ich ganz schön aufgeregt. Auf jeden Fall ging dann der Vorhang auf, ich lief los und auf einmal sah ich meinen Bruder Gerrit neben mir herlaufen, der ja eigentlich in den Zuschauerbereich hätte runtergehen sollen! Jetzt war er mit mir auf dem langen, schlauchähnlichen Weg zum Moderator. Die Redakteure hatten ihn einfach ganz spontan mit in Richtung Bühne geschubst, nachdem er sich mit ihnen etwas auf Chinesisch unterhalten hatte, wie er mir später erzählte. Unglaublich! Und so saßen wir dann – schnell wurde ein Extrastuhl gebracht – als Geschwisterpaar zusammen für ein 45-minütiges Live-Interview auf Chinesisch vor einem 120 Millionen großen Publikum.

Ähnlich erging es mir ein Jahr später bei meinem Auftritt bei der chinesischen Fassung von »Wetten, dass ..?«, bei dem ich auch nicht weiter über meine Aufgabe auf der Bühne informiert worden war. Immer, wenn ich an diese Auftritte zurückdenke, die beide ein großer Erfolg waren und ohne Probleme verliefen, verbinde ich das mit den vielen Nerven, die mich besonders dieser erste Abend gekostet hatte. Und ich wundere mich immer wieder von Neuem, wie die Chinesen es in dieser Hektik schafften, den Überblick und die Ruhe zu bewahren. Aber es klappte hervorragend und zeigte mir, dass kurzfristige Planänderungen durchaus nicht »verrückt« sein müssen, nur weil dies unserem normalen Muster widerspricht. Oft könnte uns diese Flexibilität unnötige oder umständliche Prozeduren ersparen.

Zur guten organisatorischen und zeitlichen Bewältigung eines hohen Pensums gehört natürlich die Bereitschaft, auch einmal einen engen Zeitplan zu akzeptieren, diesen dann konsequent einzuhalten und die zur Verfügung stehende Zeit optimal zu nutzen. Für mich heißt das zum Beispiel, mich im Flieger auf Gespräche und Vorträge vorzubereiten und in der Bahn Texte zu schreiben und zu lernen. Diese Stunden sind sowieso nicht anderweitig zu verwenden und so bleibt mehr Zeit für die Regeneration. Denn auch das zeigt mein Text aus dem Jahr 2005: Ich habe nach den Olympischen Spielen in Athen 2004 einfach verpasst, eine Pause zu machen. Das trug zum großen Teil dazu bei, dass ich im Jahr darauf so unzufrieden war. Der Grund war ganz einfach, dass ich eigentlich gar nicht fechten wollte, es trotzdem getan habe und dann nicht erfolgreich war.

Gutes Zeitmanagement und die Kombination vieler Dinge sind nicht unbedingt ein Gegensatz. Die Herausforderung, mehrere Projekte gleichzeitig anzugehen, weckt den Ehrgeiz und schafft einen Antrieb, den Sie wahrscheinlich nie erleben würden, wenn Sie täglich nur eine Aufgabe zu erledigen hätten, bei der die Zeiteinteilung auch noch flexibel ist.

Sie wissen wahrscheinlich aus eigener Erfahrung, dass man in Schule, Ausbildung und Beruf und sogar im Privatleben mit der Vorbereitung auf Klausuren, Präsentationen oder andere wichtige Termine meist erst dann beginnt, wenn der zeitliche Druck deutlich spürbar wird.

Denn so ist der Mensch: Wir brauchen ein gewisses Druckgefühl, eine treibende Kraft, die uns überhaupt erst zum Loslegen animiert. Die Aussicht, Dinge koordinieren zu müssen, und eine latente Angst, gar nichts zu schaffen, wenn man nicht endlich anfängt, lässt uns Menschen zu Hochform auflaufen und plötzlich um einiges produktiver werden. Ich sage damit aber nicht, dass man sich so viel in den Terminkalender packen sollte, bis man zusammenbricht. Denn zunächst einmal ist jeder anders »gestrickt«, und es gibt sicherlich genug Leute, die glücklich damit sind, sich nur auf eine Sache konzentrieren zu müssen, und die diese Aufgabe dann auch konsequent umsetzen. Ich glaube aber auch aufgrund der genannten Beispiele, dass uns in der Regel höhere Zielsetzungen oder eben größere Herausforderungen erst richtig Fahrt aufnehmen und mehr Dinge schaffen lassen. Aber auch wenn es motivierend ist, sich hin und wieder richtig zu fordern, sollten Sie beim Umfang Ihrer Aktivitäten auf Ihre persönlichen Grenzen achten. Denn wenn Sie sich zu viel gleichzeitig aufladen, geht der positive Effekt verloren.

Nicht verzetteln!

Wenn Sie hier ein bisschen, dort ein wenig und an dritter Stelle auch noch aktiv sind, können Sie schnell den Überblick verlieren. Sobald ich merke, dass mir so etwas passiert und ich mich durch die Vielzahl an verschiedenen Aufgaben auf keine mehr richtig konzentrieren kann, versuche ich schnellstmöglich die Reißleine zu ziehen und mindestens eines der laufenden Projekte abzubrechen bzw. zu verschieben. Dazu zählen auch Dinge, von denen Sie glauben, dass sie Sie nicht sehr belasten: Eine Umpflanzaktion im Garten, die Urlaubsplanung, das Streichen eines Zimmers. Wenn Sie Zeitdruck haben, müssen Sie Prioritäten setzen. Meist kann man einige zeitraubende oder auch einfach nur den Tagesplan unterbrechende Dinge eine kurze Zeit aufschieben, dann kehrt eine gewisse innere Ruhe ein. Hetze bringt Sie nicht zum Ziel – zeitlich gestresst kann man in keinem Feld gute Leistung bringen.

Wenn Sie Panik verspüren und sich die Frage stellen, wie Sie das alles bewerkstelligen sollen, sollten Sie also Ihre Aufgaben abbauen. Auch wenn Sie das Gefühl haben, ständig hinter Ihrem Zeitplan herzurennen, müssen Sie handeln: Sie helfen weder sich noch anderen, wenn Sie so weitermachen, da Sie in jedem Bereich blockiert sind. Sobald Sie vielleicht nur eine Sache weniger machen, gestaltet sich der Resttagesablauf schon viel angenehmer und Sie können wieder viel besser agieren.

Die Voraussetzungen für effizientes und konzentriertes Arbeiten liegen also darin, sich eine Struktur zu schaffen, zu versuchen, Dinge nacheinander abzuarbeiten. Es ist wichtig, nicht den Überblick zu verlieren und in gewissen Zeiträumen auch einmal konsequent die elektronischen Geräte, die einen immerzu ablenken, abzuschalten. Sich bei Zeitdruck nur auf die wichtigsten Aktivitäten zu beschränken, hilft bei der Fokussierung auf das Wesentliche.

Eine gute Zeiteinteilung ist ein großer Schritt in Richtung Effizienz – und damit auch zu mehr Freizeit.

Nehmen Sie sich die Zeit, Ihre Planungshorizonte zumindest grob zu strukturieren, und vermeiden Sie so den Stress, der Sie von Ihren Aufgaben abhält. So können Sie in entscheidenden Situationen überlegen und ruhig ans Werk gehen und Ihre mentale Stärke ausspielen.

5 DIE ABSCHLUSSTREFFER – MENTALE STÄRKE ZEIGEN

Sicher kennen auch Sie den berühmten »Breaking Point«, den Scheidepunkt, an den man immer mal wieder im Leben gelangt: Gebe ich auf oder mache ich weiter? Wie entscheide ich mich in dieser Situation? Kann ich das überhaupt, bin ich gut genug, um das zu leisten? Will ich bis zum Ende weitermachen, um mein Ziel zu erreichen?

Ich habe in meinem bisherigen Leben viele Gelegenheiten gehabt zu lernen, mich solchen Fragen zu stellen, damit umzugehen, sie sogar herauszufordern – und dabei Freude zu haben! Sich im Gefecht durchzubeißen und gegen den inneren Widerstand anzukommen, ist eine Kunst für sich.

Ich habe gerade das Halbfinale gegen die Chinesin Li Na gewonnen – ich konnte das Gefecht in den letzten drei Minuten noch zu meinen Gunsten drehen und habe dann meinen Vorsprung von zwei Treffern nicht mehr abgegeben. 19 Sekunden vor Schluss hatte die Chinesin begonnen, mich gnadenlos anzugreifen, und ich möchte nicht daran zurückdenken, wie ich gerade eben auf der Bahn beinahe ohnmächtig wurde vor Angst, dass sie mich im letzten Moment doch noch wieder einholen könnte. Der Gedanke daran schüttelt meinen ganzen Körper. Diese Nervenprobe habe ich hinter mir. Unfassbar, dass ich jetzt im olympischen Finale stehe! Das war gerade mein härtester Kampf an diesem Tag, das spüre ich bereits. Denn eines weiß ich jetzt schon: Ich werde auf jeden Fall mit einer Medaille nach Hause zurückkehren. Und ich merke auch, dass ich noch nicht satt bin, wo ich schon so weit gekommen bin. Ich bin jetzt auf dem langen Weg zurück in den Warm-up-Bereich und muss etwas erleichtert unweigerlich an meine Gedanken vor dem Halbfinale denken: Ich saß auf meinem Stuhl in der Warm-up-Halle und wartete. Zwischen Viertel- und Halbfinale lagen einige Stunden – und ich mag diese langen Wartezeiten überhaupt nicht. Ich fühlte mich elend. Ich hätte mich am liebsten versteckt, wäre weggerannt oder gar nicht mehr angetreten. Allein der Gedanke daran, dass die anderen drei Fechterinnen, die in der Halle umherliefen, alle den gleichen Traum hatten wie ich, machte mich fast wahnsinnig. Ich verspürte in dem Moment eine große Angst, genau diejenige von den Vieren sein zu können, die ohne Medaille nach Hause muss – und ich wollte nicht ohne Medaille heimfahren, mich nicht jahrelang grämen, dass ich so eine Chance ausgelassen habe. Je mehr mich dieser Gedanke beschäftigte, desto dringender wollte ich das Halbfinale gewinnen. Ich hatte zudem vorher die Überlegung gehabt, dass ich im Falle einer Niederlage wahrscheinlich wie bereits bei den Olympischen Spielen in Athen 2004 gegen die Ungarin Ildikó Mincza-Nebald um Bronze würde antreten müssen. Die musste nämlich im Halbfinale gegen die Rumänin Ana Branza kämpfen, die ich als stärker einschätzte. Und gegen die Ungarin wollte ich nun überhaupt nicht fechten, weil ich bei den Olympischen Spielen in Athen genau gegen sie im »Sudden Death« in der Runde der letzten 16 Fechterinnen verloren hatte. Eine harte Niederlage. Ich wollte nicht noch einmal in einem olympischen Entscheidungskampf gegen sie antreten, glaubte, dass ich nervlich nicht standhalten würde. Dementsprechend hatte ich mir gesagt, dass es also deutlich besser war, das nächste Gefecht zu gewinnen und sich doch dem Kampf zu stellen. Nun habe ich es geschafft! Und meine nächste Gegnerin heißt tatsächlich Ana Branza, so, wie ich es mir gedacht hatte.

Ich beschließe, einige Anrufe zu machen und zu berichten, dass ich jetzt im Finale stehe. Während ich meine Eltern anrufe, tigere ich auf den Aufwärm-Bahnen hin und her und gehe dabei immer wieder exakt dieselben Linien ab. Vom Start bis zum letzten Meter, um die Kabelrolle herum und wieder zurück. Immer schön gleich, im selben Rhythmus – damit ich jetzt ja nicht das Finale verliere, weil ich beim Abschreiten der Bahn aus der Konzentration geraten bin. Ich fühle mich wie ein Roboter und merke, dass ich mich nicht auf den Inhalt des Gesprächs fokussieren kann und mich auch überhaupt nicht von der Freude, dass ich es bis ins Finale geschafft habe, ablenken lassen möchte. Nachdem ich ein paar »Jas« und »Neins« und »Jetzt geht es noch weiter, es ist noch nicht vorbei« rausgebracht habe, lege ich benebelt wieder auf. Ich weiß eigentlich gar nicht, was meine Eltern und mein Freund eben überhaupt gesagt haben, und mache mir auch keine Gedanken darüber. Ich schreite im immer gleichen Rhythmus weiter die Bahn ab. Um mich herum bekomme ich nichts weiter mit. Die Phase der Zweifel ist vorbei. Jetzt will ich nur noch gewinnen.

Diese Sequenzen zwischen Halbfinale und Finale meines Olympiatages sind für mich Ausdruck von allem, was in diesem Kapitel folgt. Ich weiß, wie verführerisch es ist, sich aus einer Konfrontationssituation herauszunehmen, wie einfach es für mich gewesen wäre, mich zurückzuziehen. Für mich hat es sich gelohnt, mich der Situation zu stellen. Seither halte ich mir immer wieder diesen Moment vor Augen und erschrecke, wenn ich daran denke, wie schnell es hätte passieren können, dass ich diesen großen Erfolg nicht erreiche. Auch spiegelt sich der Fokus, der unglaubliche Tunnel der Konzentration wider, den ich am Olympiatag erzeugen konnte: An das Gespräch mit meinen Eltern habe ich überhaupt keine Erinnerungen mehr. Nur daran, wie ich die Bahn abschritt. So konzentriert war ich!

SELBSTSICHER IN DIE LETZTE PHASE DES GEFECHTS

Es gibt viele Tipps und gute Mittel, Druck auszuhalten und sich schwierigen Situationen zu stellen. Aus meiner Sicht besteht eine besonders probate Methode darin, die Ausgangsposition zu verbessern, bevor man überhaupt mentale Stärke beweisen muss: Mich gut zu präsentieren ist ein wichtiges Moment für meinen Erfolg als Fechterin und als Geschäftsfrau. Wie oft habe ich mir für bevorstehende Gefechte nicht den Hauch einer Chance ausgerechnet und später trotzdem gewonnen? Sie müssen nicht sicher sein, sollten aber zumindest Sicherheit ausstrahlen. Vermitteln Sie Ihrem Gegenüber Stärke. Sie werden sehen, dass sich die meisten Menschen davon beeinflussen lassen – zu Recht. Wer nervös und mit schwitzigen Händen vor den Chef tritt, kann nicht erwarten, als potenzieller Nachfolger wahrgenommen zu werden. Strahlen Sie Selbstbewusstsein aus. Am besten funktioniert das, indem Sie sich vorher immer wieder sagen, dass Ihnen nichts passieren kann und dass der Chef oder auch der Gegner auf der Planche Sie viel eher als gleichwertigen oder sogar überlegenen Gegner wahrnimmt, wenn Sie sich dementsprechend präsentieren.

Wer sich nicht traut, mit erhobenem Haupt in eine schwierige Situation zu gehen, der hat kaum Chancen auf einen Sieg. Sich dominierend und stark zu zeigen ist ein Teil der Erfolgsstrategie.

Das gilt für die Auseinandersetzung auf der Planche genauso wie für das Vorstellungsgespräch im Geschäftsleben. Versuchen Sie, Freude daran zu finden, siegessicherer aufzutreten, als Ihnen zumute ist! Ich habe beim Fechten gemerkt, was die Ausstrahlung von Selbstsicherheit für eine Wirkung haben kann. Außerdem bin ich mir dessen bewusst, dass es den anderen meist gar nicht anders geht als mir selbst. Jeder kämpft mit sich, wenn es darum geht, in ein Gefecht zu gehen und einen unangenehmen Gegner vor sich zu haben. Wenn ich mich in eine Angst hineinzusteigern drohe, drehe ich den Spieß einfach um: Wie fühlt sich eigentlich meine Gegnerin dabei, gegen die Olympiasiegerin zu fechten? Sicherlich auch nicht so wohl in ihrer Haut!

Doch das musste auch ich erst einmal lernen, denn man denkt ja immer, dass nur man selbst vor einer schwierigen Aufgabe Selbstzweifel und Unwohlsein empfindet. Überlegen Sie, was Ihr Gegenüber vielleicht für Unsicherheiten hat. Sie werden verwundert sein, was Ihnen da alles einfällt. Dabei bleibt es wichtig, dass man sich nicht einen Totalausfall des Gegners erhofft, sondern dieses Wissen um seine Schwächen einsetzt, um selbst das Beste leisten zu können, ohne Angst zu haben.

Konzentration und das Fokussieren auf das Wesentliche und den richtigen Augenblick – das sind wichtige Bestandteile mentaler Stärke. Druck standzuhalten und sich trotz Anspannung gut zu präsentieren, ist etwas, was mir durch das Fechten en passant mitgegeben wurde. Wie konzentriert man sich vor wichtigen Gesprächen, Terminen oder Prüfungen? Wie hält man dem Erfolgsdruck von außen und von innen stand? Die Erfahrungen aus dem Fechten haben mich den Umgang mit genau diesen Fragen gelehrt. Auf den nächsten Seiten möchte ich Ihnen einen kleinen Einblick in die komplizierte Gedankenwelt des Menschen geben. Dabei werden Sie merken, dass auch Sie schon hunderte Male in Gedankenstrukturen gefangen waren, die ich anführe. Obwohl konkrete Denkabläufe vorauszusehen sind, scheinen wir Menschen in Stresssituationen immer wieder dieselben Verhaltensmuster anzuwenden, aus denen es sich nicht so einfach ausbrechen lässt. Ich werde beschreiben, wie ich mich als Fechterin jedes Mal wieder einem Gegner und einer schwierigen Zweikampfsituation stelle und mich mental darauf vorbereite.

Die mentale Vorbereitung

Dabei nimmt zunächst eine gute Vorbereitung viel von der Angst, physisch oder mental zu versagen. Nicht nur der Körper muss trainiert und auf den entscheidenden Moment vorbereitet werden, sondern auch der Geist. Und der Geist ist zufrieden, wenn er für sich die Gewissheit verbuchen kann, dass das Vorbereitungspensum ordentlich absolviert wurde, dass man über einen genügend langen Zeitraum alles investiert hat und dass man nicht kurz vor einer Prüfung oder einem Wettkampf hektisch versucht hat, das bislang nicht Geschaffte nachzuholen.
  Ich habe es mir daher zur Prämisse gemacht, mit einem solchen beruhigten Gefühl in eine Klausur oder einen Wettkampf zu gehen: Wenn ich mental die Überzeugung hatte,

viel und sinnvoll trainiert zu haben, wirkte sich das meistens auch in einem guten Gesamtbefinden am Wettkampftag aus.

Als ich bei den Olympischen Spielen auf die Bahn ging, tat ich das in dem Bewusstsein, dass ich beim Training und in der Vorbereitung alles gegeben und getan hatte, um das Bestmögliche aus mir herausholen zu können. Aber ich war mir genauso dessen bewusst, dass es auch schiefgehen und ich früh verlieren konnte. Doch es ist einfach so, dass die Chancen auf Erfolg deutlich steigen, wenn ich mich gut auf einen Wettkampf oder ein wichtiges Gespräch oder Meeting vorbereite. Die Sicherheit, die einem eine gute Vorbereitung gibt, ist die Basis für die positiven Schwingungen, die man in eine Konfrontationssituation mitnehmen kann. So kann man sich auf das Wesentliche konzentrieren und die Gedanken werden nicht von der nagenden Sorge abgelenkt, was man alles nicht weiß oder kann.

Im Sport habe ich außerdem gelernt, dass die mentale Vorbereitung auf ein wichtiges Ereignis nicht erst am Tag des Wettkampfes beginnen kann. Wenn ich in die Weltcupsaison starte, beschäftige ich mich gedanklich bestimmt schon eine Woche vorher mit dem anstehenden Wettkampf. Bei Weltmeisterschaften ist der Gedanke daran schon Monate vorher da.

Die gedankliche Einstellung auf eine wichtige Situation und die Beschäftigung damit im Vorfeld sind von enormer Bedeutung für den späteren Erfolg.

Sich bereits vor einem Geschäftstermin innerlich mit Argumenten, Gegenargumenten sowie möglichen Fragen und Antworten zu beschäftigen, hat den gleichen Effekt wie eine Trainingseinheit beim Sport. Man übt, sich mit der Situation auseinanderzusetzen. Man stellt sich damit darauf ein, einer bestimmten Herausforderung zu begegnen. Diese mentale Vorbereitungszeit ist nicht zu unterschätzen. Für mich kann ich jedenfalls sagen, dass die Zeit, die ich zur gedanklichen Vorbereitung vor einem wichtigen Wettkampf aufwende, mit Sicherheit meine Trainingszeit in der Fechthalle bei Weitem übersteigt. Dabei stellen wir Sportler uns häufig schon die Wettkampfsituation im Geiste vor. Das lässt sich mit den Dialogen vergleichen, die man im Kopf mit dem Arbeitgeber führt, wenn ein Gespräch wegen einer Gehaltserhöhung ansteht. Mich auf das einzustimmen, was kommt oder kommen könnte, hat sich für mich häufig genug ausgezahlt. Die Beschäftigung mit einer bevorstehenden Konfrontation bringt mich in den richtigen Modus, um mich auf etwas voll konzentrieren zu können.

Doch welche konkreten Übungen dienen der mentalen Vorbereitung? Obwohl sie sich nicht sehr konkret anhört, ist für mich die beschriebene Methode die effektivste, bei der man sich mit vielen Selbstgesprächen auf eine Situation einstellt. Das Visualisieren, also das Übersetzen in innere Bilder, und das gedankliche Durchspielen von schwierigen Situationen sind ebenfalls probate psychologische Mittel. Ob man sich dabei auf einen Stuhl setzt und ritualmäßig das Kommende Schritt für Schritt noch einmal durchgeht, ob man sich vor dem Wettkampf vielleicht ein Handtuch über den Kopf legt oder Musik hört, um sich zu konzentrieren und die Außenwelt fernzuhalten, oder ob man diese Einstimmung, so wie ich es mache, über den Tag verteilt in den alltäglichen Lebenssituationen wie nebenher laufen lässt, ist dabei einfach eine Typfrage.

Natürlich gibt es aber zusätzlich kleine Tricks, die auch mir noch weiterhelfen. So erzählte mir mein Sportpsychologe vom »weißen Papier«, als ich in einer mentalen Krise steckte: Als ich noch etwas jünger war, hatte ich im Deutschen Juniorennationalteam eine Angstgegnerin, eine kleine, flinke Fechterin, mit der ich damals um einen Platz in der Nationalmannschaft kämpfte. Vor lauter Angst, sie könnte besser sein als ich, hatte ich in wichtigen Wettkämpfen bereits zwei Mal verkrampft gefochten, auf die Nachbarbahn geschielt, mir dunkle Szenarien meines Versagens ausgemalt und mich zunächst nicht qualifiziert. Mein Sportpsychologe empfahl mir danach, einfach alles, was mich bedrückte, zu notieren, mir alles von der Seele zu schreiben und diesen Zettel dann in eine Schublade zu stecken. Als die nächste Qualifikationsperiode bevorstand, riet er mir, den Zettel erst wieder herauszuholen und mich mit den darauf stehenden Problemen zu beschäftigen, wenn diese wichtige Phase vorbei sei. In der Zwischenzeit, so meinte er, würde ich immer, wenn meine Gedanken zu meinen Bedenken abschweifen wollten, vor meinem geistigen Auge nur ein leeres Blatt sehen. Denn der Text sei ja in der Schublade.

Ich wusste nicht so recht, was ich von dieser Methode halten sollte, hatte aber keine eigene Lösung parat, machte mich also ans Schreiben und versteckte den Zettel in einer Ausgabe von Goethes »Leiden des jungen Werther« – und da ist er immer noch. Ich fand die Wahl des Buches damals sehr passend, denn ich litt ja auch. Auf jeden Fall trat danach etwas ein, was ich nicht für möglich gehalten hatte: Ich habe es auf diese Weise geschafft, meine Ängste für eine bestimmte Zeit auszublenden, ich habe sie einfach nicht zugelassen. Ich habe mich qualifiziert und musste mein Bedenken-Papier noch nicht einmal rausholen und es verarbeiten, denn meine Ängste waren, wie sich herausstellte, unbegründet. Diese Methode funktioniert übrigens auch im Kopf, also wenn man Probleme einfach nur gedanklich in Schubladen steckt. Bis heute schalte ich so negative Gedanken aus, wenn ich vor wichtigen Situationen stehe und mich nicht ablenken oder beeinflussen lassen darf.

Die Auseinandersetzung mit der Frage, wo ich eigentlich tatsächlich stehe, empfinde ich übrigens als einen sehr wichtigen Baustein der mentalen Vorbereitung. Die Bedeutung der richtigen Messlatte, der gelungenen Selbsteinschätzung wird hier wieder deutlich und hilft bei der Antwort weiter. Ich habe die für mich bahnbrechende Erfahrung gemacht, dass mich manchmal eigene Gedankenkonstrukte von einem höheren Ziel abhalten können:

Ich war noch etwas jünger und mein Ziel beim letzten Wettkampf der Saison war es, in der Riege der besten zehn deutschen Fechterinnen zu bleiben, um weiterhin finanziell zumindest ein wenig unterstützt zu werden. Ich hatte mich innerlich darauf »eingeschossen«, den zehnten Platz zu halten, und äußerte meine Ängste, das nicht zu schaffen, gegenüber meinem Sportpsychologen. Wir haben damals zum Glück sehr viel miteinander gearbeitet. Statt einer Aufmunterung erntete ich für meine Darlegungen einen bösen Blick und eine peinliche Pause entstand. Ich fragte mich, was ich wohl Falsches gesagt haben könnte. Dann antwortete er: »Britta, wo willst du eigentlich hin? Also wirklich, du machst dir Gedanken, ob du dich auf Platz zehn halten wirst! Du gehörst doch eher auf Platz drei – mach dir lieber mal Gedanken darüber, wie du dich *da* hinarbeiten kannst. Nicht, wie du nach hinten verteidigen kannst. Schau nicht nach hinten, sondern nach vorne! Weiterkommen wollen statt Position halten solltest du!« Ich war baff von dieser Rede, denn darüber hatte ich überhaupt noch nicht nachgedacht. Bei dem besagten Wettkampf war ich dann so gut, dass ich von einem auf den anderen Tag plötzlich in der Nationalmannschaft war, ich kämpfte mich also tatsächlich auf Platz drei vor. Da wurde mir zweierlei klar:

Erstens, dass wir uns häufig selbst enge Gedankengrenzen auferlegen und unseren Horizont nicht ausweiten, also gar nicht erst versuchen, über den vermeintlichen Tellerrand hinauszuschauen. Ich bin seither davon überzeugt, dass ein Vorhaben, das auf Verbesserung abzielt, einfacher zu erreichen ist als die reine Verteidigung einer Position. Der reine Verteidigungsgedanke bzw. der krampfhafte Versuch, an etwas festzuhalten, ist immer mit Ängsten oder sogar Panik verbunden – und das geht häufig schief.

Zweitens habe ich erkannt, dass es bei der mentalen Vorbereitung eine entscheidende Unterstützung ist, die Situation nicht nur mit sich selbst zu klären, sondern auch mit dem Umfeld zu besprechen. Vor allem, wenn man merkt, dass man in einer Schiene festgefahren ist, dass man nicht vorankommt oder sich von einer Angst nicht befreien kann.

Analysieren Sie schon vor einer Konfrontation, wo Sie genau stehen, und nehmen Sie Anregungen aus Ihrem Unterstützerkreis, Ihrem engsten »Netz« auf. Wenn Sie die eine oder andere Bemerkung mental weiterbringt, bauen Sie sie in Ihr Gedankengeflecht ein und nutzen Sie sie.

Der richtige Fokus

Das Fokussieren auf einen bestimmten Augenblick und eine bestimmte Aufgabe ist etwas, was man als positiven »Tunnelblick« bezeichnen könnte. Als Fechterin versuche ich dieses Konzentrationsniveau bei jedem Gefecht zu halten. Bei uns kommt es nicht nur darauf an, am Wettkampftag mental gut drauf zu sein, sondern wir haben an einem Finaltag bei Weltcupturnieren mit einem Feld von 64 Fechterinnen im besten Fall sechs Kämpfe vor uns. Dabei muss ich mich vor jedem Gefecht neu konzentrieren. Dann ist es wichtig, in jeder Situation Herr seiner Gedanken zu sein bzw. zu bleiben.

Bei den Olympischen Spielen in Peking ging mir im Finalgefecht beim Stand von 12:8 durch den Kopf, dass ich jetzt wohl Olympiasiegerin werden würde – prompt habe ich in 20 Sekunden zwei Treffer in Folge bekommen und der Stand hat sich auf 12:10 verkürzt. In diesem Moment war mir klar, dass ich mich jetzt neu sammeln musste, um überhaupt noch einen Treffer zu machen und tatsächlich zu gewinnen. Durch das Abschweifen der Gedanken und das Verlassen des fokussierenden Tunnels hätte ich im letzten Moment beinahe noch einmal den Olympiasieg gefährdet. Nie vorher oder nachher wurde mir so deutlich wie in diesem Gefecht, was das Wort »Fokus« wirklich bedeutet und wie extrem konzentriert man als Mensch sein kann. Aufgefallen ist es mir in dem Moment, in dem ich den Fokus verloren hatte und mich durch kontinuierliches positives Zureden – »Konzentrier dich, komm schon, weiter jetzt« – wieder in den Zustand zurückversetzt habe.

Es ist ein Phänomen des Geistes, dass man sich bei einer hohen Führung plötzlich schon mit dem Sieg beschäftigt und dadurch an Konzentration verliert. Auch bekommt man es immer wieder mit der Angst zu tun, doch noch zu verlieren, wenn der Sieg eigentlich schon greifbar nahe ist. Eigentlich ist man ja im Vorteil – trotzdem muss man sich immer wieder selbst anfeuern, um sich nicht mit solchen Gedanken zu beschäftigen, sondern nur an den nächsten Treffer zu denken und »in der Situation« zu bleiben.

Im Verhandlungsgespräch im Berufsleben, bei Vorträgen oder in Prüfungssituationen ist es dasselbe: Versuchen Sie, sich auf den Moment zu konzentrieren. Lassen Sie sich nicht von Gedanken verleiten, die Sie von dem ablenken, was für Sie wichtig ist. Lassen Sie sich vom sogenannten »Flow« tragen – dieser Begriff wird von Psychologen wie Mihály Csikszentmihályi benutzt, um das Gefühl zu beschreiben, so in einer Aktivität aufzugehen, dass man voll und ganz im gegenwärtigen Augenblick ist. Wer einmal konzentriert ist, kann dann auch problemlos ein bisschen länger an einer Aufgabe weiterarbeiten. Nutzen Sie den Moment der totalen Konzentration!

Im Nachhinein sagten mir meine Eltern und mein Freund zu dem Telefonat, das ich zwischen dem Halbfinale und dem Finale mit ihnen geführt hatte, während ich die Bahnen abschritt, sie hätten es mit der Angst zu tun bekommen, so apathisch sei ich gewesen. Ich hätte überhaupt nicht auf ihre Fragen reagiert, sondern immer nur völlig vom Gespräch losgelöste Selbstanfeuerungsparolen zum Besten gegeben. Das war also einer dieser besonderen Fokussierungsmomente. Ich wusste damals, dass ich mich nicht ablenken lassen *durfte*. Einmal aus der Konzentration gebracht, ist es unheimlich schwierig, wieder zurückzufinden.

Blenden Sie negative Gedanken aus, konzentrieren Sie sich auf das Positive. Ich sage häufig zu mir selbst immer wieder die Worte: »Ich kann, ich will, ich schaffe es.« Bei bzw. vor den Wettkämpfen rede ich quasi ständig mit mir selbst, um die Gedanken zu steuern und in die richtige Richtung zu lenken. Wenn ich vor Gefechten ein kleines Motivationstief habe und Gefahr laufe, mich nicht mehr hundertprozentig einzusetzen, frage ich mich zum Beispiel: »Wer soll in diesem Gefecht gewinnen? Warum nicht ich? Will ich, dass die Gegnerin gewinnt? Nein! Wieso sollte eigentlich jemand anderes gewinnen als ich? Ist mir egal, wer gewinnt? Nein! Will ich, dass mein Gegner sich über einen Sieg freut und ich mich durch eine Niederlage schlecht fühle? Nein! Also werde ich mein Bestes geben, um selbst zu gewinnen!« Sich selbst zu motivieren, sich auf seine Stärken zu besinnen, sich positiv zuzureden und dabei nicht in Selbstzweifel oder Selbstbeschimpfungen zu verfallen, ist für mich eines der wichtigsten Rezepte zum Erfolg.

Gehen Sie bewusst mit Ihrem mentalen Zustand um – Sie können ihn durch positive Selbstgespräche beeinflussen.

Bei den Weltmeisterschaften in St. Petersburg 2007, wo ich den ersten großen Erfolg meiner Fechterkarriere verbuchen konnte, gab es auch einige äußere Widrigkeiten, mit denen wir Fechter uns in unserer Konzentration und in unserem Wettkampf arrangieren mussten. Als gerade mein Gefecht um den Einzug ins Halbfinale lief, riefen plötzlich die Zuschauer und die anderen Anwesenden in der Halle wild durcheinander. Der Kampf wurde angehalten und wir schauten uns nach dem Grund der Aufregung um. Es hatte sich auf den anderen Bahnen doch wohl keiner verletzt? Dann sahen wir den sprichwörtlichen Brandherd: Eine der Hallenleuchten war durchgebrannt und die Flammen hatten bereits auf die umliegende Deckenstruktur übergegriffen. Die Leuchtanlagen dieser veralteten russischen Halle hatten genau jetzt beschlossen, ihren Geist aufzugeben. Während wir uns nach ein paar Minuten des faszinierten Zuschauens schon fragten, ob der Wettkampf nun für längere Zeit unterbrochen werden müsste und wir vielleicht sogar alle aus der Halle evakuiert werden würden, rief uns der Obmann wieder zum Gefecht auf.

Ich kann Ihnen versichern, dass es nicht leichtfällt, sich nach einer solchen Aufregung und Ablenkung wieder voll auf die eigentliche Aufgabe zu konzentrieren und den Faden wieder aufzunehmen. Sich zu ärgern und wegen der Ablenkung Frust aufzubauen bringt in solchen Momenten aber gar nichts. Ich habe deshalb versucht, die Unterbrechung einfach auszublenden, zu vergessen – und die Weltmeisterschaften gewonnen.

Ausgleichende Gerechtigkeit und die Macht der Rituale

Ich halte es für einen gut funktionierenden psychologischen Trick, mir eines immer wieder vor Augen zu halten: dass nämlich im Großen und Ganzen alle die gleichen äußeren Bedingungen mitbekommen bzw. dass sich das zumindest immer wieder ausgleicht. Natürlich kann es einen auch in einer denkbar ungünstigen Situation treffen, zum Beispiel, wenn man sowieso nicht so konzentriert ist – dann wirkt eine zusätzliche Ablenkung noch stärker. Aber ansonsten sind alle müde, wenn der Wettkampf schon um acht Uhr morgens losgeht, alle schwitzen, wenn die Halle nicht gekühlt ist, und frieren, sollte die Heizung nicht angestellt sein. Manchmal kann man damit besser umgehen bzw. liegen einem die Umstände mehr, manchmal weniger. Aber das ist ja genau die Kunst und die Herausforderung: Sich auf die verschiedenen Bedingungen einzustellen und nicht immer alles von äußeren Umständen abhängig zu machen. Derjenige, der voll konzentriert ist, kann sich durchsetzen, egal ob es kalt ist oder warm, ob man müde ist oder ob es eine Verzögerung oder Unterbrechung gibt.

Damit möchte ich zweierlei vermitteln: Erstens: Ich habe diese Prinzipien des positiven Selbstgesprächs und des Ausblendens häufig erfolgreich angewendet – glauben Sie mir, sie funktionieren! Und zweitens: Man kann Konzentration trainieren.

Wie bekommen Sie Nervosität in den Griff, was machen Sie, wenn Sie doch einmal abgelenkt sind, wenn die Gedanken wie ein Orkan herumrasen und Sie Ihren eigenen Geist nicht zu packen bekommen? Konzentrieren kann man sich nur, wenn man die Gedanken in ruhige Bahnen gelenkt hat. Dazu muss man versuchen, erst einmal ruhig zu werden und nicht in Panik zu geraten. Dieses »Lockerwerden« auf Kommando ist eine der schwierigsten Übungen. Es geht darum, die Balance zu finden zwischen der Nervosität und Anspannung einerseits und der Coolness andererseits, die einem den klaren Kopf beschert. Wenn Sie unmittelbar vor einer wichtigen Aufgabe stehen, hilft es, den Kopf wortwörtlich »durchzulüften«. Frische Luft tut dem Geist gut. Auch während eines Wettkampfes versuchen wir Athleten so häufig wie möglich nach draußen und ans Tageslicht zu kommen, um die Gedanken wieder besser sammeln zu können.

Meine Nervosität vor wichtigen Wettkämpfen oder auch vor beruflich schwierigen Situationen bekomme ich in der

Regel zunächst mit gutem Zureden in den Griff. Flechten Sie außerdem Rituale in Ihre Vorbereitung bzw. Ihre Konzentrationsphasen ein. Ich ziehe zum Beispiel bei Wettkämpfen jedes Mal die gleichen T-Shirts an und telefoniere am Abend vor dem Turnier immer mit denselben Menschen – und das schon seit Jahren. Auch die Abfolge und der Ablauf des Aufwärmtrainings bleiben bei vielen Sportlern häufig gleich. Diese Dinge tragen dazu bei, dass man sich sicher fühlt, weil man etwas Gewohntes tut und so die Aufregung des Neuen aus der Situation nimmt. Routine-Abläufe helfen, die Nervosität abzuschwächen – wir wissen, was auf uns zukommt und bewegen uns zunächst in bekannten Gewässern, das beruhigt.

Etablieren Sie Rituale, um Ihre Nervosität in den Griff zu bekommen und um sich besser konzentrieren zu können.

Besonders am Anfang meiner Karriere habe ich mich häufig von den gegnerischen Fans ablenken lassen. Immer, wenn die Mütter meiner Gegnerinnen über einen Treffer jubelten, habe ich mich damit beschäftigt und konnte mich nicht auf das Gefecht konzentrieren. Mit meinen Gedanken auf der Fechtbahn zu bleiben, mich zu fokussieren, habe ich dadurch gelernt, dass ich hunderte Wettkampfgefechte erlebt habe und ungezählte Trainingsgefechte, bei denen sich Eltern direkt neben der Bahn laut unterhielten oder die jüngeren Athleten beim Warmkicken den Fußball auf unsere Bahn schossen. Auch beim Studium war es so: Mit jeder weiteren Klausur, auf die ich mich vorbereitet habe, steigerte sich meine Konzentrationsfähigkeit.

Wenn Sie Probleme haben, sich zu konzentrieren, helfen spezielle Konzentrationsübungen weiter. Ich habe selbst eine Zeit lang gerne im Flugzeug Denksportaufgaben gelöst, die sich mit Logik, Kreativität und Wortspielen beschäftigen. Das trainiert die Konzentrationsfähigkeit tatsächlich.

> **Tipp von Psychologe Lothar Linz:** Konzentration
>
> Bei der Konzentration geht es darum, die Aufmerksamkeit bewusst dahin lenken zu können, wo man sie haben will.
>
> a Nehmen Sie für ein paar Sekunden Ihren Atem wahr. Spüren Sie, wie er ein- und ausfließt.
> b Spüren Sie den Stand der Füße auf dem Boden. Rollen Sie die Fußsohlen leicht vor und zurück und spüren Sie, wie sich das anfühlt.
> c Steigern Sie Ihre Konzentration über den Blick. Schauen Sie zuerst auf einen weit von Ihnen entfernten Punkt, so lange, bis Sie merken, dass Sie wirklich mit der Aufmerksamkeit ganz bei diesem Punkt sind. Dann schauen Sie zu einer Stelle ganz nah bei Ihnen, z. B. auf Ihre Füße, und tun das Gleiche. Wenn Sie jetzt wieder Ihren Blick heben, werden Sie merken, dass Sie wieder ganz im »Hier und Jetzt« sind und die Konzentration wieder bewusst steuern können.
> d Manche Menschen können auch sehr gut mit Visualisierungen arbeiten. Stellen Sie sich zum Beispiel vor, Sie seien eine Katze, die vor einem Mauseloch wartet. Oder ein Greifvogel, der mit seinem Blick ein Beutetier anvisiert, um gleich im Sturzflug zuzupacken.
> e Auch gegen äußere Störeinflüsse können Sie sich mit Visualisierungen wappnen. Stellen Sie sich zum Beispiel vor, zwischen dem Störfaktor und Ihnen würde sich eine dicke Wand befinden, an der alle Äußerungen bzw. Einflussnahmen anderer abprallen.

> f Trainieren Sie Ihre Konzentrationsfähigkeit im Alltag. Versuchen Sie z. B. beim nächsten Mal, wenn Sie sich ein Brot schmieren, mit der vollen Aufmerksamkeit dabei zu sein. Oder nehmen Sie bewusst wahr, wie es sich anfühlt, sich die Zähne zu putzen.

Beginnen Sie dann im Augenblick der Konzentration nicht, über die möglichen Konsequenzen nachzudenken, die sich aus dem Ausgang Ihres Gefechts ergeben könnten, also über die Folgen einer Niederlage oder einer schlechten Arbeit. Blenden Sie alle Sinnfragen aus, stellen Sie sich vor, Sie sind ganz allein. Wenn ich auf der Bahn im Finale stehe, dann darf ich mir nicht meinen Bruder auf der Tribüne vorstellen. Ich weiß genau, wie sehr er die Daumen drückt und wie niedergeschlagen er ist, wenn ich verliere. Fängt man einmal mit solchen Gedanken an, ist man nicht nur mental abgelenkt, sondern man lastet sich noch mehr Druck auf die Schultern. Damit befinden wir uns mitten in der Frage, wie man kurz vor und in schwierigen Situationen mit Druck umgehen kann.

DER UMGANG MIT DRUCK

Druck im Allgemeinen führt aus meiner Sicht in jedem Fall zu gedanklichem Stress. Wenn er uns überwältigt, wie es mit Sicherheit jedem im Leben schon mehrfach passiert ist, entstehen im Kopf »gedankliche Purzelbäume« und gar Sturmwellen, Konzentrationslücken und Versagensängste, die das Leistungsvermögen negativ beeinflussen und manchmal sogar in einer echten Abwärtsspirale enden können. Deshalb empfinde ich dieses Thema als sehr sensibel und extrem wichtig.

Bevor es um die verschiedenen Arten von Druck geht, denen man sich auf und neben der Fechtbahn täglich stellen muss, möchte ich noch einmal das bereits erwähnte Thema des richtigen Auftretens aufgreifen: Ich habe schon bei meiner Abiturprüfung die Erfahrung gemacht, dass man Nervosität und Aufgeregtheit hervorragend hinter einer Fassade verstecken kann, indem man lächelnd ins Prüfungszimmer geht und den Eindruck erweckt, dass man gar keine Angst hat vor dem, was kommt. Ich war eigentlich total aufgeregt, habe aber mit einem Lächeln und einem ersten lockeren Satz die Dramatik aus der Situation nehmen können und den Lehrern einen selbstbewussten Eindruck vermittelt.

Aber ich beginne lieber mit einem Fechtbeispiel, das ich sehr eingängig finde und das genau das beschreibt, was ich häufig angewendet habe. Fechter tragen eine Schutzkleidung, mit der man sich unbesorgt ins Gefecht stürzen kann. Wir haben uns längst daran gewöhnt, in voller Montur und mit Kopfschutz auf die Bahn zu gehen. Aber ich werde häufig gefragt, wie es denn so ist, durch ein Gitter zu schauen oder auch durch die Maske nicht erkannt zu werden, und ob es denn einen Unterschied macht, ob man dem Gegner in die Augen schauen kann oder nicht.

Sich bedeckt halten

Zunächst lässt sich sagen, dass man durch die Maske hervorragend sieht, da das engmaschige Gitter sehr nah am Auge ist und man dadurch die Gitterverstrebung nicht sieht – der

Blick ist eher insgesamt etwas abgedunkelt. Aber es ergibt sich außerdem eine Art Tarneffekt, wir können beobachten, ohne beobachtet zu werden. Dabei muss man sich immer im Klaren darüber sein, dass der Gegner genau dieselbe Erfahrung macht und die gleiche Möglichkeit hat. Ich empfinde das Tragen der Maske im übertragenen Sinne und auch von der Wirkung beim Fechten her zunächst als Mittel, den Gegner nicht zu sehr zu personifizieren. Es bestätigt damit meine Philosophie, dass man sich in einem Gefecht mehr mit sich selbst und seiner eigenen Verfassung als mit dem Gegner als Person beschäftigen sollte. Es sollte egal sein, welches Gesicht sich unter der Maske auf der gegenüberliegenden Seite befindet. Außerdem ist es ein Beispiel dafür, dass wir uns beileibe nicht gedanklich, emotional und geistig vor unserem Gegner offenbaren müssen, sondern dass wir uns, wie bereits angesprochen, präsentieren können, wie wir uns am wohlsten fühlen, und zwar so, dass wir uns nicht »nackt« vorkommen.

Aber lassen Sie uns die Situation von uns Fechtern durchspielen: Wir haben uns am Anfang des Gefechtes nicht ganz so gut angestellt und liegen nun mit 4:6 Treffern zurück. Noch kein Drama, aber wir bekommen schon erste Zweifel, ob wir es schaffen werden, noch zu siegen. Dann setzen wir den Treffer zum 5:6 und lassen einen Triumphschrei hören. Wir richten uns auf, gehen erhobenen Hauptes und Dominanz demonstrierend an die Startlinie zurück. Wir zeigen nach außen hin Stärke. Empfinden wir die auch in unserem Kopf? Nein? Nein – wir sind in der Regel noch immer etwas verwirrt, haben noch immer Angst, das Gefecht könnte schieflaufen und der Gegner wieder den nächsten Treffer setzen. Aber vielleicht denkt der Gegner sich genau das Umgekehrte und bekommt Angst, weil wir so selbstbewusst erscheinen und keinen Zweifel daran lassen, dass wir an uns glauben. Sehen Sie, wie einfach die Psychologie in die eine und in die andere Richtung wirken kann? Man muss überhaupt nicht immer alle Gefühle und Gedanken, Befürchtungen und Zweifel nach außen tragen.

Muss der Chef wissen, dass man sich unsicher fühlt? Muss der Gesprächspartner wissen, dass man sich unterlegen fühlt? Sicher gibt es Situationen, in denen komplette Offenheit zum Ziel und zu den richtigen Kompromisslösungen führt. Schwächen zu zeigen ist ja nicht grundsätzlich der falsche Weg. Es geht allein darum, dass man die Wahl hat, was man von sich preisgibt, an wen man sich wendet, wie viel die anderen wissen müssen. Für mich ist beim Fechten immer das Wichtigste, dass ich mich in der Situation wohlfühle mit der Art, wie ich mich verhalte. Ob ich Ärger und Enttäuschung zeige, ob ich mich zusammenreiße und gefasst bin – manchmal muss man dem Gegner etwas vortäuschen, manchmal ist es besser, die Emotion rauszulassen. Insgesamt fühle ich meistens nicht so gut, wenn ich, im Nachhinein betrachtet, zu viel von meiner jeweiligen Gemütslage offengelegt habe – egal ob beim Siegen oder beim Verlieren. Aber wir können ja selbst steuern, was wir preisgeben.

Besonders wenn es um die Frage des Drucks und des Standhaltens in schwierigen Situationen geht, müssen Sie sich schützen. Lehnen Sie sich – auch mit Erfolgsprognosen – nicht zu weit aus dem Fenster, wenn Sie davon ausgehen, dass der Druck dann steigt. Erzählen Sie nicht jedem, dass Sie ein Bewerbungsgespräch haben, wenn Sie sich lieber im Stillen darauf vorbereiten wollen und nicht mit der Frage beschäftigt sein möchten, wie Sie es Ihrem Umfeld beibringen sollen, wenn es mit der Einstellung bei dem Wunschunternehmen nicht klappen sollte. Sagen oder zeigen Sie Ihrem Vorgesetzten oder Verhandlungspartner in einem wichtigen Gespräch nicht, dass Sie aufgeregt sind. Nicht darüber zu reden, dass man nervös ist, sollte um einiges leichter umzusetzen sein als die Nervosität nicht zu zeigen. Das können Sie meiner Meinung nach nur durch viel Übung und viele Konfrontationssituationen erlernen. Aber den Chef nicht aktiv darauf aufmerksam zu machen, indem man ihm zusätzlich noch von seiner Nervosität berichtet, ist schon mal ein guter Anfang.

Versuchen Sie von vornherein, den Aufbau von Druck zu vermeiden. Geben Sie nicht zu viel von sich preis. Gehen Sie in Deckung und legen Sie nur so viele Karten auf den Tisch, wie es Ihnen guttut!

Druck oder Herausforderung – Sie entscheiden selbst

Immer wieder fragen mich Manager, vor denen ich Vorträge halte, und Nachwuchssportler, die sich mir anvertrauen, wie ich damals und heute mit dem Druck umgehe. Druck kann dabei vielfältige Formen annehmen: Leistungsdruck, also die Notwendigkeit, bestimmte Bedingungen zu erfüllen, um sich für eine WM zu qualifizieren. Erwartungsdruck, der von außen auf einen einströmt und gewisse Ansprüche erhebt. Und schließlich der Druck, den man sich selbst macht – der Wunsch, einen guten Eindruck zu hinterlassen oder sich selbst etwas zu beweisen.

Das Wissen, eine bestimmte Leistung abliefern, eine Klausur bestehen oder eben auch WM-Normen erfüllen zu müssen, schränkt häufig die Leistungsfähigkeit ein, wenn man sich zu sehr damit beschäftigt. Ich spreche in diesem Buch immer wieder die Messlatte an, die man sich seinen Verhältnissen entsprechend hoch legen sollte. Setzt man sie zu niedrig, bremst man sich und seine Möglichkeiten aus. Immer unter der Voraussetzung, dass man ein bestimmtes, hochgestecktes Ziel wirklich erreichen will. Wenn Sie zufrieden sind, an einer bestimmten Stufe stehen zu bleiben und sich dort einzurichten, ist das natürlich etwas anderes und auch vollkommen in Ordnung.

Ich bin Leistungsdruck immer folgendermaßen begegnet: In der Schule habe ich mir das Ziel gesetzt, möglichst eine Eins zu schreiben, wenn ich bestehen wollte. Im Sport habe ich versucht, mir über Punkte und Ranglisten aus dem Grund keine Gedanken zu machen, weil ich mir sowieso viel Mühe gebe und alles zeige, was ich kann, egal was ich leisten *muss*. Einfach weil ich es kann und will! Ich habe immer versucht, auch in der Olympiaqualifikation für Peking 2008, mich von keinem Zeit- und Punkteplan beunruhigen und aus dem Konzept bringen zu lassen. Ich habe mich geweigert, hinter den Punktemodus zu steigen und herauszurechnen, wer wann wo und wie noch genau welches Ergebnis für die Qualifikation schaffen muss, um zu den Olympischen Spielen fahren zu können. Nach dem Motto: »Ich gebe in jedem Wettkampf mein Bestes – und dann reicht es eben oder es reicht nicht!« Trotz allem war es aber für mich die ganze Zeit über wichtig, im Auge zu behalten, wie viele Wettkämpfe noch anstehen. Der Rahmen musste mir klar sein. Ansonsten habe ich einfach bedingungslos gekämpft. Auch ohne Rechnerei war mir immer ungefähr bewusst, wo ich stand. Sobald man sich aber eine Grenze klar vor Augen hält – »Ich muss noch in der Klausur diese Punktzahl oder bis zum Jahresabschluss das Bilanzergebnis erreichen« –, dann wird es immer schwieriger, dieses Ziel umzusetzen. Wenn ich nicht genau weiß, was reichen wird, und einschätze, was ich aus eigener Kraft erreichen könnte, habe ich bislang immer mehr geschafft als mit der anderen Methode. In diesem Zusammenhang finde ich den Ausdruck »alles in die Waagschale werfen« ziemlich gelungen.

Erwartungsdruck kenne ich vor allem, seit ich ganz oben stehe. Als junge motivierte Sportlerin hat keiner so richtig sein Augenmerk auf mich gerichtet, weder Trainer noch Medien noch Bekannte. Jetzt, wo ich alles gewonnen habe, was ich so gewinnen konnte, vergeht kein Tag, an dem mich nicht jemand auf meine Leistung bei einer vergangenen oder vor mir liegenden Meisterschaft anspricht. Dabei können die Medien weniger Druck auf mich ausüben als mein erweiterter Bekanntenkreis, der meine Erfolge und Misserfolge verfolgt und mich diesbezüglich auch hin und wieder in Erklärungsnot bringt. Den Druck von ganz außen habe ich noch nie richtig an mich herankommen lassen. Ich bin eine realistische Sportlerin: Es gibt im Sport Höhen und Tiefen, besondere Augenblicke und nicht so wichtige Phasen. Ich konzentriere mich darauf, in den entscheidenden Momenten in Form zu sein und mich nicht davon beeindrucken zu lassen, wenn ich ein paar kritische Nachfragen von außen bekomme, falls ich einmal nicht so gut abgeschnitten habe.

Dem eigenen, »selbst gemachten« Druck setze ich mich am meisten aus. Diesen Druck können Sie mit Ihrem Inneren selbst ausmachen. Wie bereits angesprochen, sind Sie in der Regel Ihr ärgster Gegner. Oftmals kommen einem somit die eigenen Gedanken in die Quere, wenn es um das Erreichen eines Ziels geht. Man hadert mit sich, ob man zum Beispiel überhaupt talentiert genug ist, um ein bestimmtes Ergebnis zu erreichen, ob man in der Lage ist, um etwas in einer gewissen

Zeitspanne zu schaffen, und man fragt sich, wieso man überhaupt selbst derjenige sein könnte, der am Ende Erfolg hat. »Viele andere sind ja auch gut, wieso also ich? Was erwarten die anderen von mir? Kann ich die Vorgaben erfüllen?« Ich weiß, dass es einen erdrücken und in Panik versetzen kann, wenn man sich mit solchen Fragen zu sehr beschäftigt. Einmal in dieser Situation gefangen, ist es ein schwieriger Prozess, sich wieder herauszuarbeiten. Um das zu vermeiden, nehme ich mir daher immer zwei Dinge vor, wenn es um wichtige Entscheidungen geht: Erstens versuche ich, die äußeren Erwartungen und Forderungen auszublenden. Es ist wichtig zu erkennen, dass kein Außenstehender einen so genauen Einblick in die tatsächliche Situation und die Erfolgschancen hat wie man selbst. Zweitens hilft es nicht, sich die Vorstellungen und Wünsche anderer zu eigen zu machen, dadurch hat man selbst nicht mehr Erfolg.

> *Tipp von Psychologe Lothar Linz:* Black-out
>
> Wenn Sie schon einmal einen Black-out hatten, so lag das wahrscheinlich daran, dass Sie durch die Überspannung in der Situation so eingeschränkt geatmet haben, dass Ihr Gehirn mit Sauerstoff unterversorgt war. Am besten ist es also, eine kurze Unterbrechung einzulegen und erst einmal tief durchzuatmen.

Auf dem Weg zum Ziel ist es daher wichtig, dass man sich auf sich selbst konzentriert und der Blick nach innen gerichtet ist. Dabei nimmt man das selbst gesteckte oder im Berufsleben vom Vorgesetzten delegierte Endziel mit hinein in die innere

Gedankenwelt und baut sich darum herum ein Gerüst. Ich empfand es vor Olympia als sehr wichtig, mich auf meine eigenen kleinen Schritte Richtung Olympiasieg und die damit einhergehenden Probleme zu konzentrieren, also ins Detail zu gehen und mich nicht von der Gesamtaufgabe umwerfen zu lassen.

Bleiben Sie mit Ihren Gedanken im gegenwärtigen Moment! Lassen Sie sich nicht darauf ein, den ganzen Berg zu sehen, der auf dem Weg zum Gipfel vor Ihnen liegt. Das erschlägt jeden. Relativieren Sie also den Druck, indem Sie Ihr Blickfeld auf die nächsten Schritte begrenzen. Mit dieser Einstellung erhöht sich Ihre Chance, tatsächlich Außergewöhnliches zu leisten und nicht unter der Last des Erfolgsdrucks zu zerbrechen.

Warum ändern, was sich bewährt hat?

Sie standen schon oft hinter der Bühne, aber diesmal wartet vor dem Vorhang ein besonders großes Publikum? Sie haben schon viele Vorträge gehalten, aber heute sitzt der Chef in der ersten Reihe? Sie haben sich besonders viel Mühe gegeben und sind trotzdem schlechter als sonst? Da stellt sich die Frage, warum Sie es in solchen Situationen nicht »einfach so wie immer« haben machen können? Insgesamt kann ich Ihnen aus meiner Erfahrung den Rat geben: Versuchen Sie, sich von keiner Drucksituation in Ihrem Leben aus Ihrem normalen Ablauf bringen zu lassen, egal wie außergewöhnlich die Lage ist. Deutlicher gesagt ist es sogar umso wichtiger, die gewohnte Routine durchzuziehen, je wichtiger die Situation ist. Wenn Sie in einem bestimmten Bereich mit Ihrer bisherigen Methode erfolgreich waren, wäre es ein Fehler, die Art und den Umfang einer Vorgehensweise zu ändern, nur weil etwas Besonderes ansteht. Ich habe schon viele Athleten auf dem Weg zu Meisterschaften scheitern sehen, wenn sie dachten, sie müssten hierfür auf eine besondere Art und Weise trainieren und sich vorbereiten. Indem sie diese Wettkämpfe schon durch die komplette Anpassung an echte oder vermeintliche Anforderungen so sehr aus dem üblichen Rahmen hervorhoben, erhöhten sie damit auch den Druck deutlich.

Vor allen Meisterschaften und insbesondere vor den Olympischen Spielen werde und wurde ich oft gefragt, ob ich mich nicht jetzt besonders intensiv vorbereite, noch häufiger trainiere oder spezielle Trainingslager absolviere. Nein, ich mache nichts grundsätzlich anders als sonst und ich habe mich in den letzten 15 Jahren auch nie davon abbringen lassen. Wieso sollte mich eine Fahrradtour oder ein Yoga-Kurs zwei Wochen vor den Weltmeisterschaften nach vorne bringen, wenn ich bislang mit einer festgelegten Kombination aus Laufen, Schwimmen und Fechttraining die Weltranglistenspitze erobert habe? Warum sollte ich noch mehr oder anders trainieren als sonst und mir vielleicht Verletzungen zuziehen, statt meinen über Jahre bewährten Trainingsrhythmus einzuhalten? Änderungen nehme ich nur vor, um eine Atempause zu haben oder wenn es nicht gut läuft und ich das Training daher anpassen muss. Aber nicht als festgesetztes Sonderprogramm speziell in Vorbereitung und Einstimmung auf das anstehende Turnier. Weil auch die Weltmeisterschaften nur ein Wettkampf sind. Dieser Ansatz, trainingstechnisch gerade dann nichts grundlegend anders zu machen als sonst, wenn ein großes sportliches Ereignis vor der Tür steht, hat für mich immer sehr gut funktioniert und zu vielen Erfolgen geführt. So habe ich mir etwas Druck genommen. Ich konnte mich dazu im gewohnten und bekannten Rahmen bewegen und musste mich nie mit völlig neuen Trainingsbedingungen auseinandersetzen. Natürlich gibt es auch Athleten, die jedes Jahr eine spezielle Vorbereitung auf eine Meisterschaft absolvieren und bei denen das wie ein Ritual ist und sich positiv auswirkt. Wenn man für sich ein funktionierendes Muster oder System gefunden hat – wie auch immer es aussehen mag –, dann sollte man es beibehalten.

Erhöhen Sie nicht selbst den Druck, indem Sie ein großes Ziel zu sehr herausstellen und daraufhin Ihre Arbeitsweise anpassen. Wenn Sie mit einer Methode erfolgreich sind, ändern Sie nichts.

Sich der Herausforderung stellen

»Wer kämpft, kann verlieren. Wer nicht kämpft, hat schon verloren.« Die Bedeutung dieses Zitates, dessen Autor nicht eindeutig feststeht, das aber meist Rosa Luxemburg oder Bertolt Brecht zugeschrieben wird, habe ich 2002 beim Weltcup in Sydney wie nie zuvor am eigenen Leibe erlebt. Ich hatte mich bis zum Finale vorgekämpft und war eigentlich schon zufrieden damit, so weit gekommen zu sein. Jedenfalls stand ich gegen die damals sehr erfolgreiche schwedische Fechterin Maria Isaksson im Finale und lag bereits nach ein paar Minuten weit zurück. Im letzten Drittel stand es dann 10:14 gegen mich. Das Gefecht war damit eigentlich schon verloren.

In diesem Moment aber überkam mich eine Welle der Verärgerung: Ich hatte bislang noch nie einen Weltcup gewonnen und mich nun, wo ich im Finale stand, dazu hinreißen lassen, das Gefecht mehr oder weniger kampflos abzugeben, ohne die nötige Spannung und den zugehörigen Kampfgeist. Ich beschloss, mich einfach noch einmal zusammenzureißen und wenigstens zu versuchen, der Schwedin noch ein paar Treffer abzuluchsen. Mit einem Blick zu meinem Trainer und einem weiteren Blick auf die Uhr wurde mir klar, dass mein Trainer mit meiner Niederlage schon längst abgeschlossen hatte. Doch mir blieben noch zwei Minuten, um noch einmal den Mut für einen Angriff zu finden. Ich ging in die Offensive und setzte das 11:14. Jetzt wollte die Schwedin das Gefecht möglichst schnell beenden und den sicheren Sieg nach Hause bringen und griff mich an, was ihr das 12:14 bescherte. Nun war sie nervös und ich roch die kleine Chance, das Gefecht womöglich doch noch zu drehen. Ich griff die Schwedin erneut an und parierte sie aus. Das Adrenalin, das mir durch das 13:14 ins Blut schoss, gab mir den letzten Drive und so konnte ich die Gunst der Stunde nutzen und tatsächlich noch gewinnen.

Mein erster Weltcupsieg! Mein Trainer konnte es im ersten Moment kaum fassen, auch die Schwedin konnte es nicht glauben, dass sie diesen sicheren Sieg noch verschenkt hatte, und schlug die Hände über dem Kopf zusammen. Ich war überglücklich und weiß seit diesem Moment, dass es sich absolut lohnen kann, sich noch einmal zu sammeln und alles zu geben, was man hat. An diesem Tag ist dadurch das fast Unmögliche passiert und hat mir das Lob meines Trainers »Ab jetzt bist du Weltklasse!« eingetragen. Davon habe ich im Nachhinein sehr gezehrt und auf diese Weise einen großen Sprung bezüglich meines Selbstbewusstseins und meiner Fechtfähigkeiten gemacht.

Ein anderes, mir immer in Erinnerung bleibendes Ereignis war meine erste Medaille im internationalen Fechtsport. Bei meinen ersten Junioren-Europameisterschaften im Fechten war ich gerade einmal 17 Jahre alt. Das deutsche Fechtteam war mir noch fremd, ich war noch immer eher als Fünfkämpferin bekannt denn als Fechterin, und ich war ganz schön aufgeregt. In den ersten Tagen sammelte ich viele neue Eindrücke. Es war spannend, Sportler aus so vielen verschiedenen Nationen um mich herum zu haben. Ich unterhielt mich mit vielen Jugendlichen aus den unterschiedlichen Ländern Europas und staunte über die Atmosphäre der Fechtmeisterschaft, die etwas angespannter war, als ich es vom Fünfkampf her kannte.

Am Tag des Wettkampfes war ich natürlich aufgeregt, ruhte aber innerlich in mir. Ich wollte beweisen, dass ich auch beim Fechten meine Berechtigung auf einen Platz im Nationalteam hatte und nicht nur durch Zufall mit dabei war. Außerdem hatte ich bei Ankunft im Hotel ein Gespräch mitbekommen, das mich noch mehr anstachelte: Als wir mit der Degendelegation angekommen waren, fragte meine Teamkollegin eine Florettfechterin, die das Turnier bereits hinter sich hatte, nach ihrem Wettkampfergebnis. »Ich bin Fünfte geworden«, lautete die Antwort, auf die hin meine Teamkollegin ihr höflich, aber halbherzig ihre Glückwünsche aussprach. Ich stand daneben und konnte nichts sagen. Mir war in diesem Moment bewusst geworden, dass der fünfte Platz mich wohl nicht zufrieden stellen würde. Um mir hier etwas zu erarbeiten und für mich selbst zu gewinnen, musste ich nach Höherem streben.

Der Wettkampftag lief auch wirklich gut. Ich stand nach einer gelungenen Vorrunde und ersten erfolgreichen Gefechten in der Direktausscheidung im Viertelfinalgefecht gegen eine Russin, die sicherlich zum damaligen Zeitpunkt besser oder zumindest erfahrener war als ich. Eigentlich konnte ich mit diesem Ergebnis bereits zufrieden sein. Wenn ich jetzt ausscheiden würde, wäre ich Fünfte geworden, ein fantastischer Auftakt ins internationale Meisterschaftsgeschehen. Nach zwei Dritteln der Zeit führte das russische Mädchen dann auch mit 13:5 gegen mich.

Noch heute erinnere ich mich, dass mir in diesem Moment das Gespräch bei unserer Ankunft in den Sinn kam. Plötzlich explodierte etwas in mir, ein unbändiger Ehrgeiz bahnte sich auf einmal seinen Weg. Ich fing an zu kämpfen und meine Gegnerin war völlig überrascht von ihrer so spontan aufdrehenden Gegnerin, die eigentlich schon verloren hatte. Ich überrumpelte sie total, denn ich hatte einfach keine Lust, Fünfte zu werden. Sie wusste nicht, wie ihr geschah, als ich zwei Minuten später mit 15:14 tatsächlich als Siegerin aus dem Gefecht ging und mit meiner ersten internationalen Medaille bei meiner ersten internationalen Meisterschaft dastand. Ich konnte es selber kaum fassen, hatte aber jetzt erst ein Gefühl der Befriedigung. Das war für mich das erste Mal in meinem Fechterleben, dass ich aktiv miterlebt hatte, was Wille, Wut und Mut in einem bewirken können. Was man alles erreichen kann, wenn man nicht aufgibt und bis zum Ende kämpft, wenn man sich auch einmal durch eine schwere Phase durchbeißt. Die Genugtuung über diese hart erkämpfte Medaille spüre ich bis heute.

Insgesamt gehört es meiner Ansicht nach zur Entfaltung mentaler Stärke, sich mit gewissen Situationen auseinanderzusetzen und zu lernen, mit bestimmten Gegebenheiten umzugehen. Beim Degenfechten kann man sich den Gegner nicht aussuchen, meine Erfahrungen aus meiner sportlichen Karriere zeigen aber eines deutlich: Häufig genug habe ich genau dann am besten abgeschnitten, wenn ich vermeintlich

Pech mit meiner Gegnerzuteilung hatte und mich einem schweren Gefecht stellen musste. Dagegen konnte und kann ich mich häufig viel schlechter motivieren, konzentrieren, fokussieren und auf ein Gefecht einlassen, das nicht so viel von mir fordert und in dem der Gegner eigentlich keine so große Hürde darstellt.

Solange wir uns im realistischen Spektrum bewegen, gilt für mich: Je größer die Herausforderung, desto besser der Fokus und die Konzentration. Ich glaube, dass die meisten von uns einfach erst einen gewissen Grad an Herausforderung brauchen, bis der Ehrgeiz geweckt und herausgekitzelt wird. Ich denke, dass es nicht nur mir so geht, dass es teilweise viel mehr Antrieb erfordert, eine leichte Aufgabe zu bewältigen, als wenn man sich wirklich mit einer echten Herausforderung wirklich etwas beweisen kann.

Kämpfen Sie also auch im übertragenen Sinn nicht nur gegen Gegner, die Sie locker besiegen können, sondern suchen Sie sich Herausforderungen. Wenn Sie sich einem starken Gegner stellen, wachsen Sie selbst auch daran, weil Sie sich durchbeißen und kämpfen müssen.

Das Sprichwort »Man wächst mit seinen Aufgaben« kommt ja nicht von ungefähr. Sie kennen das sicherlich auch aus dem Berufsleben: Kollegen, mit denen Sie Ärger haben und die Sie lieber fallen statt siegen sehen möchten, treiben Ihre Motivation in der Regel sogar an, da Sie Ihre Argumente noch besser vorbringen und ausarbeiten müssen, um sich durchzusetzen. Widerstand kann uns aufreiben oder zu noch besserer Leistung antreiben. Nutzen Sie die Dynamik, die daraus entstehen kann. »Jetzt erst recht« oder »Dem zeig ich's« können wunderbare Triebfedern sein, die Ihnen den notwendigen Fokus geben. Unterfordern Sie sich also nicht künstlich und freuen Sie sich lieber, wenn eine vor Ihnen liegende Aufgabe Sie vermeintlich an Ihre Grenzen bringt. Meiner Erfahrung nach sind Ihre Erfolgschancen und damit auch Ihr Wohlbefinden in diesem Fall tendenziell höher.

SONDERFALL »SUDDEN DEATH«

Der sogenannte Sudden Death, der »plötzliche Tod«, ist die Reinform der nervlichen Anspannung und die direkte Gegenüberstellung mit dem »Alles-oder-nichts«-Prinzip. Hier geht es um Sieg oder Niederlage. Wenn nach Ablauf der Zeitvorgabe Gleichstand herrscht, ist in der nun folgenden Verlängerungsminute der nächste Treffer entscheidend. Zudem wird gelost, wer nach Ablauf dieser Minute gewinnt, sollte *kein* weiterer Treffer fallen. Dieser Fechter bekommt dann die sogenannte »Priorité«, den Vorteil, zugesprochen. Dann wird die Zusatzminute gestartet.

Diese Situation vermeidet man eigentlich lieber, als dass man sie herausfordert. Für den besseren Fechter ist es allemal angeraten, es nicht so weit kommen zu lassen, da rein statistisch die Chancen auf einen relativ sicheren Sieg rapide sinken. Bei einem Treffer kann auch eine einzige falsche Bewegung zur Niederlage führen, selbst wenn man sonst überlegen war.

Wenn Sie in der besseren Position sind, sollten Sie möglichst verhindern, dass sich Ihr Vorteil nivelliert. Machen Sie eine Entscheidung klar, solange Sie die besseren Karten haben.

Zögern Sie in solchen Momenten nicht, konsequent die letzten Schritte zu gehen und »den Sack zuzumachen«. Wie häufig endete ein sicher gewonnen geglaubtes Gefecht am Ende negativ für mich, weil ich durch das Gefühl der Überlegenheit meinen Vorsprung verspielt und dann, während ich noch den Ärger über die vertane Chance spürte, im Sudden Death verloren habe.

Wenn Sie sich aber in dieser Patt-Situation befinden, müssen Sie damit umgehen können und die extreme Spannung aushalten. Es ist nicht immer einfach im Leben und man kommt immer wieder an den Punkt, an dem es nur noch ein »Ja« oder »Nein« gibt, kein »Vielleicht« und »Mal sehen«, kein »Ich wollte doch nur« und »Ich hätte aber«. Sie müssen sich der Herausforderung stellen. Tun Sie dies nicht, fahren Sie auf jeden Fall eine Niederlage ein. Aufzugeben im Gefecht ist das Schlimmste und das Letzte, zu dem ich Ihnen raten kann. Die Erfahrung zeigt, dass Sie daran lange zu knabbern haben. Man fühlt sich einfach nicht wohl, wenn man nicht alles gegeben hat und im Inneren weiß, dass man es hätte besser machen können. Und das in einer Situation, in der man sich schon so weit durchgekämpft hatte und nur noch Sekunden vom Sieg entfernt war. Wenn ich einen Sudden Death fechten muss, ärgere ich mich meistens, dass ich es verpasst habe, vorher Gewinn bringend zu agieren.

Es gibt allerdings auch die gegenteilige Situation: Es kann sein, dass Sie sich nach einem hohen Rückstand wieder hochgekämpft haben und nun froh sind, sich in den Sudden Death »gerettet« zu haben. Doch Achtung, freuen Sie sich nicht zu früh! Das Gefecht ist noch nicht vorbei. Wenn man die Spannung zu schnell herausnimmt und zufrieden ist, aufgeholt zu haben, stehen die Chancen auf den Sieg schlecht.

Meistens siege ich beim Sudden Death, wenn der Wille, in die nächste Runde zu gelangen, größer ist als alles andere. So war es zum Beispiel bei den Europameisterschaften in Gent 2007. Ich hatte nach einer Reihe knapp verlorener Wettkämpfe meine Olympiaqualifikation für Peking gefährdet, es war klar, dass sie jedenfalls in einige Ferne rücken würde, wenn ich mich nicht bald steigern würde. Vor lauter Angst, auch bei den Europameisterschaften schlecht abzuschneiden, begann meine Vorrunde ziemlich schlecht und ich qualifizierte mich mit vier Siegen und zwei Niederlagen zwar für die Direktausscheidung, war aber nicht so gut gesetzt.

Wie der Zufall es wollte, bekam ich meine damalige Vereinskollegin Andrea Rentmeister zugeteilt. Durch die vielen Trainingsgefechte, die persönliche Freundschaft und den Kampfgeist, den meine Kollegin immer bewies, standen meine Chancen auf einen Sieg lediglich bei 50:50. Das Wissen, dass mir jetzt ein wirklich schwieriges Gefecht bevorstand, tat meinem nervösen Gemütszustand überhaupt nicht gut. Ich war verzweifelt. Im Laufe des Gefechts schaukelten sich die Punkte auf beiden Seiten dann ausgeglichen nach oben, bis es 14:14 stand. Ich wusste nicht, wie ich diese Situation nun angehen sollte. In den letzten drei Turnieren war ich schon durch sehr knappe Niederlagen früh ausgeschieden. Außerdem wusste ich, dass eine weitere Niederlage meine Chancen auf Olympia nahezu zunichtemachen würde. Nach einem weiteren frühen Ausscheiden wäre es mental extrem schwierig gewesen, mich noch einmal zusammenzureißen. Ich wollte also unbedingt gewinnen. Dann ging der Sudden Death los und ich griff einfach an. Ich wollte es so unbedingt – und siehe da, meine Lampe leuchtete auf. Selten war ich so erleichtert wie in diesem Moment! Danach war für mich der Bann gebrochen und ich konnte bis zum Halbfinale locker »auffechten«.

Durch die Priorité für einen der beiden Fechter ist derjenige im Zugzwang, der den Nachteil hat. Auch hier gibt es verschiedene Ansätze, wie man taktisch mit der Situation umgehen kann. Ich will an dieser Stelle noch einmal verdeutlichen, dass man es auch im Sport nicht immer mit gerechten, fairen oder nachvollziehbaren Regeln zu tun hat. Eine geloste Priorität für einen Fechter? Ist das Losen etwa fair oder entspricht es den tatsächlichen Qualitäten der jeweiligen Sportler? Nein. Aber es ist nun einmal die Regel, wir Fechter kennen sie und wissen im Vorhinein, was bei einem Sudden Death auf uns zukommt.

Insgesamt kann ich Sie beruhigen bzw. ermutigen: Auch wenn es sich häufig eher anbietet, ein Gefecht auszufechten und es nicht auf den Sudden Death ankommen zu lassen, so gab es doch für mich bislang so gut wie keinen erfolgreichen Wettkampf, in dem ich nicht mindestens einmal in dieser unseligen Situationen stand und mich kurz vor dem Sieg noch einmal mental belasten musste. Diese Beinahe-Niederlagen durchzustehen und sich letztendlich doch durchzusetzen, das gehört beim Fechten dazu. Bei den Weltmeisterschaften 2007 in St. Petersburg lag ich zum Beispiel gegen eine mittelstarke Französin bereits im ersten Gefecht mit 1:4 im Rückstand und habe glücklicherweise am Ende doch noch gewonnen. Nach dieser Aufregung musste ich gegen eine relativ erfolgreiche Japanerin fechten, gegen die ich mich auch nur im Sudden Death durchsetzen konnte. Mental hat mir das enorm zugesetzt, aber es hat mich auch für die folgenden Gefechte gestärkt. Genauso ist es im Leben auch. Der Weg nach oben ist mit Sicherheit kein Spaziergang.

Kaum ein Weg zum Erfolg verläuft ohne einen Moment, an dem man zu scheitern droht. Stellen Sie sich darauf ein und verzagen Sie nicht.

Es gibt immer wieder Situationen, in denen man beinahe den Boden unter den Füßen verliert, in denen man sich des Sieges nicht sicher sein kann, in denen auch andere Faktoren als das eigene Wollen und Können zählen. Es gibt immer andere Menschen und andere Parameter, die mit in die Geschehnisse des Lebens hineinspielen. Trotzdem bin ich überzeugt – und habe auch die Erfahrung gemacht –, dass sich am Ende die Willensstärksten durchsetzen. Diejenigen, die nicht aufgeben und die nicht an schwierigen Momenten zerbrechen.

DIE LETZTEN SEKUNDEN

Wer den letzten Treffer setzen und die Entscheidung für sich suchen möchte, der muss auch in den letzten Minuten und Sekunden eines Gefechts bei der Sache sein. Wir bekommen oft von den Trainern folgenden Satz zu hören: »Spannung halten, das Gefecht ist erst mit dem letzten Treffer und der letzten Sekunde vorbei!« Wie häufig habe ich die Wahrheit dieser Worte am eigenen Leib zu spüren bekommen! Und wie häufig schaue ich bei Gefechten zu, in denen ein Fechter mit zwei Treffern führt und nur noch acht Sekunden auf der Zeitanzeige stehen. Diese acht Sekunden werden meistens noch einmal ein richtiges Nervendrama, besonders für den Führenden. Denn oft genug holt der Zurückliegende doch noch auf: Er hat sowieso nichts mehr zu verlieren. Der Fechter auf der Siegerstraße hat so gut wie gewonnen, ist meist nicht mehr so konzentriert, will es einfach nur hinter sich bringen und bekommt nun Angst, seinen fast sicheren Sieg doch noch zu verlieren.

In den letzten Sekunden, in der kurzen Zeit vor dem Ende des Gefechts entscheidet sich also, ob Sie wirklich den Willen und die Nerven haben, um das, was Sie begonnen haben, zu Ende zu bringen. Hier müssen Sie bis zur allerletzten Sekunde Ihre Spannung, Ihre Motivation aufrechterhalten. Sonst kann es Ihnen leicht passieren, dass Sie auf der Zielgeraden noch eingeholt werden. Nach dem Motto »Freuen Sie sich nicht zu früh« sollten Sie in dieser Schlussphase »den Turbo noch einmal aufdrehen« und alles geben.

Konsequenz bis zum Schluss

Buddha hat einen Satz geprägt, der sich häufig bewahrheitet: »Das Geheimnis eines außerordentlichen Menschen ist in den meisten Fällen nichts als Konsequenz.« Die Konsequenz, etwas Begonnenes durchzuziehen, eine gefällte Entscheidung umzusetzen, sich nicht abbringen zu lassen von einer Phase der Lustlosigkeit. Wie wichtig es ist, sich durchzusetzen und Dinge durchzuziehen, habe ich schon im jungen Alter mitbekommen. Nicht nur meine Erfahrung mit China, sondern auch ganz einfache Dinge wie zum Beispiel meine Entscheidung, Orgel spielen zu wollen, haben zu dieser Einstellung beigetragen.

Meine Eltern haben meinen Wunsch, dieses teure Instrument zu spielen, unterstützt. Allerdings stand vor dem Kauf der elektrischen Orgel und der Anmeldung in der Musikschule folgender Hinweis meiner Eltern: Sollte ich mich wirklich dafür entscheiden, würde ich mindestens vier Jahre Orgel spielen müssen, damit sich der finanzielle Aufwand auch lohnt. Mit diesem Wissen habe ich zugestimmt. Ich muss zugeben, dass ich ein paar Mal nahe daran war, das Orgelspielen wieder aufzugeben. Aber in dem Bewusstsein, dass meine Eltern für die Verwirklichung meines Wunsches viel investiert und sich dafür an anderer Stelle so manches verkniffen hatten, kämpfte ich mich durch meine Lustlosigkeit. Insgesamt kann ich mich nicht daran erinnern, dass ich jemals darunter gelitten habe, nicht sofort der ersten »Null-Bock-Stimmung« nachgegeben zu haben. Vielmehr war ich damals stolz, es durchgezogen zu haben und meinen Eltern zum Beispiel am Weihnachtstag etwas vorspielen zu können. Das Durchkämpfen und Konzentrieren auf sich selbst hat sich also gelohnt. Was ich von den Situationen, in denen ich am Ende den Speed herausgenommen habe und mich in letzter Sekunde mit einer Niederlage konfrontiert sah, wirklich nicht behaupten kann.

Ich führte einmal bei einem Wettkampf gegen eine sehr starke Russin besonders hoch – nach zwei Dritteln lag ich mit 12:7 vorne. Das ist auf dem Weltklasseniveau ein Vorsprung, den der Gegner eigentlich nicht mehr einholen kann. Ich wusste also bereits in dieser zweiten Minutenpause, dass ich eigentlich schon gewonnen hatte. Aber irgendwie bin ich dann in den letzten drei Minuten nicht mehr so richtig in Fahrt gekomen, hatte innerlich mit dem Gefecht schon abgeschlossen. Mein Körper war nicht mehr angespannt und vor allem mein Kopf wollte sich nicht mehr mit der aktuellen Situation beschäftigen. Die Russin kam tatsächlich Treffer um Treffer näher. Logischerweise fängt man dann an, unruhig zu werden und immer verkrampfter. Plötzlich will man nicht mehr einfach nur gewinnen, das Gefecht abschließen, den Sack zumachen, sondern man schaut nach unten, nach hinten und fängt an, sich zu fürchten. Diese Angst, dass die Gegnerin tatsächlich und unrealistischerweise noch aufholen könnte, versetzte mich in eine Starre, die mich handlungsunfähig machte, sodass die Russin es tatsächlich schaffte, mich am Ende mit einem Treffer Vorsprung zu besiegen.

Ich war sprachlos und konnte nicht fassen, dass mir das wirklich passiert war. Momente wie diese lassen in mir ein so ungutes Gefühl entstehen, dass ich oft noch wochenlang davon im Traum verfolgt werde. Seit diesen Erfahrungen verlasse ich mich nicht mehr darauf, dass »es schon gut gehen wird«. Wenn man sich das denkt, hat man häufig schon verloren. Die Spannung lässt nach, gedanklich weiß man ja eigentlich schon, dass man die bessere Fechterin ist. Doch genau dieser mentalen Falle müssen Sie entgehen.

Versuchen Sie, Ihre Aufgabe komplett zu beenden und dann erst locker zu lassen! Denken Sie nicht daran, dass das Gefecht so gut wie vorbei ist, sondern kämpfen Sie einfach stur weiter und lassen Sie die Gedanken nicht verfrüht zu Ihrer Siegesfeier schweifen.

So habe ich es bei allen meinen erfolgreichen Gefechten gehalten: Am besten bis über die Ziellinie hinaus konzentriert bleiben, sich ruhig ein wenig von der Sorge antreiben lassen, dass man noch verlieren könnte, und dadurch lieber etwas länger angespannt bleiben. So kämpfte ich im Jahr vor den Olympischen Spielen in Peking bis ans Ende um jeden Treffer, obwohl ich rein rechnerisch kaum noch von meinem Qualifikationsplatz hätte verdängt werden können. Ich habe mir nicht erlaubt, mich auf dem Punkte-Polster auszuruhen. Denn erst mit Ablauf der Zeit bzw. nach dem Siegestreffer sind Sie auf der sicheren Seite!

Siegen wollen statt besiegen wollen

Für das Erreichen eines Erfolges und das Umsetzen einer Sache ist es sicherlich am gesündesten und auch am wirksamsten, wenn man versucht zu siegen, statt einen anderen zu besiegen. Ich habe bis jetzt in meiner Karriere als Sportlerin selten das Gefühl gehabt, eine Fechtgegnerin besiegt zu haben, sondern war und bin immer einfach nur glücklich, selbst gewonnen zu haben. Ich freue mich für mich und meinen Erfolg, nicht darüber, dass die andere verloren hat. So gehe ich in der Regel in die Gefechte hinein und auch in die letzten Minuten eines Fechtkampfes. Den richtigen Abstand zu wahren ist vor allem in den Schlussminuten von höchster Bedeutung.

Viele achten auf das, was um sie herum geschieht, und nicht auf die Aufgabe, die vor ihnen liegt und auf die sie sich voll konzentrieren sollten. Ob der eine oder andere mehr oder weniger trainiert hat, wer gerade wieder komisch geschaut hat oder wer eine neue Jeans trägt, scheint manchmal wichtiger zu sein als alles andere.

Auf der Bahn haben wir die gleiche Situation: Ich habe mich so gut wie nie dafür interessiert, ob meine Gegnerin arrogant auf die Bahn kommt, ob sie geschminkt ist, ob sie merkwürdige Aufwärmübungen macht oder sich produzieren möchte. Und wenn es doch einmal passiert ist, habe ich dafür jeweils sofort die Quittung bekommen. Ich schaue einfach auf mich selbst, damit habe ich die besten Erfahrungen gemacht. Die Klärung der Frage, ob meine Gegnerin sich die Fingernägel für einen Wettkampf lackiert oder vielleicht denkt, sie sei etwas Besseres, ist meiner Meinung nach nicht wichtig genug, um deshalb einen Sieg aufs Spiel zu setzen. Auch hier empfinde ich es nur als konsequent, dass mich so etwas nicht interessieren darf, wenn ich für etwas Wichtiges kämpfe.

Ich habe auch noch nie etwas von der starren Unterscheidung in »besser oder schlechter« gehalten, sondern lebe nach dem Motto, dass jeder seinem eigenen Charakter entsprechend das für ihn Passende machen sollte. Ich zum Beispiel mag es, Trubel um mich herum zu haben, und genieße es, an vielen Veranstaltungen teilzunehmen und viele interessante Menschen aus Sport, Wirtschaft, Politik und Medien zu treffen. Andere Sportler ziehen sich komplett zurück. Was ist nun besser oder schlechter, wer ist stärker oder schwächer? Diese Bewertungen versuche ich zu umgehen – solange man keinem damit schadet, sollte jeder sein Leben gestalten dürfen, wie er will.

Ist es denn wirklich wichtig, ob der Kollege in seiner Freizeit lieber den ganzen Tag fernsieht, statt wandern zu gehen? Sie können es ja anders machen, wenn Sie möchten. Vielleicht *müssen* Sie es auch anders machen, um erfolgreich und glücklich zu sein. Man kann es nie allen recht machen. Denn jeder hat seine Eigenarten. Deshalb konzentrieren Sie sich auf Ihren Weg zum Erfolg, auf Ihr Ziel!

Insgesamt ist es wichtig, sich vor Augen zu halten, dass das Unglück oder das Schicksal eines anderen Menschen, also eines Kollegen im Berufsleben oder eines Konkurrenten beim Sport, nicht mit dem eigenen Glück zu verwechseln ist. Ich erlebe es immer wieder, dass sich Athleten intensiv mit den Erfolgen, Misserfolgen oder mit dem Abschneiden der vermeintlich schärfsten Konkurrenten auseinandersetzen. Der Bezug und der Fokus, die erforderlich sind, um sich auf die eigene Leistung zu konzentrieren, gehen dabei verloren. Wer auf andere schaut und auf die Niederlagen der Konkurrenz hofft, kann selbst nicht erfolgreich sein.

Auch ich habe in der Vergangenheit zum Beispiel bei der Qualifikation für eine Jugendweltmeisterschaft schon schlechte Erfahrungen damit gemacht, auf die Leistung meiner Konkurrentinnen zu schauen statt auf meine eigene. Es war der letzte Wettkampf und ich habe so sehr auf meine damalige Konkurrentin auf der Nachbarbahn geschielt, dass ich mich überhaupt nicht auf mein Fechten konzentrieren konnte und mich schlussendlich auch nicht qualifiziert habe. Das war mir eine Lehre! Verfolgen Sie deshalb Ihre Ziele mit dem Vorsatz, dabei nicht auf die Schwächen von Dritten spekulieren zu müssen.

Man muss selbst etwas leisten, um ganz nach oben zu kommen. Vor Ihnen liegt der Weg, nicht neben Ihnen! Schauen Sie nicht danach, wer schlechter als Sie sein könnte, um sich positiv abzuheben. Schauen Sie nach vorne, dorthin, wo Sie hinwollen.

Alles andere lenkt nur vom eigenen Erfolgsweg ab. Außerdem bringen Gehässigkeit und Schadenfreude wohl kaum echte innere Zufriedenheit. Freuen und konzentrieren Sie sich also lieber auf Ihren Sieg, dann lassen sich auch die letzten Treffer einfacher setzen.

Den letzten Treffer setzen

Um den letzten Treffer zu setzen, muss man Willen, eine gewisse Portion Konsequenz und auch die Freude am Siegen mitbringen. Ich finde diese Kombination so wichtig, dass ich ihr hier noch einmal ein paar Zeilen widme. Im Gefecht wie im Leben ist es meist relativ einfach, eine Sache zu beginnen und sie dann dahinplätschern zu lassen, ohne dass etwas richtig schiefgeht oder man eine negative Erfahrung daraus mitnimmt. Der schwierige Teil kommt, wenn es darum geht, den rechten Abschluss zu finden, eine Diplomarbeit zu Ende zu bringen, das Dokument, das inhaltlich in Ordnung ist, abzurunden, im Gefecht den Vorsprung gegen einen schwächeren Gegner souverän zu verteidigen.

Ich kenne im Fechten wie im wahren Leben Menschen, die sich nach einem Scheitern oder einem nicht erreichten Ziel ständig mit den äußeren Gegebenheiten beschäftigen: Bei der Zulosung der Gegner hatten sie Pech, das Gefecht begann zu früh am Morgen, der Kampfrichter war parteiisch. Der Chef ist unfähig, an den schlechten Noten der Kinder sind die Lehrer schuld, die Administration an der Uni ist undurchsichtig, die Klausuren sind zu schwierig. Es fällt auf, wenn es einige Leute immer wieder nicht schaffen, wohingegen sich andere mit vergleichbaren Bedingungen ohne großes Aufsehen durchsetzen. Wie viele Male habe ich in meinem Leben von anderen gehört, dass sie ja eigentlich etwas gekonnt oder geschafft hätten, wenn sie denn alles gegeben und wirklich gewollt hätten. Ich weiß, dass solche Sätze häufig eine Schutzbehauptung sind, ein Vor-sich-Herschieben einer Konfrontation, in der sich dann klar herausstellen würde, ob man es nun wirklich kann oder nicht. Ich erlebe selbst immer wieder solche Momente, obwohl ich versuche, sie zu vermeiden.

Auch ich kenne Phasen, in denen ich genau weiß, dass ich ein Gefecht gewinnen sollte, müsste, könnte. Wenn ich es dann nicht schaffe, gibt es natürlich die eine oder andere Begründung dafür. Nur ändert sich an der Tatsache nichts, dass ich es hätte packen *können*, es aber nicht geschafft *habe*. Da hilft kein Gerede. Denn der Ausgang solcher Gefechte zeugt meiner Meinung nach von Inkonsequenz, zumeist gepaart mit einer gewissen Feigheit, sich dem Druck einer Situation zu stellen und sich mit ihr auseinanderzusetzen. Besonders in der konkreten Gefechtssituation wird mir das immer sehr deutlich – die Psyche zieht sich manchmal einfach zurück. Im Nachhinein versucht man sich zurechtzulegen, dass man mit dem entsprechenden Einsatz natürlich hätte gewinnen können. Die Frage ist: Warum habe ich mich dann nicht einfach mehr eingesetzt? Wieso habe ich dann verloren? Sinn macht das ja nicht. Sie werden es, genauso wie ich, auch kennen: »Ich hätte, könnte, wäre, wenn« bringt niemanden ans Ziel und befriedigt keineswegs.

Wenn Sie etwas können und wollen, dann *machen* Sie es. Versuchen Sie, sich nicht zu verstecken, und lassen Sie sich an Ihrem tatsächlichen Vermögen messen. Halten Sie sich nicht im Schutz der »Wenns« auf, sondern setzen Sie ihre Ziele um.

Hier gilt: »Lieber machen und nicht reden.« Wenn Sie merken, dass Sie kurz vor Schluss beginnen, den Faden zu verlieren, steuern Sie sofort dagegen. Richten Sie in diesem Moment den Blick noch konzentrierter nach vorn und achten Sie jetzt noch bewusster auf Ihr Ziel. Natürlich darf man ab und zu auch mal etwas schleifen lassen, wenn es einem nicht so wichtig ist. Heben Sie sich Ihre Energie ruhig für die wichtigen Dinge und Momente im Leben auf. Nur müssen Sie sich der Ursache bewusst sein und ein gutes Gespür dafür entwickeln, wann Sie sich vor der Verantwortung drücken und wann es einmal nicht so entscheidend ist zu gewinnen.

Doch was ist, wenn Sie all Ihre Fähigkeiten aufbieten und sich Mühe geben – und es reicht trotzdem nicht? Selbst wenn

Sie faktisch nicht den letzten Treffer setzen, sehe ich es so, dass man durchaus als moralischer Sieger aus einer Situation herausgehen kann. Es lohnt sich, seine Grenzen zu testen, um dann mit dem, was man dabei herausgefunden hat, zu arbeiten und sich zu verbessern.

Machen Sie sich auch bei Durststrecken immer wieder Ihre positive Einstellung zur Herausforderung bewusst, die Freude daran, die Früchte Ihrer Arbeit zu ernten.

Sich auf sich selbst zu fokussieren, um sich konzentrieren zu können, und dazu zu stehen, dass man Ziele hat, ist sehr wichtig für das Erfolgserlebnis. Dass man Motivation besitzt, dass man Spaß daran hat, auf dem Weg zu einem Ziel zu sein und nach etwas zu streben. Genießen Sie es, lassen Sie es sich nicht madig machen! Dann setzen Sie den letzten Treffer, den letzten »Touche«, und nicht Ihr Gegner!

6 »TOUCHE« – DAS GEFECHT ENDET

Es ist egal, für wen gerade die Entscheidung gerade gefallen ist, ob für oder gegen mich: Nach dem letzen »Touche«, dem letzten Treffer des Gefechts, gibt es einige Regeln, die alle befolgen müssen: Man »grüßt ab«, schüttelt seinem Gegner die Hand, schaut ihm dabei in der Regel in die Augen und bedankt sich noch einmal beim Kampfrichter. Es ist für diesen Ablauf, dieses im Regelwerk des Fechtens verankerte Ritual unwichtig, ob Sie als Gewinner oder Verlierer dastehen – Sie müssen in diesem Moment den Ausgang einfach hinnehmen und sportlich reagieren.

Mit dem Augenblick, in dem das Gefecht endet, werden Sie mit den Reaktionen von außen konfrontiert. Sie müssen sich auf dem Rückweg von der Bahn im Falle eines Sieges den Glückwünschen von Kollegen stellen oder aber vielleicht den spöttischen Blicken missgünstiger Zeitgenossen, wenn Sie mit einer Niederlage im Gepäck den Weg beschreiten. Vielleicht müssen Sie auch direkt in einem Interview zu Ihrem Gefecht Stellung nehmen. Die erste Zeit nach Ende des Gefechts ist sehr intensiv. Den richtigen Umgang mit dem Moment der Entscheidung, mit dem Augenblick der Wahrheit zu finden, ist nicht immer einfach. Auf jeden Fall schießen einem direkt nach der Beendigung eines Kampfes in der Regel tausend Gedanken durch den Kopf, die man erst einmal ordnen muss – egal ob Sieg oder Niederlage.

Ich stehe im olympischen Finale meiner rumänischen Konkurrentin Ana Branza gegenüber, die letzten drei Minuten haben eben begonnen. Jetzt kommt es darauf an. Ich glaube, ich war in meinem Leben selten aufgeregter als in diesem Moment. Ich führe mit einem sehr komfortablen Vorsprung von 12:8, eigentlich dürfte nichts mehr passieren, das weiß ich. Von meiner eigenen Souveränität spüre ich allerdings plötzlich überhaupt nichts mehr. Ich schweife mit den Gedanken ab, überlege, was vor mir liegt, ein Leben als Olympiasiegerin – mein Verstand kann damit nicht umgehen. Ich merke sofort, dass sich meine Gegnerin umgestellt hat und jetzt gerade auch noch den ersten Aufholtreffer landet.

Durch meine aufkeimende Panik verpasse ich es, ruhig durchzuatmen und meine Gedanken zu sammeln. Ich denke an die Zuschauer, an meinen Bruder, der im Zuschauertrakt sitzt und mir verzweifelt die Daumen drückt. Oh Gott, was mache ich nur, wenn ich sie jetzt alle enttäusche? Zack, der Treffer zum 12:10 fällt – das ist jetzt der zweite Treffer innerhalb von fünf Sekunden! Oh nein!! In diesem Moment werde ich panisch und merke, dass ich mich umstellen und anpassen muss. »Gaaanz ruhig«, sage ich mir jetzt. Mir ist bewusst, dass mein Problem darin besteht, dass ich mich aus dem »Flow-Zustand« herausbewegt habe, dem hundertprozentigen Konzentrationslevel, das notwendig ist, um etwas zu Ende zu bringen und nicht kurz vor Schluss unter der Last des Durchhaltens zusammenzubrechen. Also versuche ich, etwas Spannung rauszunehmen, ich ziehe mich zurück und beginne in der Zwischenzeit, mich wieder in den Fokus zu reden. Meine Taktik etwas umzuändern, mich an die Gegnerin anzupassen.

Das Wichtigste in diesem Moment: Ein positives Selbstgespräch, in dem man sich selbst Mut zuspricht und sich wieder in einen Zustand versetzt, in dem man die Außenwelt nicht wahrnimmt. Ich muss mich also schleunigst durch gutes Zureden wieder in die Kampfsituation, in den Konzentrationstunnel, bringen, bevor meine Gegnerin den nächsten Treffer aufholen kann. »*Komm jetzt, ganz ruhig. Durchatmen und versuchen, eine Minute lang den Trefferstand so zu halten. Ganz ruhig. Spitze nach vorne, treffen wollen. Nichts überstürzen, aber mutig. Konzentrieren. Fokussieren. Wieder Augen nach vorne auf das Wichtige richten …*« *So rede ich mir immer weiter zu und bemerke gar nicht, dass auch die Zeit weiterläuft und ich dem Sieg näherkomme. Auch die Rumänin lässt sich auf meine zurückhaltende Fechtweise ein und wartet ab. Ich glaube, dass sie mich nicht angreift, um genauso wie ich noch einmal die letzten Kräfte und den Mut zu sammeln, um die zwei Treffer Rückstand aufzuholen.*

Zum Glück kann ich diese mit Zweifeln und Panik durchsetzte Minute, die ich dem äußeren Eindruck nach habe verstreichen lassen, nutzen, um meinen guten Ausgangszustand zurückzugewinnen. Ich habe mich wieder im Griff. In diesem Moment kommt Ana Branza, der nur noch ein wenig mehr als die letzte Minute bleibt und die jetzt unter Zeitdruck steht, wieder energisch auf mich zu. Ich bin wieder bei Sinnen, sehe eine Lücke und greife sie an. Oh Gott, sie versucht mich auszuparieren – mein Herz macht einen Sprung, die Panik droht mich eine Sekunde lang zu übermannen, aber dann gelingt es mir im letzten Moment, trotzdem selbst zu treffen, 13:10! In diesem Augenblick weiß ich, dass ich wirklich gewinnen werde! Dieser Vorsprung muss genügen. Ich könnte schreien.

Gleich beginnt schon die letzte Minute, die Zeit wird knapp und die Rumänin muss mich nun angreifen. Ich befinde mich auf dem

Gipfel der Konzentrationsfähigkeit und am Ende meiner Nerven. Der Treffer zum 14:10 fällt, ich habe ihren Angriff auspariert. Ich bin zum Bersten angespannt und hoch konzentriert. Ich lasse keine anderen Gedanken mehr zu. Ich will jetzt unbedingt nur noch den letzten Treffer setzen und endlich, endlich von dieser mentalen Last frei sein, die mich am Ende von vier Gefechten an diesem Tag schier zu erdrücken scheint.

Der Obmann gibt das Kommando »Allez« und wir befinden uns wieder im Gefecht. Ich empfinde einen unheimlichen Trieb nach vorne, mein Wille zu treffen ist stärker als der Gedanke an jegliches Taktieren und Auf-Zeit-Spielen. Ich will es einfach unbedingt. Ich habe noch nicht wieder geblinzelt seit dem Startkommando, da sehe ich schon die Lücke, spüre das richtige Tempo und entscheide mich, direkt diesen ersten möglichen Moment für einen Angriff mit voller Kraft voraus zu nutzen. Es sind zwar erst ein paar Sekunden vergangen, seit wir das Gefecht wieder aufgenommen haben, aber ich warte jetzt nicht mehr ab, der Augenblick ist perfekt: Ich nehme all meinen Mut zusammen und greife meine Gegnerin an – und merke im selben Augenblick, dass es reichen wird. Ich weiß, dass ich treffen werde ... ein Doppeltreffer! Aaaaaaaah! Ich bin Olympiasiegerin!!

Ich kann gar nicht nachdenken, ich empfinde nichts, um mich herum ist es noch immer dunkel ... Was mache ich in diesem Moment, in dem ich das Größte erreicht habe, was ein Sportler in seiner Karriere erreichen kann, den Olympiasieg? Ich höre nur meinen eigenen Atem. Ganz alleine mit mir kann ich da oben auf der noch immer abgedunkelten Fechtbahn in diesem Moment nichts anfangen. Die Erleichterung, das Abfallen der ganzen Anspannung siegt – ich hab's geschafft, ich bin wirklich diejenige, die gerade hier gewonnen hat. Ich realisiere es ganz genau. Ich habe es hinter mir! Am liebsten würde ich explodieren vor Freude, wie es sonst immer nach ganz engen Gefechten passiert. Meine aufgestaute Nervosität und Anspannung herausschreien. Aber ich kann nicht, ich bin zu erschöpft, die Atmosphäre ist zu surreal. Als das Licht angeht, mein Trainer mich umarmt, meine Physiotherapeutin schreiend auf mich zurennt – und als mein Bruder Gerrit auch noch auf die Bahn gerast kommt, die »Hose auf Halbmast« und mit einer Deutschlandflagge ausstaffiert, und mich stürmisch umarmt, weiß ich die Situation wieder einzuordnen und genieße den Stolz, den ich bei meinem Bruder spüre: »Wahnsinn, Britta, Wahnsinn!!«, brüllt er. Das überwältigt mich – endlich kommen die Freudentränen!

Die Erleichterung, die man spürt, wenn man den letzten Treffer gesetzt hat, ist unbeschreiblich. Jeder, der auch nur einmal gefochten und den Degen in der Hand gehalten hat, weiß, wie einen im Verlauf des Gefechts der Ehrgeiz packt. Wie man dann eigentlich nur noch gewinnen will, weil man spürt, was für ein tolles Gefühl des Glücks auf einen wartet, wenn man noch ein letztes Mal seine eigene Lampe aufleuchten sieht! Da ist einfach nur noch ein unbändiger Wille, diesen verflixten letzten Treffer zu setzen, eine Angst, es nicht schaffen zu können, eine Erleichterung ohnegleichen, wenn man dann gewonnen hat. Erleichterung pur! Für mich ist es immer wieder und unvermindert eine Befriedigung, mich selbst besiegt zu haben, mich überwunden zu haben und am Ende den Erfolg genießen zu können.

DER SIEGTREFFER

Ich fühle mich in der Regel im Moment des Gewinnens wie leer. Nach sechs nervenaufreibenden Gefechten, nach einem ganzen Tag in der Fechthalle bin ich jedes Mal wieder mental ausgelaugt und einfach nur erleichtert, dass ich meine Aufgabe gemeistert habe. Die Augenblicke der Freude hebe ich mir für später auf. Die Glücksgefühle nach einem Erfolg sind erfreulicherweise nicht punktuell, sondern ein langfristiges Erlebnis, aus dem man immer wieder schöpfen kann.

Anders empfinde ich den Moment des Siegens, wenn es sich um ein sehr knappes Gefecht gehandelt hat, wenn der letzte Treffer die Entscheidung bringt. Dann schießt mir meist ein »Ich habe gewonnen!« wie ein Blitz durch den Kopf und ich schreie die Emotionen heraus. Das Bewusstsein, dass ich gerade genauso gut als Verlierer hätte dastehen können, lässt mich vor Erleichterung beinahe zittern. Wenn ich Gefechte im Sudden Death gewinne, ist mein Adrenalinspiegel noch lange deutlich höher als bei einem klaren Sieg. Das Gefühl der Erschöpfung stellt sich dann erst im Laufe der nächsten Stunden ein, weil mich die Aufregung des Entscheidungsmoments noch etwas auf Touren hält.

Eines ist direkt nach einem Sieg, nach dem Erfolg wichtig: Fangen Sie jetzt nicht an, mit sich zu hadern, beginnen Sie nicht, Ihre Leistung sofort zu analysieren oder gar zu bemängeln. Freuen Sie sich erst einmal, lassen Sie sich beglückwünschen, nehmen Sie diese Momente mit. Dies sind die Erinnerungen, von denen Sie später zehren können.

Gehen Sie bloß nicht mit einer latenten Unzufriedenheit aus einem Sieg heraus. Beschäftigen Sie sich jetzt nicht mit der Frage, ob Sie nicht noch höher hätten gewinnen können oder ob der letzte Gegentreffer notwendig war. Kosten Sie den Moment aus! Versuchen Sie, möglichst viel aufzunehmen, glauben Sie mir, der nächste große Erfolgsmoment kann auf sich warten lassen – je mehr positive Erinnerungen Sie mitnehmen können, desto länger können Sie sich bei einer Durststrecke daran hochhalten. Das Wichtigste: Seien Sie stolz auf sich! Sie haben Ihr Ziel erreicht und dürfen sich jetzt dafür belohnen.

Ich genieße im ersten Moment nach einem Turniersieg immer die paar Minuten, in denen ich mit mir alleine bin und zurück zu meinem Waffensack gehe. Die Vorfreude, meinen Liebsten von dem Erfolg zu berichten, ist die größte. Ansonsten freue ich mich eigentlich meistens einfach darauf, mit dem guten Gefühl des Erfolges zu einem leckeren Abendessen zu gehen und die Zeit zu genießen. Ich habe mich gerade bewiesen, ich habe etwas geleistet – für mich besteht der Luxus dann darin, dass ich mir erlauben kann, mir eben keine zermürbenden Gedanken wegen einer Niederlage machen zu müssen, mich nicht aufzuregen, mir des Umstandes bewusst zu sein, dass ich mein Soll für eine gewisse Zeit erfüllt habe. Die Analyse kommt dann irgendwann automatisch. Aber lassen Sie sich Zeit damit.

DER MOMENT DER NIEDERLAGE

Nicht immer geht ein Gefecht so erfolgreich aus wie für mich die Olympischen Spiele. Wie bereits mehrfach erwähnt, befinde ich mich als Fechterin ständig in der Situation, mit Niederlagen umgehen zu müssen, auch wenn mir das manchmal ganz schön schwerfällt. Ich erinnere mich im Besonderen an das Finalgefecht der Juniorenweltmeisterschaften 2001 in Danzig. Ich war eine der Favoritinnen des Turniers, Weltranglisten-Erste und gut in Form. Meine Gegnerin war eine deutsche Mannschaftskameradin. Ich führte die ganze Zeit über mit einem oder zwei Treffern und habe in der letzten Minute aus Nervosität diese Führung und eigentlich damit einen sicheren Sieg verspielt. In dem Moment, als der letzte Treffer ausgefochten wurde, habe ich gezögert, ich wollte gewinnen, aber nichts überstürzen. Ich habe auf den Angriff meiner Gegnerin gewartet – und dann in einem Gefühl der Lähmung nicht richtig zugestoßen. Meine Kollegin riss sich die Maske vom Kopf und schrie ihre Freude über ihren überraschenden Sieg heraus. Und ich war damit »nur« Vizeweltmeisterin. Der Sieg war verschenkt und ich wollte nicht akzeptieren, dass das Gefecht tatsächlich vorbei war.

Nach einem verlorenen Gefecht möchte man am liebsten schreien. Noch lange gehen einem die letzten Szenen durch den Kopf und man begreift nicht, warum man sich nicht mehr zusammengerissen hat oder wie es so schnell in einer Niederlage enden konnte. Besonders bitter: Die Gefechte, bei denen man nur um einen Treffer verloren hat oder, noch schlimmer, bei denen man vorher hoch geführt hat.

Man kann die Zeit nicht zurückdrehen und wird im Moment des Verlierens regelrecht gezwungen, sich mit dieser unveränderbaren Tatsache auseinanderzusetzen. Ich kann mich vor dem Bewusstsein, dass ich in der nächsten Runde nicht mehr weiterfechten darf, nicht drücken und muss mich damit abfinden. Ich muss dieses ungute Gefühl, das mich zu zerreißen droht, aushalten. Es gibt kein Zurück. Es ist definitiv. Ich muss noch abgrüßen, das heißt dem Gegner und dem Obmann die Hand reichen und mich für das Gefecht auch noch bedanken, dann bin ich allein mit meinem Leid. Häufig werde ich gefragt, wie es denn so ist, wenn man immer nur gewinnt – ich antworte regelmäßig, dass ich mir wünschen würde, nur zu gewinnen.

Nach Jahren der beinahe täglichen Konfrontation mit verlorenen Gefechten in den Trainingspools oder in den Wettkämpfen habe ich die brutale Realität einer Niederlage oft genug erlebt und bin mittlerweile im Umgang damit geschult. Im Gegensatz zu einem Erfolgserlebnis habe ich im Falle einer Niederlage immer viel mehr Gedanken im Kopf, die mich belasten und die sich fast nicht ausschalten lassen. Die innere Stimme redet immer weiter auf mich ein, die negativen Gefühle kommen immer wieder hoch. Wenn man in einem der ersten Gefechte am Morgen des Turniertages ausgeschieden ist, obwohl man sich viel mehr erhofft hatte, kann einen das fast in die Verzweiflung treiben. Es fällt mir in solchen Momenten schwer zu akzeptieren, dass ich jetzt den ganzen Tag frei habe und mich anderweitig beschäftigen muss.

Ich finde übrigens, dass dies eigentlich schon Strafe genug ist, das Aushalten dieses klaren Faktums, dass ich gerade nicht stolz auf mich sein kann. Dazu kommt, dass ich mich meistens nicht aus der Halle »verdrücken« kann, weil wir uns am anderen Ende der Welt befinden. Dass ich mich eben nicht mit wehenden Fahnen in die Arme meiner Liebsten stürzen und mich dort verstecken kann. Wenn Sie zum Beispiel eine schlechte Präsentation abliefern, müssen Sie diesen Zustand ebenfalls aushalten und ertragen, dass die Kollegen Sie schief angucken, sich einige sogar heimlich freuen. Dass Sie Ihren Chef enttäuscht haben. Für mich ist allein das schon Motivation genug, es beim nächsten Mal wieder besser zu machen.

Meine Erfahrung sagt mir, dass man sich nach einem verlorenen Kampf erst einmal zurückziehen sollte und sich ärgern darf bzw. auch ärgern muss, wenn man seinem eigenen Anspruch nicht gerecht geworden ist. Unmittelbar nach einer Niederlage müssen Sie in sich hineinhören, ob Sie jetzt eher eine Ablenkung gebrauchen können und mit einer Freundin oder einem Freund über Alltägliches reden oder ob Sie sich lieber sofort mit der unangenehmen Situation auseinandersetzen.

Ziehen Sie sich nach einer Niederlage zunächst am besten in die Katakomben Ihres inneren Kerns zurück und lecken Sie Ihre Wunden. Aber danach muss die wichtige Phase des Analysierens und Verarbeitens folgen.

7 DER GANG VON DER FECHTBAHN

Wenn ein Gefecht oder ein Wettkampf vorbei ist, könnte man sich leicht der Illusion hingeben, dass man wieder etwas »abgehakt« hat. Doch jeder Sportler weiß genau, dass besonders nach einem verlorenen Kampf, aber auch nach jedem gewonnenen Gefecht, die eigentliche Auseinandersetzung mit dem Geschehen und mit sich selbst beginnt. Dabei gibt es mehrere Zeithorizonte, die alle wichtig sind: Die direkte Nachwirkung eines Gefechts, also das Abgrüßen nach dem Gefecht, der Gang zurück zu den eigenen Utensilien, die erste Besprechung des Wettkampfes vor Ort. Anschließend folgt die übergeordnete Phase der Verarbeitung, die Zeit der Regeneration oder der Belohnung. Dann setzt eine neue Findungsphase ein, begleitet von der Suche nach neuen Zielen. Auch hier muss man sich immer wieder ins Bewusstsein rufen, dass man die Komplexität des Lebens am erfolgreichsten in mehreren Etappen bewältigen kann.

Mein Bruder, meine Physiotherapeutin und mein Trainer haben mich gerade umarmt, als gäbe es kein Morgen. Noch völlig verwirrt versuche ich direkt, meinen Kopf wieder einzuschalten, und bin erst gar nicht sicher, was ich als Nächstes tun soll. Dann sehe ich die Zuschauer, bei denen auch alle meine chinesischen und deutschen Freunde aus Peking und China versammelt sind, und da weiß ich: Dies wird auch im Nachgang eines der größten Highlights meines Lebens sein, ich werde mich monatelang nicht um Partys bemühen müssen. Das, was gerade passiert ist, ist etwas Außergewöhnliches! Ich umarme meine Freunde auf der Tribüne, die streng bewacht ist, so dass wir uns leider nicht alle so richtig miteinander freuen können, und gehe wieder zurück in Richtung Call Room. Hier fing heute alles an, und auf dem Weg dahin werde ich noch an der Presse vorbeikommen. Ich sehe mich nochmals auf der Leinwand und nehme das starre Glitzern in meinen Augen wahr, das noch von der totalen Konzentration zeugt, die sich für den ganzen Tag in meinem Nervensystem festgesetzt hat. Dann stelle ich mich den ersten Interviews – und bekomme die nächsten Minuten nur wie im Traum mit.

Ich habe mich soeben durch den Pressebereich gearbeitet und eine Menge Interviews gegeben. Mein Herz schlägt jetzt kurz vor der Tür zum Call Room noch schneller, denn nun folgen die Glücksminuten, auf die ich die ganze Zeit gewartet habe: Die Telefonate, die ich jetzt mit meinem Eltern, mit meinem Freund, mit meinen besten Freunden führen kann, machen mich gerade so aufgeregt. Ich weiß, wie stolz alle auf mich sind, die Menschen, die sich ehrlich mitfreuen. Jetzt, wo ich wieder abgeschottet von der Außenwelt im Vorbereitungsraum stehe, habe ich das erste Mal kurz Zeit für mich, Zeit zu begreifen, was gerade passiert ist. Ich spüre den Hype, ich kann es nicht fassen, ich stehe hinter der Halle in diesem Backstage-Bereich und platze fast vor Freude. Oh Gott, was kommt jetzt auf mich zu, was bringt die Zukunft, was bedeutet das alles? Ich bin aufgeregt, überglücklich, will weinen, lache aber, bin etwas beschämt nach tausend Glückwünschen, bin total aufgedreht und kann es nicht abwarten, dass die Siegerehrung losgeht. Ich möchte endlich aus der Halle raus und feiern! Oder soll ich noch einmal kurz zu Hause anrufen? In diesem Moment wird die Siegerhymne der Olympischen Spiele in Peking angespielt und unser Einmarsch zum Siegerpodest beginnt.

Nach einem langen Tag auf der Fechtbahn fühlt man sich am Ende wie auf dem Präsentierteller. Entweder heimst man, wie ich glücklicherweise bei den Olympischen Spielen in Peking, viele Glückwünsche ein oder man muss sich nach einer Niederlage mit den Leuten auseinandersetzen, die einem mit tröstenden Worten auf die Schulter klopfen, und muss gute Miene zum bösen Spiel machen. Häufig bin ich nach einer langen Phase der Anstrengung vor allem mental so ausgepowert, dass ich am liebsten mit niemandem reden möchte. Dann empfinde ich jede kleine Unterhaltung als den Tropfen, der das Stressfass zum Überlaufen bringt – egal, ob ich gesiegt oder verloren habe.

Der Geist ist überbeansprucht worden, dadurch sind die körperlichen Reserven zumeist auch aufgebraucht. Erfolg und Niederlage liegen so weit auseinander – aber in beiden Fällen muss man diese Nachricht verarbeiten, analysieren, sich die Zeit und die Ruhe nehmen, um sich mit der Situation, dem Status quo auseinanderzusetzen.

Ich habe nach meiner schmerzlich empfundenen Niederlage bei den Olympischen Spielen in Athen 2004 wie nach dem Sieg bei den Olympischen Spielen in Peking jeweils lange Zeit für das Verarbeiten gebraucht. Beide Male war eine Regenerationsphase nötig, um wieder neuen Schwung zu bekommen. Der Prozess nach dem Ende eines Wettkampftages ist ein langer und vielschichtiger, den man sich vor allem deshalb genau anschauen sollte, weil er direkt zum nächsten Gefecht führt. Die Art, wie man mit dem Erfolg umgeht, was man an Positivem aus einer Niederlage mitnimmt, entscheidet darüber, wie man ins nächste Gefecht geht – wie man sich wappnet und ob bzw. wann man wieder zurück ins Gleichgewicht findet. Damit ist diese Zeit ausschlaggebend für das innerliche Befinden.

SIEG UND NIEDERLAGE RICHTIG VERARBEITEN

Nach meinen bisherigen Erfahrungen im Sport und im realen Leben kann ich kaum sagen, ob ich es einfacher finde, mit einem Erfolg umzugehen oder mit einem Misserfolg. Eine Niederlage wirft einen unter Umständen emotional zurück, belädt einen womöglich mit vielen Fragen, ist aber gleichzeitig ein Indikator dafür, dass man etwas verbessern oder ändern muss. Ein Erfolg macht uns Menschen zufrieden und stolz, lässt uns aber auch ein wenig ins Leere taumeln. So man kann sich schnell verlieren, jedenfalls dann, wenn es sich um eines der anfangs beschriebenen »Endziele« handelt. Fragen türmen sich in beiden Fällen auf: »Darf ich direkt wieder weitermachen? Soll ich überhaupt weitermachen? Wie viel Regeneration brauche ich jetzt? Wie motiviere ich mich wieder?« Die richtige Verarbeitung von Sieg und Niederlage ist meiner Meinung nach für zukünftige Erfolge genauso zielführend wie der Wettkampf selbst.

Ich stehe auf dem Siegertreppchen und bin noch total eingenommen von den ganzen Eindrücken. Die Nationalhymne beginnt und ich stimme mit ein, aber ich kann mich kaum aufs Singen konzentrieren. Ich weiß, dass ich gerade Olympia gewonnen habe, ich begreife ganz genau, dass ich jetzt Olympiasiegerin bin – und trotzdem, irgendetwas ist anders als sonst. Ich glaube, es ist eine vielleicht nicht so einfach nachvollziehbare Kombination verschiedener Gefühle und Einsichten: der ernüchternden Feststellung einerseits, dass ich ja mit diesem Sieg eigentlich gar nicht anders bin als vorher und dass in ein paar Monaten, wenn sich das Rad der Zeit weitergedreht hat, wieder der nächste Wettkampf wartet, und dem geradezu glückseligen Bewusstsein andererseits, dass sich der ganze Einsatz gelohnt hat. Was ich vor allem empfinde, ist eine kleinkindmäßige Vorfreude auf das, was kommen wird: Eine lange Zeit der vielen Glückwünsche, schönen Veranstaltungen, tollen Gedanken, der Empfang durch meine stolze Familie und vieles mehr. Der Sieg an sich war, so wird mir gerade klar, eine weitere Etappe meines Lebenswegs.

Ich merke in diesem Moment deutlich, dass das Glücksgefühl für mich darin liegt, mich für etwas einzusetzen, hart zu arbeiten und dann die Früchte dieser Arbeit in vollen Zügen genießen zu können. Ich habe einen großen Sieg errungen, dadurch, dass ich im Inneren erfüllt bin. Ich bin glücklich.

Die Fernsehkameras zoomen auf mich, ich bin in Nahaufnahme auf den Leinwänden zu sehen. Das reißt mich aus meinen Gedanken. Jetzt muss ich mich noch einmal auf den Text konzentrieren.

Nach der Siegerehrung gehe ich ein letztes Mal zurück in die Katakomben des riesigen Sportkomplexes der Olympiastätte in Peking, wo mein Mitolympiasieger Benjamin Kleibrink und ich uns beinahe auf dem Weg zur Dopingkontrolle verlaufen. Benny hat vorhin genau 19 Minuten vor mir mit dem Florett den Olympiasieg erfochten – ein Wahnsinnstag für die deutschen Fechter! Aber als wir im Kontrollraum ankommen, hat uns die Realität auch *schon wieder. Wir wollen eigentlich nur feiern, sitzen hier aber in einer Art Käseglocke des Schweigens fest, zusammen mit ein paar finster dreinblickenden Ärzten, die uns zudem noch auffordern, ein wenig leiser zu sein. Ich bin zwar total euphorisiert, aber in diesem Moment läuft es mir kalt den Rücken hinunter, als ich mir vorstelle, wie es wäre, zu den Unglücklichen zu gehören, die heute alles wollten und es nicht geschafft haben. Es gruselt mich bei dem Gedanken, dass es auch mir ganz schnell hätte passieren können, gegen die Chinesin Li Na zu verlieren und nun mit der »Holzmedaille«, dem vierten Platz, dazustehen. Ich möchte jetzt gar nicht daran denken.*

Ich habe eine bessere Idee, wie ich meine Freude teilen kann: Ich werde jetzt endlich meine Liebsten anrufen. Mein erster Anruf gilt aber Benny, der nebenan im separaten Kontrollraum sitzt, sich bei der Dopingkontrolle sehr viel Zeit lässt und uns damit wertvolle Minuten für die Feier des Abends kostet. Ich sporne ihn an, sich etwas zu beeilen. Danach kann ich endlich mit Mama und Papa telefonieren – obwohl ich sie erst beim zehnten Versuch erreiche, weil die Leitungen auch bei ihnen dauerbelegt sind. Ich kann es kaum glauben, ihre Stimmen zu hören! Beinahe kann ich auch nichts verstehen, weil sich alle wie benebelt anhören oder nur ein Kreischen zu hören ist. Nach diesen ersten Telefonaten bin ich selig und freue mich, als Benny dann endlich aus dem Kontrollraum kommt und »Ich bin der Beste« vor sich hingrölt. Die Welt ist in Ordnung für mich!

Natürlich bin ich immer erst einmal froh, wenn ich mich in einer Sache, die mir am Herzen lag, durchgesetzt habe, so wie Sie bestimmt auch, denn ein persönlicher Erfolg bietet sicherlich die deutlich bessere Ausgangsbasis für alles Weitere. Ich möchte aber darauf hinweisen, dass die weiteren Schritte, die man jeweils nach Sieg oder Niederlage geht, entscheidend sind für die nächste Partie, in die man sich stürzt. Die Frage ist ganz simpel: Wie komme ich aus Sieg oder Niederlage wieder in die Position zurück, aus der ich weitermachen kann? Sobald man sich von der Fechtbahn wieder auf »normalen Boden« begibt, beginnt der Moment, in dem man die Dinge verarbeitet, die man gerade erlebt hat.

Die eigene Messlatte anpassen

Mit Niederlagen umzugehen, mit Erfolgen zurechtzukommen und dabei die für einen selbst richtige zukünftige Richtung zu bestimmen, ist nicht immer leicht. Wie belohne ich mich für einen Erfolg? Wie empfinde ich die Niederlage und wie schätze ich sie richtig ein?

Die Grundfragen lauten jedes Mal: Was war mein Erfolgsrezept, wie habe ich Erfolg und Misserfolg für mich definiert? Was war meine Messlatte dafür, habe ich sie richtig angelegt oder habe ich mich nach oben oder unten hin verschätzt?

Bevor Sie sich nach einer Niederlage in eine Krise stürzen, überlegen Sie, ob das Ziel, das Sie sich gesetzt hatten, für Sie auch wirklich erreichbar war, und wenn ja, ob Sie auch alles dafür gegeben haben. Sie können sich viel Kummer ersparen, wenn Sie sich eingestehen, dass Sie sich an der einen oder anderen Stelle vielleicht doch zu viel Freizeit gegönnt haben, statt sich ernsthaft mit Ihrer Aufgabe zu beschäftigen. Mit dieser Einsicht können Sie in der Analysephase viel realistischer und zielgerichteter arbeiten.

Haben Sie sich Ihr Ziel tatsächlich zu hoch gesteckt, haben Sie sich übernommen und sind panisch geworden, weil Sie mit tausend verschiedenen Aufgaben konfrontiert waren, die Sie überhaupt nicht bewältigen konnten? Haben Sie deshalb Ihr Ziel aus den Augen verloren? Dann gestehen Sie sich diesen Fehler ein und versuchen Sie, sich beim nächsten Anlauf ein realistischeres Vorhaben zu suchen. Am besten formulieren Sie hierfür einen konkreten Zeitplan. Was wollen Sie bis wann erreichen? Schreiben Sie sich unbedingt auch Ihre anderen, zusätzlichen Pflichten und Aufgaben dazu. Haben Sie genug Zeit, um die nötige Energie für Ihr Ziel aufzuwenden? Sollten Sie sich nicht doch mehr Zeit nehmen? Schwarz auf weiß lässt sich häufig besser erkennen, ob eine Aufgabe überhaupt zu bewältigen ist oder nicht.

Bei einer Niederlage kann es aber auch durchaus sein, dass man sich im Zielhorizont selbst unterschätzt und damit nicht genug gefordert hat: Vielleicht haben Sie ja Ihr eigentliches Ziel nicht erreicht, weil Sie es zu niedrig angesetzt haben? Haben Sie sich unterfordert gefühlt und deshalb nur halbherzig gekämpft? Dann nehmen Sie sich für das nächste Mal mehr vor – so macht der Weg zum Ziel auch mehr Spaß, weil Sie sich gefordert fühlen und stolz auf sich sein können.

Wenn Sie sich ein Ziel gesetzt und es auch erreicht haben, sind Sie sicherlich erst einmal zufrieden mit sich. In diesem Fall können Sie für sich mitnehmen, dass Sie sich erstens offensichtlich nicht übernommen haben und zweitens nicht total unterfordert waren. Wenn ich mir etwas vornehme und es schaffe, erkenne ich daran, dass meine Messlatte gut angelegt ist und ich mich offensichtlich auf mich verlassen kann. Mit der Zeit bekommt man ein ganz gutes Gefühl für seine Möglichkeiten und Grenzen. Dabei meine ich gleichzeitig Leistungs- wie Zufriedenheitsgrenzen. Denn es gibt auch den Fall, dass man ein Ziel erreicht hat und sich trotzdem nicht glücklich fühlt. Vielleicht war das Ziel zu niedrig gesteckt – legen Sie sich in Zukunft Ihren Zielhorizont etwas höher, dann werden Sie auch mit dem Ergebnis zufriedener sein.

Der Ausgang eines Gefechts kann Ihnen als Orientierungshilfe für die Zukunft dienen. Sie müssen allerdings dafür zunächst in der Analysephase das Ergebnis richtig deuten und es an Ihren eigenen Interessen und Maßstäben messen. Danach können Sie zu dem Schluss kommen, dass Sie Ihre Messlatte entsprechend anpassen sollten, oder auch dazu, dass Sie sich genau richtig eingeschätzt haben.

Niederlagen wegstecken

Ich bin als Fechterin beim Training täglich mit Sieg und Niederlage konfrontiert. Bei einem Pool von 15 Fechtern ist es unmöglich, immer zu gewinnen. Da muss man sich mit Niederlagen arrangieren können – das erhöht die Frustrationstoleranz ungemein. Ich habe gelernt, Niederlagen beim Training nicht zu überbewerten, aus schlechten Wettkämpfen gute Analysen für die Zukunft zu gewinnen und mich nicht abhalten zu lassen, weiterzukämpfen. Es war für mich schon als junge Athletin wichtig zu begreifen, dass man auf dem Weg zu einem großen Ziel nicht immer gewinnen kann.

Dabei war es ein essenzieller Prozess zu lernen, mit Kritik umzugehen. Konstruktive Kritik bringt mich weiter. Alles Klagen hilft meiner Ansicht nach nichts, genauso wenig wie ein Umfeld, das einem sagt, dass man trotz eines Misserfolgs alles richtig und gut gemacht hat. Wenn etwas schiefläuft, höre ich mich bei Vertrauten um und bitte um Rat. Eine Fehleranalyse mit dem Trainer halte ich mittlerweile für selbstverständlich.

Auch muss man lernen, sich Schwächen einzugestehen und Selbstkritik zuzulassen. Niemand macht immer alles perfekt, und nur wer bereit ist, Fehler zu akzeptieren, kann daraus etwas für die Zukunft gewinnen und sich verbessern! Fragen Sie also Vertraute nach ihrer Ansicht, wie man ein Problem lösen könnte. Nach dem von Einstein beschriebenen Prinzip »Man kann Probleme niemals mit derselben Denkweise lösen, durch die sie entstanden sind« kann es nicht schaden zu überprüfen, ob die eigene Sichtweise auch wirklich die ist, mit der man sich weiterentwickeln kann.

Kritik sollte man als Chance zum Lernen begreifen – sonst war eine Niederlage komplett umsonst!

Für konstruktive Kritik war ich immer dankbar. Ich habe gelernt, mich damit zurückzuziehen und mir die Punkte herauszusuchen, die tatsächlich zutreffen. Den Rest versuche ich einfach wieder zu vergessen. Nehmen Sie es den Menschen in Ihrem Umfeld nicht übel, wenn sie Negatives äußern. Versuchen Sie einfach, einen Nutzen für sich daraus zu gewinnen.

Das Filtern von Informationen von außen hilft mir tatsächlich weiter. Ich habe zum Beispiel einmal als Co-Moderatorin durch eine Abendveranstaltung geführt. Ich war kurzfristig eingesprungen und daher der Überzeugung, dass ich wohl keine so umfangreiche Aufgabe auf der Bühne würde übernehmen müssen. Allerdings nur bis zu dem Zeitpunkt, als mich der Moderator eine Stunde vor Beginn der Veranstaltung aufforderte, Moderationskärtchen für meine Parts zu schreiben: Ich sollte also tatsächlich im vollen Umfang mitmoderieren. So habe ich bis ein paar Minuten vor dem Auftritt hinter der Bühne meine Karten geschrieben. Moderiert hatte ich bis zu diesem Zeitpunkt noch nie. Geprobt hatten wir auch nicht. Wird schon klappen, dachte ich mir.

Die Show hat mir dann auch Spaß gemacht und ich habe mich auf der Bühne wohlgefühlt – allerdings merkte ich im Verlauf der Veranstaltung auch, dass ich den einen oder anderen »Moderationsfehler« beging. Schlimm fand ich das nicht. Ich war danach eigentlich nur stolz, alles ohne Probe und Vorbereitung durchgestanden zu haben, und ging mit dem Gefühl von der Bühne, einen guten Job gemacht zu haben – mit Ausbaupotenzial. Ich dachte, dass allen Zuschauern klar war, dass mein »Job« nicht das Moderieren, sondern das Agieren auf der Fechtbahn ist, und ich so einen Bonus haben müsste.

Aber da hatte ich falsch gedacht! Sie können sich nicht vorstellen, wie viele gute Wünsche und Verbesserungsvorschläge ich danach bekam! Aber, und das ist eigentlich das, wovon ich erzählen möchte, ich war erstaunt und fühlte mich eher geehrt, dass viele Leute mir noch ein paar Tipps mit auf den Weg für meine Moderationskarriere geben wollten. Der Eindruck, dass die Britta Heidemann sonst immer alles »perfekt« macht, bewog die Leute dazu, mich an hohen Maßstäben zu messen. Daher habe ich Rückmeldungen bekommen, die mich zum großen Teil in meiner Selbstanalyse bestätigten und auch noch den einen oder anderen Aspekt hinzugefügt haben. Ich fühlte mich nicht in meiner Ehre verletzt, denn ich wusste ja, was ich an diesem Abend geleistet hatte.

Es gibt natürlich auch Situationen, in denen man falsche oder unfaire Kritik bekommt. Ich mache mir nach wichtigen Ereignissen immer wieder klar, wessen Meinung ich heranziehen sollte, wessen Urteil ich vertrauen kann.

Eine klare Analyse trägt dazu bei, gute Entscheidungen für die Zukunft zu treffen. Sollte diese Analyse ergeben, dass ich mich auf einen Wettkampf schlecht vorbereitet habe, muss ich überlegen, ob das Turnier wichtig war und was mein Ziel war. Ist es überhaupt überraschend, dass ich verloren habe? Wenn ja, woran kann es gelegen haben? Doch Achtung: Häufig interpretiert man zu viel in Begebenheiten hinein. Manchmal hat man auch einfach einmal Pech. Vielleicht war der Gegner einfach gut drauf. Vielleicht wollte man nicht so richtig aus dem Inneren heraus. Vielleicht war es tatsächlich etwas anderes, und das muss man herausfinden.

Die Analyse ist allerdings nicht dafür da, alle Niederlagen, die man eingefahren hat, mit ungünstigen äußeren Faktoren zu entschuldigen. Ich kenne viele gute Sportler und auch Nichtsportler, die den gewünschten Durchbruch nicht schaffen, weil sie für jedes Scheitern einen Grund finden, durch den sie selbst nie in der Verantwortung stehen: falscher Wettkampfort, schlechtes Wetter, negative Bedingungen in den Wettkampfstätten, die Umstände der Reisen, private Situationen, unfreundliche Kollegen etc. Das ständige Abschieben der Verantwortung ist ein sehr wirksames Schutzschild vor der Enttäuschung, sich eingestehen zu müssen, dass man alles gegeben und das Ziel trotzdem nicht erreicht hat. Dieser Selbstschutz kann manchmal auch richtig sein. Aber auf diese Art verhindert man gleichzeitig, dass man es beim nächsten Mal besser machen kann.

Ich bemerke immer mal wieder auch bei mir selbst, wie schnell man sich in eine solche Negativspirale hineindenken kann, bei der die Begründung für unglückliche Entwicklungen vermeintlich nie bei einem selbst zu finden ist. Wenn ich mich dabei ertappe, versuche ich diesen Denkmustern so gut wie möglich entgegenzuwirken. Natürlich können hin und wieder tatsächlich auch äußere Umstände für die Niederlage im Wettkampf verantwortlich sein – aber bestimmt nicht jedes Mal. Wenn Sie diesen Eindruck bekommen, sollten Sie misstrauisch werden!

Suchen bzw. finden Sie nicht jedes Mal einen anderen Grund, warum etwas nicht geklappt hat, sondern nehmen Sie sich auch selbst in die Verantwortung. Um es beim nächsten Mal besser machen zu können, ist eine ehrliche Analyse notwendig.

Nachdem man Stärken und Schwächen analysiert und herausgefiltert hat, müssen diese Erkenntnisse eingesetzt werden, um die Schwerpunkte des weiteren Trainings festzulegen. Nun können Sie sich beweisen, dass Sie die Niederlage wegstecken und dafür nutzen können, um im nächsten Gefecht erfolgreicher abzuschneiden.

Notwendige Niederlagen

In Situationen wie nach den Olympischen Spielen in Athen dürfen und müssen Niederlagen sogar sein, um wieder Motivation zu finden. Ich habe vor Kurzem auf einem Weltcupturnier ein sehr unbefriedigendes Gefecht erlebt, bei dem ich beinahe das Gefühl hatte, dass ich um die Niederlage mehr gekämpft habe als um den Sieg. Nach einer Führung von 5:2 gegen eine wirklich nicht so starke Gegnerin regte ich mich in der ersten Minutenpause lautstark darüber auf, dass ich einen Treffer, den ich meiner Meinung nach hätte setzen müssen, nicht platziert hatte. Ich redete mich so sehr in mein Selbstmitleid hinein, dass ich mich trotz des komfortablen Vorsprungs in vermeintlich schlechterer Position wähnte. Dieses Lamentieren hat sich dann insofern gerächt, als die Gegnerin aufholte, mich überholte und mich schlussendlich tatsächlich knapp besiegte. Eine Gegnerin, gegen die ich wirklich nicht hätte verlieren sollen. Wenn ich ehrlich bin, fühlte es sich danach so an, als hätte ich das irgendwie herausgefordert. Ich wollte mehr oder weniger beweisen, dass ich verliere. Wem? Keine Ahnung. Warum? Diese Frage kann ich Ihnen auch nicht beantworten. Direkt nach dem Gefecht war es mir ein Rätsel, wie ich zwei Mal einen Vorsprung wieder aufgeben konnte und vor allem wieso ich mich nicht zusammenreißen konnte. Ich hatte jeweils, nachdem ich in Führung war, völlig unkonzentriert weitergefochten, mehr mit Angst und meinen Sorgen beschäftigt als mit dem Gefecht.

Trotz allem glaube ich, dass einen solche Niederlagen wieder wachrütteln können, dass sie wieder neuen »Biss«, eine neue Motivation geben können. Wenn plötzlich die eigene Ehre angekratzt ist, will man sich wieder beweisen.

Sieger sein – der Umgang mit Neid

Nicht nur mit Niederlagen muss man umgehen lernen, sondern auch mit Siegen und Erfolgen, zum Beispiel damit, dass sich eine Karriere wunschgemäß entwickelt. Wie man sich als Sieger fühlt, was der Moment des Erfolges auslöst, habe ich in diesem Buch immer wieder beschrieben und ich muss sicherlich nicht noch einmal betonen, dass es sich einfach gut anfühlt, sein Ziel erreicht oder eine Herausforderung bestanden zu haben.

Diesen Abschnitt möchte ich daher für einen anderen interessanten Aspekt nutzen. Ich habe das Thema im Laufe des Buches immer wieder gestreift, wenn es zum Beispiel darum ging, sich von anderen nicht aus der Bahn werfen zu lassen, sich nichts Negatives einreden zu lassen, sich von bösen Kommentaren oder neidischen Blicken nicht zu sehr einnehmen zu lassen oder den richtigen Abstand zu halten. Der Zweikampfsport Fechten ist diesbezüglich geradezu prädestiniert für Parallelen zum Berufsleben: Wir alle arbeiten in zufällig zusammengewürfelten Teams mit anderen und streben dabei häufig alle nach demselben Ziel – dem Weltmeistertitel, dem Olympiasieg, dem Aufstieg auf der Karriereleiter, der Beförderung, dem Bonus, der Gunst eines Menschen. Hier ist es gut nachvollziehbar, dass sich Vorbehalte oder eine Gereiztheit gegenüber denjenigen entwickeln können, die besonders leicht aufzusteigen scheinen, die sehr talentiert sind, die immer genau im richtigen Moment eine gute Arbeit abgeliefert und zufälligerweise dann noch eine zündende Idee oder den entscheidenden sportlichen Erfolg haben. Ich habe selbst die Erfahrung gemacht, dass ich mich, nachdem mein damaliger Trainer Gabor unseren Verein verlassen hatte, irgendwie nicht richtig wahrgenommen und benachteiligt fühlte. Aber alles Ärgern und Selbstmitleid hätten mir nichts genutzt. Mir wurde schnell klar: Es bringt mich nicht weiter, die anderen schlechtzureden, ihnen die Aufmerksamkeit zu neiden oder mich über vermeintliche Ungerechtigkeiten aufzuregen – ich kann hier nur mit meiner eigenen Leistung überzeugen!

Indem man sich über Dritte und deren Erfolg oder über vermeintlich ungerecht verteilte Vorteile ärgert, wird man selbst nicht besser!

Mit den Erfolgen nimmt in der Regel auch die Zahl der Kritiker und Neider deutlich zu – dies stellte ich ebenfalls fest. Während der Vorträge, die ich seit den Olympischen Spielen in Peking halte, stelle ich immer wieder fest, dass auch viele Manager und Führungskräfte ähnliche Erfahrungen machen und bei diesem Punkt nicken. Aber auch im Sport scheinen erfolgreiche Nachwuchssportler zunächst durch eine harte Schule der Missgunst gehen zu müssen, für die diejenigen verantwortlich sind, die sich in ihrer Position bedroht fühlen. Wenn Sie auf einem bestimmten Gebiet Erfolg haben und wenn bei Ihnen auch in den restlichen Lebensbereichen alles gut läuft, müssen Sie sich auf zweierlei einstellen: auf die vielen ehrlich gemeinten Glückwünsche und Bewunderungsbekundungen, aber auch auf negative Reaktionen derjenigen, die es eben nicht geschafft haben und die Sie von nun an mit Argusaugen beobachten und nur darauf warten, dass Sie stolpern.

Dass man gleichzeitig das eigene Verhalten genau und durchaus selbstkritisch beobachtet, ist dabei selbstverständlich und für jeden gültig. Es gibt sicherlich unter den Erfolgreichen genauso viele unangenehme und unsympathische Leute wie unter den weniger Erfolgreichen. Ich jedenfalls habe nicht die Erfahrung gemacht, dass ehrgeizige Menschen grundsätzlich stocksteif und langweilig sind und alle, die weniger zielstrebig sind, automatisch herzlich und fröhlich. In der Regel wird einfach das Verhalten erfolgreicher Personen kritischer beobachtet und dann alles Negative mit dem Erfolg begründet. So kann es passieren, dass durch die Unterstellung einer gewissen Kausalität zwischen Erfolg und Verhalten sowie durch die Annahme einer erfolgsbegründeten Überheblichkeit in jeder Aussage ein unbefangenes Miteinander manchmal von vornherein nicht mehr möglich ist.

Ich habe also schnell erkannt, dass es emotional nicht einfacher sein muss, einen Erfolg zu verarbeiten als eine Niederlage. Alles in allem habe ich mich von dem Gedanken gelöst, dass sich jeder über meinen Erfolg mitfreuen muss, und ich habe aufgehört, mir die Frage des »Warum« zu stellen.

7 Der Gang von der Fechtbahn

Gehen Sie in sich, analysieren Sie sich nach einem Erfolg selbst auf eine Änderung in Ihrem Verhalten. Sind Sie nach dieser Selbstbefragung mit dem Ergebnis zufrieden, dann haben Sie alles richtig gemacht und müssen sich nichts vorwerfen oder sich selbst infrage stellen. Versuchen Sie dann, negative Reaktionen als das zu verbuchen, was sie sind: Neid. Es gibt genug Menschen, die sich in einer ähnlichen Situation wie Sie befinden, und es gibt viele, die Sie für Ihren Fleiß und das Erreichte bewundern.

Das persönliche Erfolgsrezept erkennen

Aber nun noch einmal zu den schönen Seiten des Erfolges: Sie müssen sich nach einem Sieg im Vergleich zu einer Niederlage nicht wochenlang mit einem Gefühl des Versagens herumschlagen, sondern können die Zeit genießen. Auch die Analyse macht mehr Spaß – und die ist wie gesagt nicht nur bei Niederlagen wichtig.

Auch nach gewonnenen Gefechten ist es entscheidend, sich entweder selbst die Zeit zu nehmen und nachzuvollziehen, warum Sie gewonnen haben, oder sich mit dem Trainer bzw. Ihren Vertrauten zusammenzusetzen. Nach Siegen und nach Niederlagen muss ich mich häufig der Presse stellen, die nach dem »Warum« fragt. Meistens ist das gar nicht so klar zu beantworten. Warum genau es an dem einen Tag gut gelaufen ist oder auch nicht, hängt häufig von einem Zusammenspiel so vieler Faktoren ab, dass es sich schwer auseinanderdividieren lässt. Ob zwischen einer Gegebenheit und dem Erfolg oder der Niederlage ein kausaler Zusammenhang besteht, ist höchstens in einer größeren Zeitspanne festzustellen, also wenn sich ein Zusammenhang durch mehrfache Erfahrung zeigt. Insgesamt finde ich den gefühlten Gesamteindruck am wichtigsten. Irgendwie spürt man, ob man leistungsfähig ist oder nicht. Ein gutes Grundgefühl, eine gewisse Zufriedenheit ist jedenfalls bei mir ausschlaggebend für sportlichen Erfolg.

Wie erreiche ich, dass die äußeren Bedingungen so sind, dass ich mich auf den Wettkampf konzentrieren kann und Spaß am Durchsetzen, Kämpfen und Siegen habe? Das ist die interessante Frage. Nicht unbedingt der Trainingsumfang an sich und die messbaren Faktoren sind hier letztendlich entscheidend, sondern es kommt darauf an, was mir das Training für ein inneres Gefühl vermittelt: Wenn ich viel trainiert habe, fühle ich mich gut vorbereitet. Meine Psyche reagiert darauf und ich gehe selbstbewusster ins Turnier. Nicht, weil ich durch die eine zusätzliche Trainingseinheit besser geworden wäre oder meine Technik noch einmal verbessert hätte, sondern weil es mir für die Seele und den Kopf gutgetan hat.

Versuchen Sie bei der Analyse einer für Sie gelungenen Phase hinter die Kulissen zu schauen, auf die zweite, dritte Ebene der Wirkungsmöglichkeiten. Ich möchte damit sagen, dass manchmal ein Detail zunächst unwichtig erscheint, weil es nicht notwendigerweise zum Erfolg beiträgt oder man den Zusammenhang nicht erkennt. Trotzdem könnte die eine Nachhilfestunde etwas gebracht haben, einfach nur dadurch, dass Sie das Gefühl hatten, besser gewappnet in die nächste Aufgabe zu gehen. Das Gespräch mit dem Chef könnte für Sie positiver ausgegangen sein, als Sie dachten, nicht nur weil Sie sich vorbereitet hatten, sondern auch weil Ihr Kollege Ihnen kurz vorher noch einmal viel Glück gewünscht hat und Sie damit Ihr Selbstbewusstsein steigern konnten.

Ich habe zu Beginn des Buches von den kleinen Stellschrauben gesprochen – ich bin überzeugt davon, dass genau solche Dinge am Ende den Ausschlag geben können. Natürlich gehören zu alldem der Wille, die Anstrengung und eine gute Basisvorbereitung auf das, was ansteht. Aber um wirklich gut abschneiden zu können, um sein Ziel zu erreichen, braucht man das gute Gefühl, das einen trägt und stützt. Ich habe auch häufig auf das Team hingewiesen und die vielen kleinen Momente im Leben, in denen man sich aus den Kommentaren, Gesten oder dem Verhalten anderer etwas herausziehen kann.

Ich bin zum Beispiel immer sehr erfolgreich, wenn ich mich in meinem Team und mit meinem Umfeld zufrieden fühle, gut aufgehoben und dadurch wie zum Erfolg getragen: Im Olympischen Dorf in Peking habe ich mich rundum wohlgefühlt mit den Trainern, Physiotherapeuten, den anderen Sportlern und dem Betreuerstab: Der eine oder andere gut gemeinte augenzwinkernde Scherz, das Bewusstsein, dass die anderen an mich glauben. Manchmal auch Ermutigungen und kurze Gespräche mit Menschen, die ich vielleicht gar nicht so gut kannte, aus deren Aussagen ich aber etwas für mich gewinnen konnte. Die konstante Unterstützung aus der Heimat, die zuverlässigen, aufmunternden Kurznachrichten von guten Freunden. Das ist es, was mir Freude bereitet und mich motiviert, mich in eine Aufgabe zu stürzen. Auf dem Weg zum Ziel zu sein, also mitten im Geschehen unter vielen Menschen, die ich mag und von denen ich ein gutes Gefühl zurückbekomme, das macht mich glücklich und damit gleichzeitig erfolgreich.

Denn für mich ist meist der Weg zum Ziel das Entscheidende, das Besondere. Ohne das Erlebnis, das Zufriedensein, den Spaß auf meinem Lebensweg würde ich wahrscheinlich viele Dinge abbrechen und beenden. Ein guter Freund von mir meinte letztens noch sehr treffend: »Britta, wenn du dich in einer Gemeinschaft befindest und du viel Gewusel um dich herum hast, wenn es viel zu lachen gibt, dann bist du wie ein Fisch im Wasser.« Exakt so empfinde ich es: Der grundsätzliche Spaß an der Sache gehört für mich zwingend dazu, dann geht der Erfolg wie automatisch damit einher. Manchmal ist ein gewisser Erfolg auch die Grundlage, damit man überhaupt beginnen kann, sich wohlzufühlen.

Jeder hat sein eigenes Erfolgsrezept, das zur Zufriedenheit und zum inneren Wohlbefinden führt. Um sich der Gründe für einen Erfolg bewusst zu werden, lohnt es sich, zu überlegen, was Sie angetrieben, was Sie wirklich gestützt hat.
Wir alle werden sicherlich von unterschiedlichen Dingen motiviert, die dafür sorgen, dass sich das sogenannte »gute Gefühl« automatisch mit einstellt. Gibt es also einen grundsätzlichen Faktor, der Sie antreibt? Haben Sie sich Gedanken gemacht, ob Ihr Erfolgs-, also Ihr Glücksrezept sich über die Jahre geändert hat? Gab es neue Entwicklungen, die dafür sorgten, dass »ein Knoten platzte« und Sie erfolgreich wurden? Denken Sie über diese Fragen nach, denn die Antworten bringen viel Positives für das nächste Gefecht oder die nächste schwierige Situation im Berufsleben.

Erfahrungen verarbeiten und richtig einordnen

Ich erlebe an mir, wie wichtig es ist, Erfahrungen zu verarbeiten und gedanklich »zu verdauen«. Dabei scheint sich ein weiteres Mal der Satz meines Trainers Manfred Kaspar zu bewahrheiten, dass es deutlich schwieriger ist, einen großen Erfolg zu verkraften als eine Niederlage. Direkt nach dem Siegestreffer in Peking mutmaßte der Fernsehsprecher Michael Drevenstedt, dass Benjamin Kleibrink und ich wohl noch gar nicht fassen könnten, was wir an diesem Tag geleistet haben. Und irgendwie hatte er damit Recht.

Es ist nicht immer leicht, seine Leistung sofort einzuordnen. Vor allem nicht, wenn man in kurzer Zeit viel erlebt. Auch Eindrücke zu verarbeiten und aufzuarbeiten ist in der Regel ein längerer Prozess. Mit einem kurzen Innehalten wie in der Minutenpause ist es nicht getan.

Richtig begreifen, was die letzten Jahre wie im Schnellzug an mir vorbeigerast ist, was ich alles erlebt habe, welche Aufgaben ich gestemmt habe und wie ich mit einigen Drucksituationen fertiggeworden bin, werde ich sicherlich noch lange nicht.

Dabei finde ich das Zusammenspiel einiger zufälliger Umstände nach wie vor unglaublich: Die Tatsache, dass die Olympischen Spiele nach Peking vergeben wurden, war für mich mit meinem engen Kontakt zu China und speziell zu dieser Stadt ja bereits etwas ganz Besonderes. Ich kann mich noch sehr genau daran erinnern, wie ich im Jahr 2003 nach der Vergabe ein Interview gab, in dem mich die Journalistin fragte, ob es denn nicht mein großes Ziel sei, dort zu starten und auch zu gewinnen. Ich weiß bis heute, was ich geantwortet habe: »Ja, ich würde natürlich gerne dort starten. In Peking Olympiasiegerin zu werden würde für mich bedeuten, dass sich ein Kreis schließt. Aber eigentlich bin ich im Jahr 2008 mit 25 Jahren noch zu jung, um zu gewinnen und dann aufzuhören.« Ich habe nicht im Mindesten damit gerechnet, dass ich mich tatsächlich qualifizieren und dann Olympisches Gold gewinnen würde – und zwar genau deshalb, *weil* sich ein Kreis schließen würde und es mir so fern, so unglaublich erschien, dass genau das eintreten könnte. Es wäre einfach zu viel des Guten, wenn es in diesem Land, zu dieser Zeit, mit diesem ganzen Zusammenspiel klappen würde, dachte ich. Es hat einfach alles perfekt zusammengepasst, so wie eine bereits im Voraus geschriebene Geschichte, wie ein Märchen.

Sie haben sicherlich schon ähnliche Erfahrungen gemacht, also Situationen oder Phasen erlebt, bei denen Sie im Nachhinein erst begriffen haben, was Sie geleistet hatten. Dass Sie zusätzlich eine ganz schöne Menge Glück oder Pech hatten. Gehen Sie einmal gedanklich zurück in Ihrem Leben und denken Sie an eine besonders aufregende und dabei belastende Zeit. Haben Sie vielleicht gerade geheiratet, das erste Kind bekommen und gleichzeitig einen Umzug organisiert? Oder meistern Sie den gesamtem Haushalt und große Anforderungen im Beruf parallel? Wenn wir in bestimmten Situationen stecken, ist uns häufig gar nicht bewusst, was und wie viel wir gerade leisten und wozu wir fähig sind.

> ***Tipp von Psychologe Lothar Linz:*** Selbstvertrauen
>
> Selbstvertrauen basiert sich vor allem auf folgenden Faktoren:
> 1. Aktuelle Erfolge
> 2. Gute Vorbereitung
> 3. Ein guter physischer Zustand
> 4. Erinnerungen an frühere Erfolge
> 5. Besinnung auf die eigenen Stärken
> 6. Ein stützendes Umfeld
>
> Halten Sie sich an diese Faktoren – fördern Sie sie und machen Sie sich diese Punkte immer wieder bewusst – und Sie werden merken, wie Ihr Selbstvertrauen wächst.

Wenn Sie denken, dass Ihnen alles über den Kopf wächst, nehmen Sie sich ein paar Minuten Zeit und erinnern Sie sich an Ihre Stärken.

Um Erfolge und Niederlagen verarbeiten zu können, braucht der Kopf also die Zeit dazu. Man kann sich nicht auf ein neues Ziel konzentrieren und gleichzeitig die Vergangenheit bewältigen. Nehmen Sie sich für diese Phase des Verarbeitens eine körperliche oder geistige Auszeit, um Ihre Balance wiederzufinden.

DIE BALANCE WIEDERFINDEN

Nicht nur nach dem Erreichen von Etappenzielen wie in der Minutenpause braucht man Zeit zum Durchatmen, sondern besonders nach einer längeren Phase der Anstrengung ist eine körperliche und geistige Regenerationsphase dringend nötig. Sei es, um eine Niederlage zu verarbeiten, einen Sieg zu feiern oder um wieder eine neue Orientierung zu finden.

Als ich mit meinem Trainer Manfred, der auch etwas geschafft und daher ziemlich wortkarg ist, endlich im Taxi Richtung Deutsches Haus sitze und mit meinen hunderten von SMS beschäftigt bin, bin ich mir sicher, dass der Alltag früh genug wieder einsetzt und ich mir keine Sorgen um etwaige erfolgsbedingte Persönlichkeitsveränderungen machen muss. Ich merke gleichzeitig, dass die Anspannung der letzten Monate wie ein Stein auf mir lastete – es rauscht in meinen Ohren, ich fühle mich wie betäubt von der Ruhe, die plötzlich herrscht. Ich bin zur selben Zeit unendlich müde und völlig aufgedreht. Jetzt, fast allein und ohne die vielen Außeneindrücke, fühle ich mich wie unter einer Käseglocke. Ich höre mich beinahe mit mir selbst reden, so sehr drängen sich mir die Gedanken in den Kopf. Die Bilder der letzten Tage. Ich bin sicher, dass es höchstwahrscheinlich länger dauern wird, bis ich emotional wieder auf ein normales, ausgeglichenes Level gelange. Dass es Zeit brauchen wird, bis ich nicht mehr so schnell überreagieren werde, wie es vor allem in den letzten Wochen vor Olympia der Fall war, in denen alles einfach am Limit war – so, wie es auch in der kommenden Zeit sein wird. Ich weiß aber auch, dass jetzt vieles auf mich wartet, was ich genießen werde. Das, was jetzt kommt, sagt meine innere Stimme, habe ich mir verdient, weil ich alles dafür gegeben habe, und ich werde es auskosten, bis das nächste Ziel im Fokus ist. Ich nehme mir das Recht, glücklich mit meinem Erfolg zu sein!

Wir steigen vor dem Deutschen Haus aus dem Auto und gehen durch den Eingang, an dem meine Freunde und viele andere, die ich gar nicht kenne, Spalier stehen. Irgendwie habe ich den Eindruck, dass ich träume und dass alles gar nicht wahr ist. Meine innere Stimme, meine lauten Gedanken werden für den Moment wieder leiser und ich nehme mir vor, jetzt erst einmal alles zu genießen. Das ist so unwirklich! Ich schreite die Stufen zum Fernsehstudio hinauf und strahle glücklich vor mich hin.

Sie kennen es sicherlich auch, dieses aufgekratzte Gefühl, wenn Sie etwas geschafft haben. Das Schönste und gleichzeitig Wichtigste nach einem Erfolg kommt nämlich jetzt: Die Belohnung und das Feiern! Und wenn man aus Freude über einen Erfolg mit anderen anstößt, ist das einfach etwas ganz anderes, als wenn man seine Enttäuschung oder Frustration mit Alkohol betäubt.

Immer wieder wichtig: die Belohnung

Nach einer erfolgreichen Leistung oder dem guten Gelingen einer arbeitsintensiven Periode im Beruf freuen auch Sie sich sicher mehrfach: Erstens darüber, dass Sie es hinter sich haben, zweitens darüber, dass Sie gute Arbeit geleistet und womöglich noch ein Lob eingesteckt haben und drittens auf die Belohnung, die Sie sich dafür gönnen können. Ein schönes Abendessen, ein Urlaub, die neue Jeans, die Maniküre – es gibt viele Dinge, die Sie tun können, um die vollbrachte Leistung zu zelebrieren. Es geht darum, sich die Zeit des Genießens zu gönnen. Das gute Gefühl, das wir alle haben, wenn wir stolz auf uns sind.

Nachdem ich am Abend meines Olympiasieges die Glückwünsche und Interviews hinter mir hatte und sich die Anstrengungen des Tages dann doch auszuwirken begannen, fuhr ich mit unserer Physiotherapeutin Sylvia wieder in Richtung Dorf. Dort angekommen, es muss so gegen drei Uhr morgens gewesen sein, waren wir noch so aufgekratzt, dass wir wie zwei Schulmädchen auf unseren Betten saßen und über die unglaublichen Geschehnisse des Tages diskutierten. Während wir so aufgeregt miteinander redeten, ging unsere Tür auf und Benny kam herein. Sein Zimmer lag unserem genau gegenüber: »Na, könnt ihr auch noch nicht schlafen?«, fragte er und setzte sich zu uns. Das Adrenalin des Sieges war sicherlich noch immer in unseren Körpern, die Aufregung und die Freude über unseren großen Erfolg. So beschlossen wir während unserer nächtlichen Dreierunterhaltung, dass wir am nächsten Abend den Olympiasieg ordentlich feiern würden.

Wir waren am nächsten Tag tatsächlich in der Disco eines Freundes, der sich Mühe gegeben hatte, möglichst viele Sportler in sein »China Doll« einzuladen. So waren neben uns viele weitere Teamkollegen aus Deutschland mit dabei und auch einige Persönlichkeiten, deren Anwesenheit mir bis heute irgendwie unwirklich vorkommt: Der Profiboxer Evander Holyfield, der Schauspieler Chris Tucker und andere Hollywood-Größen waren bei uns im VIP-Bereich der Disco, der insgesamt ziemlich ausgefallen und sehr bunt eingerichtet war. Ich bin mir nicht sicher, ob die amerikanischen Herren mehr von meiner Olympischen Goldmedaille beeindruckt waren oder von der Tatsache, dass ich im offiziellen Sportdress in eine Disco gekommen war. Mir war es an diesem Abend völlig egal, denn wir haben super gefeiert! Das Adrenalin und die immer noch hohe innere Spannung konnten wir auf diese Art zumindest etwas abbauen.

Feiern und Action ist die eine, und wie ich finde, notwendige Form der Belohnung. Aber für mich gehört auch die

7 Der Gang von der Fechtbahn

Zeit mit mir selbst dazu. Noch immer denke ich im Zusammenhang mit meinem Olympiasieg eigentlich am liebsten an die wenigen Stunden, in denen ich mit meinen Gedanken alleine war, mich im Olympischen Dorf auf eine der vielen Bänke setzte und einfach vor mich hin schaute. Oder in denen ich in der Mensa saß, meinen Tee neben mir auf dem Tisch, und so tat, als würde ich mein Buch lesen. Natürlich konnte ich mich nicht auf dieses Buch konzentrieren, und am Tag nach meinem Olympiasieg war es mir eigentlich nicht so wichtig, welche Abenteuer Ken Folletts Romanfigur Tom Builder gerade durchlebte. Aber unterhalten konnte ich mich auch nicht, da ich, wie so häufig nach Wettkämpfen, krank war und dazu noch meine Stimme verloren hatte. Ich habe es jedenfalls genossen, ganz mit mir allein sein zu können und über den erfolgreichen Tag und die Ereignisse zu sinnieren.

Manchmal genügt also auch ein Spaziergang in der Sonne, ein nettes Kaffeetrinken, ein Plausch mit der besten Freundin oder ein Bier mit dem besten Kumpel, um ein Erfolgserlebnis noch einmal richtig genießen zu können.

Es ist ein wichtiges Element der Belohnung, erfolgreiche Ereignisse gedanklich oder im Austausch mit Freunden noch einmal aufzufrischen und die Erlebnisse wieder aufleben zu lassen. Wenn Sie also für sich selbst ein klares Zeichen setzen wollen, dass Sie gerade ein Ziel erreicht haben oder eine lange Etappe vorbei ist, dann genießen Sie Ihren Erfolg ausgiebig und nehmen Sie sich die Zeit dafür.

Insgesamt geht es in dieser Phase darum durchzuatmen, den Geist zu entspannen, den Stress abzubauen, das Adrenalin und die Anspannung, die man immer noch spürt, abbauen zu können. Wieder in den ersten Gang runterzuschalten und dem Kopf klarzumachen, dass er ein bisschen Ruhe zum Regenerieren hat.

Regeneration ist unverzichtbar

Das Regenerieren ist meiner Erfahrung nach der wichtigste Part, um überhaupt auf Dauer effizient und erfolgreich sein zu können. Wie in der Minutenpause während eines Gefechts benötigt man auch zwischen den Gefechten des Lebens ruhigere Momente. Man kann sich die Regenerationsphase auf das Fechten bezogen folgendermaßen bildlich vorstellen: Zwischen den Wettkämpfen müssen wir unsere Degen warten, sie reparieren und überprüfen, damit sie uns im nächsten Gefecht zum Sieg führen können. Ohne diesen Waffencheck, ohne diese Vorbereitung auf den Neustart, läuft man Gefahr, mit schlechtem Material an den Start zu gehen, und senkt damit die Erfolgschancen deutlich. Im wahren Leben sieht es ähnlich aus wie nach einem erfolgreichen Turniertag: Wenn Sie nach einem abgeschlossenen Projekt oder einer arbeitsintensiven Periode einen mentalen Durchhänger haben, ist das normal. Dann brauchen Sie einfach etwas Ruhe. Wenn der Sprit alle ist, läuft der Motor nicht mehr. Also müssen Sie wieder auftanken, das gilt für den Körper und den Kopf.

Nach einem Erfolg geben die Belohnung und die Regenerationsphase dem Kopf das Signal, dass er sich jetzt ausruhen darf. Ohne die vielen kleinen Inseln der Belohnung und der Ruhe hätte ich nicht an so vielen Stellen Erfolg haben können.

Machen Sie sich klar, dass Regeneration zum Erfolg gehört, dass diese beiden Elemente zwingend zusammenhängen!

Der richtige Mix aus Erfolg und Belohnung sowie Leistungs- und Ruhephasen ist auch das A und O für uns Leistungssportler. Hier müssen wir alle versuchen, die Balance zu halten. Immer nur verbissen weiterzumachen, endet mit ziemlicher Sicherheit entweder im Burn-out oder in einer dauerhaften Unzufriedenheit, weil man den eigenen Ansprüchen im ausgepowerten Zustand nicht mehr gerecht werden kann. Aber müde und ausgelaugt seiner eigentlichen Leistungsfähigkeit hinterherzurennen, macht weder Sinn noch Spaß.

> *Tipp von Psychologe Lothar Linz:* Entspannung
>
> Für die volle Leistungsfähigkeit ist es wichtig, in eine innere Balance zu kommen. Wer immer nur leistet, sich aber nie entspannt, wird schnell ausgepowert sein. Jeder Mensch hat dabei andere Dinge und Tätigkeiten, die für ihn einen Ausgleich darstellen und ihn entspannen. Daneben gibt es auch bewährte Verfahren, die Entspannungsfenster schaffen. Dazu gehören zum Beispiel das autogene Training, die progressive Muskelentspannung nach Jacobson, Yoga, Meditation, Tai Chi und Qigong. Welches Verfahren für Sie auch das Beste sein mag, Voraussetzung ist bei allen, dass Sie sich wirklich Zeit dafür nehmen und sich selber in dieser Zeit mit Achtsamkeit begegnen. Nur dann können die Übungen ihre volle Wirksamkeit entfalten.
>
> Möglichkeiten der gedanklichen Neubewertung einer Situation:
> a *Reality-Check*: Unsere Ängste lassen die Bedrohung einer Situation oft größer erscheinen, als sie tatsächlich ist.

b *Reframing*: Eine gedankliche Neubewertung von Situationen hilft herauszufinden, welche Chancen, Möglichkeiten und Vorteile eine Situation für mich hat.
c *Time-Shift*: Wie denke ich in einem Monat oder einem Jahr über das Problem bzw. die Situation? Die meisten Probleme sind nämlich vorrübergehend. Auch Niederlagen sind in der Regel nicht das »Ende der Welt«. Vielmehr kommen neue Chancen und der Absteiger von heute ist oftmals der Aufsteiger von morgen.

Möglichkeiten körperlicher Spannungsregulation:
a *Atemübungen zur schnellen Entspannung*: z. B. Bauch-Atmung, Steigerungs-Atmung oder vertieftes Ausatmen.
b *Körperanker der Entspannung:* Wenn Ihr gesamter Körper entspannt ist, machen Sie eine spezifische Körperbewegung, die für Sie untypisch ist, z. B. das sanfte Reiben des Ohrläppchens. Wiederholen Sie diese Schritte regelmäßig, dann wird Ihnen in Drucksituationen diese Körperbewegung zu einer größeren Entspannung verhelfen.
c *Das Ruhebild* (auch »Happy Place« genannt): Gehen Sie in Ihrer Fantasie an einen Ort, an dem Sie sich sehr wohl und entspannt fühlen. Stellen Sie sich diesen Ort mit möglichst vielen Details und Sinneseindrücken vor. Sie werden schnell merken, wie gut Ihnen diese Vorstellung tut.

Wenn wir unter zu großen Druck geraten, hat das vielfältige Folgen. Nicht nur unser körperlicher Zustand verändert sich, auch unser Denken und Handeln wird beeinflusst. Manche werden sehr hektisch, andere sind eher blockiert, bei manchen bis hin zur Entscheidungsunfähigkeit. Auch unsere Wahrnehmung verändert sich, sodass wir wichtige Informationen nicht mehr aufnehmen können.

> Wichtig ist es, Kontrolle über die Situation zu haben. Sie sollten immer unterscheiden, was Sie beeinflussen können und was nicht. Dingen und Umständen, auf die Sie keinen Einfluss haben, sollten Sie keine Aufmerksamkeit schenken.
>
> Neben der gezielten Entspannung ist es noch wichtig, bei hoher Belastung die Anforderungen zu priorisieren, wie das so schön im Fachjargon heißt. So helfen Sie sich selbst, eine Struktur in Ihre Arbeit zu bringen, und Sie werden merken, wie entlastend es ist, wenn Sie die dringlichsten Dinge erledigt haben, sodass wieder Zeit für eine Erholungspause bleibt.

Oft bekomme ich die Frage gestellt, wie man sich mitten im Arbeitsleben regenerieren soll. Sich zu erholen bedeutet nicht automatisch, dass man drei Wochen Urlaub nehmen muss. Abgesehen davon, dass es nicht möglich ist, seinen Job spontan nach jeder Anstrengungsphase zu unterbrechen, geht es hier um das Abschalten des Kopfes für einen definierten bzw. absehbaren Zeitraum, um ein aktives Herausnehmen der Power. Viel mehr ist häufig nicht möglich und auch gar nicht nötig.

Leisten Sie in dieser Zeit des Regenerierens nur das, was unbedingt notwendig ist. Auch ich habe in meinem Jahresablauf meist nicht die Möglichkeit, spontan und nach meiner jeweiligen Befindlichkeit mein tägliches Training in der Gruppe oder womöglich sogar einen Wettkampf einfach abzusagen. Ich muss mich, selbst wenn ich gerade ein hartes Turnier hinter mir habe, oft gleich dem nächsten stellen. Es gibt feststehende Termine, wenn eine Saison beginnt, und wegen meiner mentalen und körperlichen Situation wurde auch noch keine Olympiaqualifikation verschoben. Das Leben ist immer im Fluss, und wir alle können uns nur im Rahmen unserer Möglichkeiten bewegen.

Das Wichtigste ist, den geistigen Druck wieder abzubauen. Niemand kann dauerhaft einem hohen Stressgrad standhalten und damit erfolgreich sein, geschweige denn mit Elan zu Werke gehen.
Wenn Sie den geistigen Stress abbauen, entspannt sich der Körper automatisch. Wenn Sie überlastet sind, wenn Sie sich erholen müssen, dann sollten Sie sich zumindest die Zeit nehmen, sich abends ein Bad einzulassen, und sich zwingen, es die nächste Zeit im Job lockerer angehen zu lassen.

Es ist schwierig, zu akzeptieren, dass man sich ab und zu eine echte Auszeit nehmen muss, und es ist nicht leicht, den richtigen Zeitpunkt zu erkennen. Ich brauchte besonders nach dem Erfolg bei den Europameisterschaften in Plovdiv 2009, als ich meinen dritten Titel gewonnen hatte, wirklich eine Phase der Ruhe, um die zahlreichen Eindrücke zu verarbeiten und aus dem Karussell der vielen Fahrten und Flüge und dem Zeitstress zu entkommen.

Ich erkannte zwar, dass ein Urlaub nun ein notwendiger Einschnitt war, um das Tempo zu drosseln, und ging dann auch direkt ins Reisebüro. Aber hinsichtlich der richtigen »Maßnahmen« für meine Erholung habe ich mich erheblich verschätzt: Mein Freund und ich besuchten innerhalb von zwölf Tagen zwei Länder und füllten das Ganze mit viel Rahmenprogramm – damit es ja nicht zu langweilig wurde! Wenn Sie einen vollen Terminkalender hatten und dann im Urlaub eigentlich nur 14 Tage ausruhen und sonnenbaden wollen, haben Sie vielleicht auch schon einmal festgestellt, wie schwer es fällt, nicht dauernd etwas tun zu wollen. Ich für meinen Teil bekam direkt die Quittung dafür, dass ich meine Müdigkeit und meine überreizten Sinne mit noch mehr Action bezwingen wollte.

Ich hatte nicht verstanden, dass meine Ziellosigkeit nicht bedeutete, dass ich Langeweile hatte oder dass ich zeitlich nicht ausgelastet war, sondern dass sie mit gleichzeitigem Dauerstress verbunden war. Ich war also auf verschiedenen »Baustellen« aktiv und hatte sie miteinander vermengt. Das Gefühl der Langeweile, das aus der Ziellosigkeit entstanden war, wollte ich mit noch mehr Aktivitäten bekämpfen. Gleichzeitig war mir nicht klar, dass ich meine körperliche und geistige Leistungsgrenze bereits deutlich überschritten hatte. Ich wunderte mich immer mehr, warum ich auf nichts mehr Lust hatte und mir die allerkleinsten Widrigkeiten Kopfschmerzen bereiteten. Meine Gereiztheit nahm zu und meine Lust am Erleben und an der Auseinandersetzung mit Zielsetzungen nahm noch mehr ab. Der Spaß am Fechten, am Messen mit dem Gegner verflog und damit die Freude am Gefechtserlebnis. Meine Energie war auf dem Nullpunkt, keine Konfrontationssituation gering genug, als dass sie mich nicht völlig fertiggemacht hätte. Dabei wollte ich meine Unlust mit noch mehr Energieaufwand besiegen.

Ich dachte, mit solchen Powerurlauben meinem bereits mit Eindrücken übefluteten Kopf endlich etwas Neues bieten zu können, auf das meine Seele anspringen würde. Komischerweise dachte ich nie daran, einfach mal zwei Wochen ohne Handy in ein Wellnesshotel zu gehen, in ein Häuschen in der Eifel zu fahren oder zu Hause Zeit mit Freunden zu verbringen. Ohne Termindruck, ohne zeitlichen Stress, ohne die Belastung der Überseeflüge.

Ich hatte mir zunächst einfach nicht die Zeit genommen, genau darüber nachzudenken, in welcher Situation ich mich befand, wo ich stand, was ich wirklich brauchte, um abzuschalten. Ich glaubte herausgefunden zu haben, wie ich die Müdigkeit und Lustlosigkeit erfolgreich bekämpfen konnte, und wunderte mich, wieso mein Akku sich nicht wieder auflud. Erst nach längerer Zeit erkannte ich das eigentliche Problem und leitete daraufhin echte Entspannungsmaßnahmen ein. Der Unterschied in der Wirkung auf die Seele war gewaltig!

Nehmen Sie sich die Zeit, um zunächst die für Sie richtige Art der Regeneration herauszufinden.

Tut Ihnen gerade die aktive Erholung gut, weil Sie sonst nur im Büro sitzen? Oder reisen Sie beruflich so viel, dass Sie sich lieber eine Massage ohne großen Fahrtaufwand gönnen? Nur so kommen Sie so bald wie möglich wieder zurück auf die Planche, nur so können Sie das Leben genießen und sich wieder richtig einpendeln.

In der Regenerationsphase kann sich der Kopf wieder in Ruhe mit der Zukunft beschäftigen, mit der neuen Suche nach weiteren Herausforderungen. Das ist es, worum es im Folgenden geht: Man kann und sollte nicht von einer Zielsetzung in die nächste stolpern.

Das Motivationsloch akzeptieren

Als Sportlerin weiß ich sehr genau, dass es nicht möglich ist, jahrelang nur zu siegen und dauerhaft höchst motiviert zu sein. Aber auch ich muss mir immer wieder von Neuem sagen, dass dies auch nicht nötig ist bzw. dass man auch nicht dauernd einen »Masterplan« haben muss. Vielmehr ist es wichtig, die gegenwärtige Situation, den Status quo anzunehmen und gegebenenfalls auch zu genießen. Wir alle müssen akzeptieren, dass sich einiges aus sich heraus neu entwickeln muss und dass man nicht immer sofort alles weiß und planen kann. Wenn der Bauch sich nicht gleich für einen zukünftigen Weg entscheiden kann, dann lassen Sie sich, sofern Sie die Möglichkeit haben, einfach etwas Zeit, lassen Sie die Gedanken schweifen. Vielleicht haben auch Sie schon die Erfahrung gemacht, dass dann urplötzlich der rettende Gedanke auftauchte. Meistens aber nicht, wenn Sie ihn erzwingen wollten.

Nicht immer kann man einfach von einer zur nächsten Aufgabe wechseln. Hier geht es um den Punkt, an dem eine Phase abgeschlossen wurde und man eine Zeit lang Luft holen kann. Ich bin der Meinung, dass man im Leben immer wieder Zeiten hat, in denen man sich selbst wiederfinden muss. Die notwendige Atempause nach den Etappenzielen wurde bereits angesprochen. Nun geht es bildlich gesprochen um die Zeit nach einer Weltmeisterschaft, den Europameisterschaften oder den Olympischen Spielen, nach dem Abschluss einer Saison oder eines bestimmten Projekts.

Ich bemerke jedes Jahr nach den Weltmeisterschaften, dass mein Körper darauf reagiert, dass eine wichtige Phase vorbei ist. Ich werde so regelmäßig nach Meisterschaften krank, dass ich die Uhr danach stellen kann. Aber ich habe mittlerweile akzeptiert, dass mein Körper sich nun die Regeneration quasi erzwingt, die er braucht. So mache ich seit einigen Jahren nicht direkt nach den Weltmeisterschaften Urlaub, sondern buche ihn so, dass mindestens eine Woche zwischen beidem liegt. Diese Woche nutze ich, um mich auszukurieren. Damit kann ich den anschließenden Urlaub gesund genießen.

Natürliche Motivationskurven nach oben und unten gibt es immer wieder im Leben, das ist normal. Auch ich erfahre das immer wieder: So habe ich in der Saison nach meinem Olympiasieg in Peking zunächst keinen großen Antrieb verspürt, mich übermäßig ins Zeug zu legen, nachdem ich bei einem der ersten Wettkämpfe nach den Spielen einen zweiten Platz bei einem Weltcupturnier erfochten hatte. Das hat mir erst einmal genügt. Auch nach meinem Sieg bei den Europameisterschaften 2009 war ich mir nicht sicher, ob ich mich noch weiter motivieren kann. Aber nach ein paar Monaten des Abstands konnte ich mit einem fünften Platz bei den nächsten Weltmeisterschaften aufwarten. Ich hatte die Medaille zwar knapp verpasst, aber unmotiviert war ich sicherlich nicht mehr. Ich konnte dem absoluten Motivationstief vorbeugen, indem ich bewusst nur Dinge machte, die mir Freude bereiteten, und indem ich versuchte, den Fokus vom Fechten zeitweise wieder auf anderes zu verlagern.

Aber das gilt nicht nur für den Sport: Wenn Sie sich keine mentale Pause gönnen, könnten Sie ähnliche Erfahrungen machen wie ich nach den Olympischen Spielen in Athen. Das damalige Motivationsloch, die Ziel- und Rastlosigkeit, das ungute Gefühl, nicht zu wissen, was noch kommen würde, hat mich wirklich mitgenommen.

Echte körperliche wie geistige Regeneration gelingt nur, wenn man in einer Phase, in der man nicht motiviert ist, kein neues Ziel für sich definiert, wenn man sich in solchen Momenten nicht ständig zur Verantwortung ruft, trotzdem weiter zu pushen.

Wenn der Kopf einmal wirklich abschaltet, wird er träge und hat auch eine Zeit lang keine Lust, sich über die nächste Herausforderung Gedanken zu machen. Abgesehen davon ste-

7 Der Gang von der Fechtbahn

hen uns ja auch nicht immer sofort die nächsten Türen offen. Also ist es wichtig, seinem Kopf auch ab und zu die Ruhe zu gönnen, die er einfordert. Klar, das Leben läuft weiter und nicht immer passt der äußere Plan, dem man sich unterordnen muss, ins persönliche Befindlichkeitskonzept. Wettkämpfe oder Projekte gehen weiter, das Training oder die Arbeitsbesprechungen sind notwendig, Veranstaltungen sind gebucht und fest eingeplant.

Ich mache grundsätzlich zwei Dinge, um den negativen Einfluss äußerer Faktoren so gering wie möglich zu halten. Zunächst versuche ich, meine Urlaube und möglichen Ruhephasen so zu legen, dass einer sehr anstrengenden Phase nicht direkt zwei Tage später die nächste folgen kann. Ich plane also vor und berechne meine Erholungszeiten mit in das Gesamtkonzept ein. Zweitens beuge ich mental vor, um mich von einer lust- und antriebslosen Periode nicht wirklich runterziehen zu lassen. Dann nehme ich zum Beispiel zwar an den anstehenden Wettkämpfen teil, fechte aber sozusagen »mit angezogener Handbremse« und akzeptiere, dass es logischerweise nicht so gut läuft wie sonst.

Nach dem Abschluss einer Hochleistungsphase sinkt der Motivationspegel in der Regel automatisch. Je mehr man in diesem Zustand von sich selbst verlangt, desto weniger wird man leisten können.

Wir durchlaufen alle solche Phasen. Akzeptieren Sie in diesem Moment, dass Sie gerade viel geleistet haben und jetzt für eine gewisse Zeit nicht mehr Vollgas geben können. Verzweifeln Sie nicht daran! Sie werden früh genug und zum richtigen Zeitpunkt wieder Signale von Ihrem Körper und vor allem von Ihrem Kopf bekommen, die Sie wieder unruhig werden lassen und zu neuen Zielen führen.

Auf der Suche nach neuen Zielen

Im Sport ist es in der Regel einfach, neue Ziele zu finden – im konkreten Gefecht ist es sogar noch leichter: Sie wollen nach vorne, Sie möchten so viele Treffer wie möglich setzen, Sie wollen im besten Falle gewinnen. Das nächste Gefecht und das darauf folgende Gefecht natürlich ebenfalls – und das Finale! Aber wenn Sie den letzten Treffer zum Sieg setzen, dann stehen Sie mit dem Erfolg Ihres Lebens da und gleichzeitig vor dem Nichts. Vor Ihnen liegt eine geistige und planungstechnische »Tabula rasa«. Nach dem Schulabschluss, nach der Beendigung eines wichtigen Projektes, nachdem die Kinder ausgezogen sind: Wenn Sie nach dem Abschluss einer Lebensphase gerade eine ziellose und gleichzeitig rastlose Zeit durchlaufen, kennen Sie dieses Gefühl.

In dieser Phase ist man meistens irgendwie nicht ganz zufrieden – doch ich kann Ihnen versichern, dass das normal ist. Man bewegt sich etwas orientierungslos im luftleeren Raum und weiß einfach nicht, wozu man sich für irgendetwas ins Zeug legen sollte. Aber in der Regel ist es tatsächlich nur eine Findungsphase und kein Dauerzustand und geht vorüber. Manchmal schließen sich automatisch neue Ziele an, manchmal aber muss man erst eine Weile abwarten, bevor sich ein neuer, lohnender Weg abzeichnet.

Für mich ergab sich zum Beispiel nach den Olympischen Spielen in Peking relativ bald ein neues Ziel. Ich saß vier Monate nach dem Olympiasieg und nach einem Australienurlaub mit meinem Freund bei einem Gläschen Wein im neu renovierten Wohnzimmer meiner Wohnung in Köln und schaute etwas gedankenverloren und staunend in die Runde: Überall standen noch immer Geschenke von meinen Freunden und

7 Der Gang von der Fechtbahn

Bekannten, DVDs vom Olympiasieg, Bilderrahmen mit Siegfotos von mir. Dazwischen hatte ich meine Weihnachtsdeko drapiert. Im Fernseher lief eines der Privatvideos, die ein Freund von mir vom Olympiasieg in der Halle von der Tribüne aus gefilmt hatte. Ich sehe meinen Bruder, wie er sich zwischen den Gefechten aufgeregt auf die Lippen beißt. Ich sehe, wie er unsere Physiotherapeutin Sylvia Henn nach dem Sieg umarmt und sie zu ihm sagt: »Mensch Gerrit, wir haben es gemacht. Das ist doch unglaublich! Wir haben es echt geschafft!«

Es ist sehr interessant für mich, diese Live-Bilder aus einer anderen Perspektive zu sehen, und es ist für mich unbegreiflich, dass dieser Dialog stattgefunden hat, während ich mich den Pressevertretern gestellt habe. Die Frage, was mich nun noch motivieren sollte, habe ich seit meinem Olympiasieg nicht nur in diesen ersten Interviews, sondern wohl tausend Mal gehört. Ich schaute damals weiter auf den Bildschirm. Aufhören? Aufgeben? Keine Ziele mehr? Irgendwie traute ich dem Braten selbst noch nicht ganz – aber als ich diese Bilder im Fernsehen sah, erwachte in mir wieder die Lust auf mehr. Was genau das »Mehr« sein sollte, konnte ich nicht sagen. Sportlich gesehen hatte ich vorläufig also mein nächstes Ziel noch nicht gefunden.

Also, was gab es sonst? Ich musste ja noch meine Diplomarbeit schreiben. Ich beugte mich nach vorne und suchte in dem Papierstapel herum, der vor mir auf dem Tisch lag und den ich jetzt erst nach dem Australienurlaub wieder bewusst wahrnahm. Ich fischte nach den Gesprächsnotizen meines Uniprofessors, der die Diplomarbeit betreuen würde. »Die Windkraftindustrie Chinas wird also mein Thema der nächsten Monate sein«, sagte ich mir in Gedanken. Ich freute mich auf diese Aufgabe! Ich legte das Blatt auf den Tisch zurück und schaute zufrieden auf den Bildschirm. Ich war glücklich, wieder zur Tat schreiten zu können. Belohnt wurde mein neuer Elan mit dem Diplomabschluss.

Aber so einfach läuft es nicht immer: Direkt nach dem Diplomabschluss im Mai 2009 fühlte ich mich erneut kurzfristig wie im luftleeren Raum, wie die folgenden Sätze zeigen:

Ich weiß irgendwie nicht richtig weiter – ich bin seit ein paar Tagen vom Weltcupturnier in Sydney zurück. Dort war ich am Abend nach dem Wettkampf im Internetcafé und habe von der Assistentin meines Professors erfahren, dass ich mein Diplom bestanden habe. Auf der einen Seite bin ich vor Stolz fast geplatzt und war auch total aufgekratzt. Ich bin sogar den letzten Kilometer bis zum Hotel gerannt. Aber auf der anderen Seite fühle ich mich gleichzeitig gerade wie gelähmt. Ich habe damit jetzt das Studium beendet, ich bin Weltmeisterin, ich habe Olympia gewonnen. Und jetzt?

Alles in mir schreit danach, sofort wieder Halt zu finden, etwas Neues in Angriff zu nehmen. Besonders die Zeit des Studiums hat mir immer das Gefühl gegeben, dass ich auf etwas Konkretes hinarbeite und dass mein Lebensstil seine Berechtigung hat. Eine normale Basis sozusagen. Jetzt ist das Studium vorbei, ich schwebe irgendwie im Niemandsland. Mir fehlt zur inneren Beruhigung der rote Faden. Die klassisch-akademische Absicherung, der Beweis für ein »normales Leben« vielleicht, die mir eine Anstellung bei einem Unternehmen geben würde? Es ist echt merkwürdig: Ich will frei sein, aber abgesteckte Grenzen haben. Ich will sicheren Boden unter den Füßen haben, etwas Verlässliches, auf das ich mich im Notfall zurückfallen lassen kann.

7 Der Gang von der Fechtbahn

Mein Kopf tut weh von all dem Nachdenken. Mir bleibt wohl nichts weiter übrig, als zu warten und weiterzumachen wie bisher, bis ich irgendwo hängen bleibe und sich mir die Augen öffnen. Ich möchte mich nur entscheiden, bevor es zu spät ist. Ich möchte nicht zurückblicken und sagen, dass ich irgendwo Chancen verpasst oder zu spät entdeckt habe. Man muss die Möglichkeiten nutzen, wenn sie sich auftun, man darf die Dinge nicht vorbeifliegen lassen und dann im Nachhinein sagen, was alles hätte toll sein können. Ich brüte seit Wochen vor mich hin, was ein neues Ziel für mich sein könnte, was Stabilität bringen würde. Auch sportlich wird es zukünftig schwierig für mich werden, was die Zielsetzungen bzw. meine Erwartungen angeht. Was kann ich noch erreichen? Die Saison seit Olympia war nicht gerade berauschend, ich habe irgendwie ein Motivationsloch, aber ich möchte mich schon gerne wieder selbst beweisen.

Köln, Mai 2009

Diese Zeilen zeigen, dass das Leben unabhängig von der objektiven Lebenssituation durch das Fehlen eines bestimmten Ziels plötzlich ins Schwimmen geraten kann. Dass die innere Zufriedenheit schnell von einer inneren Unruhe abgelöst werden kann, sobald eine anstrengende Zeit vorüber ist und man feststellt, dass man gar kein neues Ziel vor Augen hat. Genau aus diesem Grund, aus dieser Sorge heraus hatte ich mein Leben auf dem Zenit meiner bisherigen Erfolge auf seine Zielrichtung überprüft – was auch mir im Nachhinein merkwürdig erscheint. Aber das gehört zu meiner Entscheidungs- und Selbstfindung dazu. Ich brüte lieber intensiv und frühzeitig über der Frage, was ich machen könnte, als dass ich ein latent schlechtes Dauergefühl habe, weil ich ziellos bin.

Jedenfalls habe ich unter anderem durch das Schreiben solcher Texte wieder einen Antrieb, eine Orientierung gefunden und mich wieder sammeln können. Nur zwei Monate später wurde ich Europameisterin und beruflich war das darauffolgende Jahr 2010 das beste und vielfältigste Jahr, das ich seither zu verbuchen hatte. Es war auch deshalb spannend, weil ich immer wieder kurzfristig herausfordernde und interessante Einsätze vor allem in China zu bewältigen hatte. Mein Bruder und ich haben außerdem im Jahr 2010 begonnen, unsere eigenen Fechtseminare auf die Beine zu stellen. Während vieler meiner Vorträge bei Unternehmen war ich gefragt worden, ob es nicht möglich sei, das Erlebnis Fechten auszuprobieren. Daraufhin begannen wir daran zu arbeiten, dieses Unternehmen in Gang zu setzen. Seither habe ich keinen Gedanken mehr an meine Sinnfragen verschwendet. Meine Motivationskurve schlug wieder nach oben aus. Ich war wieder »back on track«, fühlte mich wieder gut. Es ging wieder los.

In Bezug auf die richtige Balance lauten die wirklich wichtigen Fragen: Wie lange lässt man sich treiben? Wie viel Zeit braucht man zum Feiern, Regenerieren oder Wunden lecken? Ab wann ist es zu viel und wie lange muss man mindestens abschalten?

Der Kern dahinter ist der richtige Mix aus allem. Das Ziel ist das Wiederfinden der persönlichen Balance, von der aus man wieder starten kann. Nachdem man sich wieder wohlfühlt in seiner Haut, kann es weitergehen.

AUF ZU NEUEN TATEN

Das Schöne am Fluss des Lebens ist ja, dass Sie, sobald Sie Ihr Gleichgewicht wiedergefunden haben, voller Elan und Energie sind, um dann volle Kraft voraus neue Ziele angehen zu können. Sie können sich wieder auf die nächste Phase und die nächsten Gefechte konzentrieren, nachdem Sie sich die Zeit genommen haben, Ihren Kopf ausruhen zu lassen. Nachdem Sie sich belohnt und nicht zu früh an nächste Ziele gedacht haben und nachdem Sie Ihren Motor, also Ihren Körper, wieder aufgetankt haben. Auch im Fechten ist es so: Wenn ich nach einer längeren Regenerationsphase oder auch einem Motivationstief den in die Ecke gestellten Degen wieder hervorhole, juckt es mich in den Fingern, endlich zum nächsten Training zu starten.

Ich stehe vor dem für uns gecharterten Helikopter mitten auf dem Flugfeld am Frankfurter Flughafen und schaue besorgt meinem Trainer Manfred und dem Piloten zu, wie sie seit einigen Minuten versuchen, die beiden Fechtsäcke auf die Hinterbank des Helikopters zu manövrieren. Ich überlege ernsthaft, Flugangst vorzuschützen und auf die Bahn umzusatteln. Ich möchte unbedingt lebend in Köln ankommen und meine Familie, meinen Freund und meine Freunde begrüßen, die schon am Flughafen auf mich warten. Ich bin extrem hibbelig und kann es kaum erwarten, von meinen Liebsten in die Arme geschlossen zu werden. Außerdem weiß ich, dass wohl ziemlich viele meiner engsten Freunde und Bekannten auf mich warten werden, ebenso auch eine Vielzahl an Pressevertretern. Mittlerweile haben die beiden die Hinterbank des Helis komplett abmontiert und sie steht nun außerhalb des Fluggerätes auf dem Beton. Ob das so richtig ist? Bevor ich einstei-

ge, vergewissere ich mich noch einmal, dass alles wieder fest montiert ist und wir wirklich und ganz sicher mit unserem Gesamtgewicht nicht die maximale Belastung des Hubschraubers überschritten haben. Der Pilot lächelt mich an und beruhigt mich. Nach einem atemberaubend schönen 25-minütigen Flug landen wir endlich in Köln. Ich bin froh, wieder festen Boden unter den Füßen zu haben. Wir sind total erschöpft, aber auch wahnsinnig gespannt auf das, was uns jetzt erwartet. Ich krame meine Goldmedaille aus dem Rucksack, die ich irgendwo dort verwahrt habe. Ich fühle mich ein bisschen wie vor einer Siegerehrung. Ich freue mich darauf, beglückwünscht zu werden, auf der anderen Seite ist es mir irgendwie peinlich. Außerdem bin ich ein wenig wehmütig: Das Live-Erlebnis Olympia ist nun vorbei. Das Leben geht weiter, mit neuen Aufgaben und neuen Zielen. Was werden wohl die nächsten sportlichen Ziele sein? Was wird neben der Planche passieren? Ich atme noch einmal tief durch und marschiere mit meiner Goldmedaille in der Hand durch die automatische Tür, hinter der meine Liebsten, viele Freunde und meine Zukunft warten.

Die Welle, die einen nach einem großen Erfolg zu überrollen droht, ist unbeschreiblich. Dagegen anzukämpfen würde sicherlich nicht funktionieren, und außerdem ist es ein fantastisches Gefühl, von dieser Woge erfasst zu werden. Doch auch außerhalb des Sports gibt es immer wieder die großen und kleinen Kurvenbewegungen, die sich in größeren Zyklen zeigen, aber auch an jedem einzelnen Tag. Ging die Kurve über eine längere Zeit nach oben, so weist sie auch irgendwann wieder nach unten, selbst wenn sie danach auch wieder nach oben abzweigt – so wie bei mir, als sich nach einer kurzen Periode der Regeneration eine weitere, längere Phase des Erfolgs anschloss. Die Belohnung, das Runterkommen, eine gewisse Zeit des Sich-treiben-Lassens stand nach dem Olympiasieg für mich an. Doch bereits nach kurzer Zeit wurde mir das alles zu viel und die nächste Phase des Arbeitens, des zielgerichteten Handelns begann und führte mich zu weiteren Erfolgen. Jetzt bin ich wieder an dem Punkt angelangt, an dem ich »zu neuen Taten schreiten« möchte.

Am besten gelingt mir das immer, wenn ich mich Schritt für Schritt an die neuen Aufgaben herantaste: Wenn ich ein Ziel vor Augen habe, versuche ich zunächst, mich langsam wieder an diese nächste Konzentrationsphase heranzuarbeiten und meinen Kopf darauf einzustellen, dass er bald wieder etwas zu tun bekommt. Dazu lege ich mir zum Beispiel meine Fechtsachen zurecht und packe meine Fechttasche. Oder ich stapele die Uniunterlagen, die es in den nächsten Wochen zu bearbeiten gilt, schon mal auf dem Tisch, damit ich ab und zu im Vorbeigehen vielleicht hineinschaue. Dabei steigt die Vorfreude auf die Aufgabe, die es zu bewältigen gilt bzw. die man angehen möchte, die Vorfreude auf den nächsten spannenden Weg.

Wenn Sie Ihre neuen Projekte »griffbereit« haben, erleichtert Ihnen das den Einstieg in die neue Aufgabe.
Wie ich es aus der mentalen Vorbereitung kenne, stimme ich mich so geistig darauf ein, dass es wieder weitergeht. Die neue Herausforderung kann kommen, der nächste Gegner wartet bereits. Ob es ein interessantes Projekt, der neue Job oder der Alltag ist: Gehen Sie nun, ausgeruht und mit neuer Motivation, in das nächste Gefecht Ihres Lebens.

NACHWORT – NACH DEM GEFECHT IST VOR DEM GEFECHT

Meine Frau und ich sowie einige gute Freunde springen daheim im fernen Köln im Wohnzimmer hoch, jubeln, fallen uns um den Hals und sehen im Fernsehen, wie unser Sohn Gerrit mit einer Deutschlandfahne über die Absperrung springt, auf die Fechtbahn stürmt und seine Schwester umarmt. »Wahnsinn, Britta, Wahnsinn!« können wir von seinen Lippen ablesen. Eine totale Anspannung fällt in diesem Moment auch von uns ab, doch bevor im Zeitraffer die Jahre bis zum Olympiasieg ablaufen können, klingeln schon die Telefone …

Das ist das erste Szenario des kurzen Manuskripts, das mein Vater vor ein paar Monaten zu tippen begonnen hatte. Er kam nämlich als Erster auf die Idee, die vielen Fragen bezüglich all der Themen, die in diesem Buch behandelt werden und die nach meinen Erfolgen auf meine Eltern und mich einströmten, in Buchform zu beantworten. Ich bin sehr dankbar, dass mir diese Zeilen in die Hände gefallen sind, denn dadurch habe ich die Motivation gewonnen, mich dem Schreiben zu widmen. Und damit wieder eine neue Herausforderung, ein neues Ziel.

Direkt nach den Olympischen Spielen in Peking hatte ich noch einige unerreichte Ziele, die ich angehen konnte. Aber nicht immer fliegen einem neue Ideen und die Eingebung für die richtigen Entscheidungen automatisch zu. Ich hatte mich nach dem Olympiasieg belohnt, meinen Akku im Kreise der Liebsten wieder aufgetankt, hatte noch mehr Erfolge gefeiert und auch das obligatorische Motivationsloch hinter mich gebracht – dann erst konnte es wieder weitergehen. Meine Entscheidung stand fest: Es geht wieder auf zu neuen Zielen, auf zu neuen spannenden Projekten und Herausforderungen. Für mich war die Zeit gekommen, mit neu gewonnener Motivation weiterzumachen, mich wieder an die Bewältigung neuer Aufgaben zu machen. So konnte ich es kaum erwarten, mich an den Schreibtisch zu setzen und zu schreiben.

Die Essenz ist folgende: Ob Sie einen Sieg oder eine Niederlage hinter sich haben – das Leben geht weiter und es stellt Ihnen nach einer kurzen Verschnaufpause automatisch wieder neue Aufgaben. Die zahlreichen Eindrücke, die wir in einem Gefecht oder auch im ganzen Wettkampf gewonnen haben, nehmen wir dabei jeweils mit und rüsten uns mit den dadurch gewonnenen Erfahrungen für zukünftige Herausforderungen. Der Ausgang eines bestimmten Gefechts ändert möglicherweise Ihre Lebensrichtung. Der manchmal lange Weg aus dem Motivationsloch nach einer Niederlage, die Verarbeitung eines Sieges, das Wiederfinden der Balance ändern nichts daran, dass Sie sich am Ende immer wieder in der Situation befinden, in der es weitergehen muss. Irgendwann haben sich die verschiedenen Grundeinstellungen wieder so eingependelt, dass Sie zu etwas Neuem starten können. Schauen Sie dabei auf das, was vor Ihnen liegt, und nicht auf den Weg, den Sie hinter sich haben. Hadern Sie nicht mit getroffenen Entscheidungen, regen Sie sich möglichst wenig über unabänderliche Tatsachen auf. Achten Sie nicht darauf, wer versucht, Sie einzuholen, sondern konzentrieren Sie Ihre Energie darauf, Ihren eigenen Weg weiterzugehen. Fokussieren Sie sich wieder auf das nächste Gefecht und darauf, mit Elan und Mut die neuen Herausforderungen anzugehen.

Die wichtigsten Faktoren sind dabei für mich eine positive Haltung und der Mut, auch einmal etwas wegzulassen oder den Unwillen des Kopfes zu akzeptieren. Nur so kann ich eine für mich optimale Balance finden.

Dieser ewige Zyklus des Arbeitens, Entspannens, Verarbeitens und Suchens nach Zielen wird immer weitergehen, das Streben nach neuen Aufgaben, das Auskosten der Freude am Erfolg. Das Leben stellt uns immer wieder vor unterschiedliche Gefechtssituationen. Aber wir können selbst entscheiden, wie wir diesen Herausforderungen begegnen, wir haben die Wahl. Also denken Sie immer daran und freuen Sie sich darauf: Nach dem Gefecht ist vor dem Gefecht!

GLOSSAR

unter Mitarbeit von Manfred Kaspar

Zum **Abgrüßen** gehen die Fechter nach Ende des Gefechtes zurück zu ihrer Startlinie, setzen die Fechtmaske ab und grüßen als Geste der Fairness und Höflichkeit mit ihrer Waffe den Gegner, den Kampfrichter und die Zuschauer.

Als **Aktion** wird jede fechterische Handlung mit der Degenklinge oder durch eine Körperbewegung bezeichnet.

Das Kommando **Allez** (franz. »los«) wird vom Kampfrichter zu Beginn des Kampfes und nach jeder Unterbrechung gegeben.

Der **Ausfall** ist eine für den Fechtsport charakteristische, sehr dynamische Beinbewegung beim Angriff.

Die **Blöße** ist eine vom bewaffneten Arm ungeschützte Stelle der Trefferfläche. Sie kann durch entsprechende *Paraden* geschützt werden.

Die **Defensive** bzw. Verteidigung ist eines der strategisch-taktischen Grundelemente. Man verteidigt sich im Fechtsport durch Ausweichen mit dem Körper und/oder durch die Abwehr der Angriffe mit der eigenen Waffe.

Der **Degen** ist eine der drei Waffengattungen im Fechtsport. Beim Degenfechten können Treffer nur durch einen Stoß mit der Spitze der Waffe gesetzt werden, wobei der ganze Körper Trefferfläche ist. In der Degenspitze befindet sich der Elektrokontakt, der bei einem Treffer die elektronische Trefferanzeige auslöst.

Bei einem **Double** oder Doppeltreffer treffen beide Fechter nahezu zeitgleich (innerhalb $1/25$ Sekunde). Beide Seiten der Trefferanzeige leuchten auf und jeder erhält einen Punkt.

Beim Kommando **En garde** (franz. »in Stellung«) ist es Zeit, in Fechtstellung zu gehen. Die Waffe zeigt zum Gegner, die Beine sind gebeugt und in Spannung.

Fechten ist eine Sportart, die in komplexer Form höchste Ansprüche an Körper und Geist stellt und diese trainiert. Als anspruchsvolles »Schachspiel mit Waffen« ist Fechten in jedem Alter möglich. Es gibt die Disziplinen Degen, Florett und Säbel, die jeweils von Frauen und Männern ausgeübt werden. Seit Beginn der Olympischen Spiele der Neuzeit ist Fechten fester Bestandteil des olympischen Programms. Deutschland gehört zu den international führenden Fechtnationen.

Die **Finte** ist eine Täuschung des Gegners, bei der man eine Treffabsicht andeutet und damit den Gegner zu einer Reaktion (häufig eine *Parade*) verleitet.

Der **Flèche** (franz. »Pfeil«, »Geschoss«) ist eine beim Angriff häufig angewendete Form der Beinbewegung. Wie ein Pfeil streckt sich der Fechter nach dem Abstoß mit den Beinen in der Luft zum Gegner hin und setzt dabei einen Treffer. Die Dynamik der Bewegung erfordert ein sprintartiges Vorbeilaufen am Gegner.

Als **Gefecht** bezeichnet man den fechterischen Zweikampf auf einer Fechtbahn (*Planche*). Zur Erkennung der Treffer wird mithilfe einer elektronischen Trefferanzeige gefochten. In Vorkämpfen wird auf 5 Treffer max. 3 Minuten gefochten. Gefechte der Finalentscheidungen gehen auf 15 Treffer und max. 9 Minuten (*Minutenpause, Priorité*). Der Finaltag im Fechten wird mit dem Tableau der besten 64 Fechter gestartet.

Der **Gegenangriff** ist ein Angriff in den Angriff des Gegners hinein. Es ist ein klassischer »Konter«.

Der **Gerade Stoß** ist die direkteste Art, den Gegner zu treffen. Die Waffe wird durch explosives Armstrecken gradlinig auf eine freie Trefffläche (*Blöße*) geführt.

Die **Maske** ist der Kopf- und Gesichtsschutz des Fechters. Sie ist ein Teil des Körperschutzes, den ein Fechter zur Sicherheit trägt – Handschuh, Brust- bzw. Tiefschutz und ein Anzug aus stoßfestem Material komplettieren die Fechtkleidung.

Die **Mensur** ist die räumliche Distanz (der Abstand) zwischen den Fechtern im Gefecht.

Eine **Minutenpause** haben die Fechter im Gefecht nach jeweils 3 Minuten, zur Erholung sowie für die taktische Planungen des weiteren Kampfverlaufs.

Zu einem **Mitstoß** kommt es, wenn nach Beginn eines Angriffs (*Offensive*) ein Armstrecken durch den angegriffenen Fechter erfolgt.

Der **Obmann** oder Kampfrichter leitet das Gefecht und beurteilt die Treffer, sorgt für die Einhaltung der Regeln und verhängt ggf. Strafen.

Die **Offensive** ist eines der strategisch-taktischen Grundelemente. Beim Degenfechten wird ein Angriff durch eine Vorwärtsbewegung meist mit *Ausfall* oder *Flèche* ausgeführt. Dabei werden Waffenarm und Degen kontinuierlich in Richtung der Trefferfläche gestreckt. Im Detail gibt es viele verschiedene technische Möglichkeiten zur Angriffsgestaltung.

Unter einer **Parade** versteht man meist die Abwehr des gegnerischen Angriffs mit der eigenen Waffe. Man schlägt oder schiebt dabei die gegnerische Klinge zur Seite, bevor man getroffen wird. Ein Ausweichen mit dem Körper kann als Körperparade bezeichnet werden.

Die **Planche** bzw. Fechtbahn ist das »Spielfeld«, auf dem sich die Fechter bewegen. Die Bahn ist 14 Meter lang und ca. 1,5 Meter breit. Ein seitliches Verlassen wird mit Bodenverlust, ein rückwärtiges Verlassen mit einem Straftreffer bestraft. Die Bahn besteht aus einem elektrisch leitenden Material, um sicherzustellen, dass Treffer nur angezeigt werden, wenn ein Fechter getroffen wurde und nicht der Fußboden.

Die **Priorité** (franz. »Vorteil«) gibt es, wenn ein Gefecht nach Ende der Kampfzeit unentschieden steht und es 1 Minute Verlängerung gibt. Damit im Falle eines Unentschieden nach dieser Verlängerungsminute nicht erneut verlängert werden muss, wird vorher die »Priorität« ausgelost. Fällt in der Zusatzminute kein Treffer, so ist der Fechter mit dem Los-Vorteil automatisch der Sieger des Gefechts.

Die **Rimesse** beschreibt das Durchstoßen durch die gegnerische Parade oder auch das Nachstoßen nach einem zunächst abgewehrten Angriff.

Die **Riposte** ist der Zustoß nach einer Parade, um den Gegner zu treffen.

Bei einem **Sperrstoß** wird die Klinge des Gegners weg von der eigenen Trefferfläche gedrückt, also »ausgesperrt«.

Zum **Sudden Death** kommt es, wenn das Gefecht nach Zeitablauf unentschieden steht. Wer in der Verlängerungsminute zuerst trifft, gewinnt. (*Priorité*)

Das **Tempo** ist im Fechtsport nicht der Begriff für Geschwindigkeit, sondern für den richtigen Moment, eine Aktion auszuführen. Kann man nicht unverzögert direkt treffen (*Gerader Stoß*), besteht eine Fechtaktion meist aus mehreren Tempi. In diese hinein ist immer eine Gegenaktion im richtigen Moment (also ins Tempo) möglich.

Nach einem **Touche** (franz. »Treffer«) wird der Kampf unterbrochen und das Gefecht an der Startlinie fortgesetzt.

Die **Trefferfläche** unterscheidet sich in den drei Waffengattungen. Beim Degenfechten ist es der ganze Körper.

Mit einer oder mehreren **Umgehungen** kann man ausweichen, wenn der Gegner versucht, mit seiner Waffe einen Kontakt zur eigenen Waffe herzustellen.

Die **Zweite Absicht** ist eine taktische Handlung, bei der man mit einer dosierten Offensive beginnt und damit eine geplante Gegenreaktion des Gegners provoziert, die man dann vorteilhaft für einen eigenen Treffer nutzt.

Wettkämpfe, auch Wettbewerb oder Turnier genannt, werden nach Alter und Geschlecht, im Einzel oder in der Mannschaft ausgetragen. Fechtwettbewerbe beginnen auf regionaler und nationaler Ebene und haben als Höhepunkt jährliche Welt- und Europameisterschaften. An den für ein Einzelweltcupturnier üblichen zwei Wettkampftagen sind die Besten der Weltrangliste direkt in Reihenfolge ihrer Platzierungen ins Hauptfeld gesetzt. Der Rest des Fechter ermittelt in Vorkämpfen die Teilnehmer am Haupt-und Finaltag der besten 64.

DANKSAGUNG

Ich betone häufig die Bedeutung eines guten Umfelds. Nun möchte ich die Gelegenheit nutzen, mich von Herzen bei denjenigen zu bedanken, die mir all meine Erfolge ermöglicht haben und damit die Grundlage für dieses Buch schufen. Allen voran meine Eltern, die mich durch ihre positive und immer ermutigende Art zum Erfolg getragen haben! Ihr unterstützt mich in allen Lebenslagen und steht immer felsenfest hinter mir, ob mit guten Worten, mit weisen Ratschlägen oder auch angebrachter Kritik. Ich kann immer auf euch zählen! Ohne meinen Bruder Gerrit hätte ich sicherlich häufiger verzagt oder auf halber Strecke aufgegeben. Danke, dass du immer an mich glaubst! Meine ganze Familie und meine besten Freunde waren immer die Pfeiler, auf die ich mich verlassen konnte.

Ich möchte mich weiterhin bedanken bei meinen Trainern Manfred Kaspar und Gabor Salamon für ihren aufopfernden Einsatz und ihre tagtägliche Bereitschaft, sportlich und psychisch das Beste aus mir herauszuholen. Danke auch an mein wunderbares Team aus Trainern, Physiotherapeuten und anderen sportbezogenen Wegbegleitern, die immer für mich da sind. Beim TSV Bayer 04 Leverkusen und der Bayer AG, die mich jahrelang begleitet haben und in deren fantastischen Sportstätten ich beste Voraussetzungen für sportliche Spitzenleistungen habe. Ansonsten danke ich natürlich allen Personen, Partnern und Sponsoren, die mich auf dem Weg zum Erfolg begleitet und unterstützt haben.

Außerdem bedanke ich mich bei all denjenigen, die mir beim Schreiben meines ersten Buches eine Stütze waren. Vor allem danke ich meinem Vater für die zündende Idee, überhaupt ein Buch zu schreiben, und die Ermutigung dazu, selbst den Stift in die Hand zu nehmen. Meinem Bruder Gerrit und meinem Freund Torsten, auf deren Meinung ich immer wieder zurückgegriffen habe, wenn es um inhaltliche Fragen ging. Ich bedanke mich bei Ari, Annette und Lars für ihre hilfreichen Kommentare. Meiner fantastischen Lektorin Regine Schmitt vom Ariston Verlag möchte ich für ihre professionellen und konstruktiven Hinweise zu inhaltlichen Verbesserungen des Buches und für ihre Geduld danken. Andrea Voß, die mir über den Rahmen hinaus eine Stütze war und mir die Motivation gegeben hat, abschließende Feinkorrekturen erfolgreich umzusetzen.

Außerdem möchte ich mich bei Lothar Linz für seinen Beitrag zum Buch und bei Manfred Kaspar bedanken, da er nicht nur das Glossar geschrieben hat, sondern mir durch seine langjährige Fachkenntnis im Bereich des Fechtens viele philosophische Denkansätze vermittelt hat, die teilweise im Buch wiederzufinden sind.

Schließlich möchte ich mich für die Unterstützung von Barbara Schwarzer bedanken, die mich seit Jahren mit toller Kleidung ausstattet und uns so auch ein so schönes und passendes Covermotiv beschert hat.